四川大學中國俗文化研究所
四川大學漢語史研究所

漢語史研究集刊
（第三十七輯）
中文社會科學引文索引（CSSCI）來源集刊

俞理明 雷漢卿◎主編

巴蜀書社

圖書在版編目（CIP）數據

漢語史研究集刊. 第三十七輯. /俞理明，雷漢卿主編. --成都：巴蜀書社，2024.12. --ISBN 978-7-5531-2378-3

Ⅰ．H1-09

中國國家版本館CIP數據核字第2024JJ2585號

漢語史研究集刊（第三十七輯）
HANYUSHI YANJIU JIKAN

俞理明 雷漢卿 主編

出 品 人	王祝英
責任編輯	周昱岐 張雅昕
責任印製	田東洋 谷雨婷
出版發行	巴蜀書社
	四川省成都市錦江區三色路238號新華之星A座36樓
	郵編：610023
	總編室電話：（028）86361843 營銷中心電話：（028）86361847
經 銷	新華書店
印 刷	成都蜀通印務有限責任公司
	電話：（028）64715762
版 次	2024年12月第1版
印 次	2024年12月第1次印刷
成品尺寸	260mm×185mm
印 張	15.75
字 數	300千
書 號	ISBN 978-7-5531-2378-3
定 價	78.00圓

本書如有印裝質量問題，請與印刷廠聯繫調換

主　　編　俞理明　雷漢卿
副 主 編　王彤偉

學術委員會
高田時雄（日本京都大學）
何莫邪（Christoph Harbsmeier，挪威奧斯陸大學）
江藍生（中國社會科學院）
蔣紹愚（北京大學）
柯蔚南（W. South Coblin，美國愛荷華大學）
魯國堯（南京大學）
梅維恒（Victor H. Mair，美國賓夕法尼亞大學）
梅祖麟（美國康奈爾大學）
裘錫圭（復旦大學）
王　寧（北京師範大學）
項　楚（四川大學）
向　熹（四川大學）
薛鳳生（美國俄亥俄州立大學）
衣川賢次（日本花園大學）
游汝杰（復旦大學）
趙振鐸（四川大學）
佐藤晴彥（日本神户外國語大學）

編輯委員會
曹廣順（中國社會科學院）
董志翹（南京師範大學）
馮勝利（北京語言大學）
管錫華（四川師範大學）

洪　波（首都師範大學）
蔣冀騁（湖南師範大學）
蔣宗福（四川大學）
雷漢卿（四川大學）
劉　利（北京師範大學）
譚　偉（四川大學）
汪啓明（西南交通大學）
汪維輝（浙江大學）
伍宗文（四川大學）
楊　琳（南開大學）
楊宗義（巴蜀書社）
俞理明（四川大學）
張顯成（西南大學）
張涌泉（浙江大學）
朱慶之（香港教育大學）

本輯執行主編　王彤偉　王長林

編輯助理　車晴陽　牟皓冰　童　易　劉　洋

目　録

去聲產生於東漢證	蔣冀騁　常天宇	1
"朿"的上古聲母及相關古文字問題補説	施瑞峰	8
《説文》明母與見母特殊諧聲現象考察	梁慧婧	21
《切韻》系韻書中"同義換讀"造成的異讀現象	許樹妙	31
吕氏訓蒙韻語與16世紀寧陵方言	鄭樑	45
越南古辭書單字反切考	［越］陳德裕	59

上古漢語助詞"所"功能再探討
　　——基於"之""所"互證的研究　　　白宇龍　潘玉坤　72

中古漢語通用個體量詞"枚""個"的比較研究	蔣林芝　劉瑞茵	89
《北京官話全編》北京話口語特徵	張美蘭	102
《寧波方言字語彙解》方言語法現象的價值	崔山佳	117

中古近代漢語雙音節詞語類同演變研究
　　——基於聚合類推視角的分析　　　　　張福通　131

詞彙類型學視域下漢語溫度概念的範疇化和詞彙化	賈燕子	145
漢語"偏義複詞"的歷史來源與歷時演變	李泓霖	168
"鬚掠"考辨	胡紹文	182

"句義"源流考	余娟娟	190
"勃落"考釋	陳默	201
"攏古攏"索源	程亞恒	210

《漢語大字典》修訂專欄

宋本《玉篇》疑難注音考證舉例		
——以《漢語大字典》所收宋本《玉篇》注音爲例	吕炫	221
《漢語大字典》引用簡帛醫書字形與例證指瑕	周祖亮 方懿林	233

去聲產生於東漢證

蔣冀騁　常天宇

提　要：古無去聲，已得到多數古音學者的認同。但去聲產生於何時，王力有過推測，認爲漢代"有少數字已經變爲去聲"，但没有展開論證。文章通過對《説文》"讀若""省聲"的分析，補以俞敏梵漢對音的例證，證明漢代已產生去聲。並認爲古音去聲收 s 尾的説法不可信。

關鍵詞：去聲；《説文》；讀若；省聲；梵漢對音

古音研究者對於上古聲調尚没有一致的看法，或認爲古無四聲，如顧炎武、江永；或以爲古有平上入聲而無去聲，如段玉裁；或以爲古有平上去聲而無入聲，如孔廣森；或以爲古四聲均已具備，如江有誥；或以爲古無上去二聲，只有平入二聲，如黄侃。周祖謨（1966：32—33）認爲古有上去二聲，王力、何九盈（2021：294—313）支持段玉裁的"古無去聲説"。

王力的《古無去聲例證》和何九盈的《古無去聲補正》使段玉裁的"古無去聲説"得以成立。至於去聲產生於何時，段玉裁説："去聲備於魏晉。"備者，完備也，非肇始之謂。完備有個過程，其初始之時當在東漢，雖然段玉裁没説，但可由此推論。王力（1985：127）則明確指出漢代已有少數字變成去聲，他説："漢代確實還有長入一類聲調，基本上還没有變爲去聲。但是，並不排除有少數字已經變爲去聲。"據此，漢代已產生去聲。但王先生没有論證，只是一種推測。我們認爲，去聲在東漢已產生，這可以在《説文》讀若、省聲和東漢三國的梵漢對音中得到證明。

一、《説文》讀若反映了去聲產生於東漢

前人認爲，《説文》的讀若既有表字音的作用，又有表假借的作用，還有表語源的作用。這些説法都能成立，但還有一種作用，没有被人論及，即《説文》讀若還有表語音演變的作用。去聲的產生，可以通過對《説文》讀若的分析得到證明。

《説文》:"趨,走意。从走,薊聲。讀若髻結之結。"(古屑切,第 36 頁)① 按,薊古音在入聲月部,後來讀去聲,而从薊聲的趨,則讀入聲,音古屑切,聲符字的聲調與被諧聲字的聲調不一致,故許氏用"讀若髻結之結"來表示字的讀音。這説明許慎時代的薊字已由上古的入聲變成了去聲,否則,無需在聲符表音後再用讀若來注音。可能會有人認爲這個讀若是後世校勘者所加,我們認爲研究祇能建立在現有文獻的基礎上,没有版本依據和確鑿證據的情況下,不能説這種讀若是後人所加。

《説文》:"趙,走也。从走,有聲。讀若又。"(于救切,第 36 頁)② 按,有,《説文》从又聲。聲符爲有,而讀若又,似乎没有意義。可能的解釋是:趙,大徐音子救切(子爲于之誤),《廣韻》音于救切,云母去聲宥韻。有,大徐音云九切,《廣韻》音云久切,云九即云久,二切音同,云母上聲有韻。"趙"與"有",有去上之别,而與"又",則完全同音。許氏用"讀若又"來進一步表示趙的讀音,可能的原因是趙讀去聲,而聲符有是上聲,已不能表示趙的讀音,故用讀若又來表示。如果這個讀若不是後人所加的話,則説明東漢已產生去聲。

《説文》:"逝,往也。从辵,折聲。讀若誓。"(時制切,第 39 頁)按,逝,大徐音時制切,禪母去聲祭韻,《廣韻》同。折,大徐音食列切,船母薛韻,而《廣韻》折字有三音,一爲旨熱切,訓爲拗折,章母薛韻。一爲常列切,訓爲斷而猶連也。引《説文》:"斷也。"禪母薛韻。一爲杜奚切,訓引《禮記》云:"吉事欲其折折爾。"謂安舒貌。定母齊韻。與大徐相近者應是第二音,然皆爲入聲字,而與逝的去聲讀不一致。聲符"折"已不能表去聲"逝"之音,故用"讀若誓"進一步確定其讀音。誓,大徐音時制切,與逝字讀音相同,故可用以表逝字之音。王力認爲,上古的入聲分兩類,一爲長入,一爲短入。長入後來變爲去聲,短入則仍爲入聲。據此,東漢時部分長入已變爲去聲。

《説文》:"餩,飢也。从食,㲋聲。讀若楚人言恚人。"(于革切,第 108 頁)按,聲符㲋古音在入聲錫部,恚古音在支部,大徐音于避切,在去聲寘韻。入聲字而用去聲字表音,在許慎看來,此字已不讀入聲,而讀作去聲,否則不會用讀若楚人言恚人表音。餩,讀于革切,應是據聲符㲋作的反切,讀若楚人言恚人之恚的音没有流傳下來。常言道秀才識字讀半邊,據聲符㲋作反切,就是讀半邊的結果。據此,許慎時代去聲應已產生。

《説文》:"麮,餅䴷也。从麥殼聲。讀若庫。"(空谷切,第 112 頁)按,聲符殼古音在入聲屋部,讀若字形檔古音在魚部,大徐音苦故切,在去聲暮韻。入聲聲符

---

① 《説文》反切采用徐鉉注音,下同。
② 中華書局 1963 年影印大徐本作"子救切","子"爲"于"形近之訛,今正。

而用去聲字表音，説明許慎時代"庫"與"鑿"的讀音相近。二者既有聲母的相同，也有韻母的相近，還有聲調的相同。當然，讀若取其近似，只取聲母相同和韻母相近以表音，也未嘗不可，但據此説去聲已產生也未嘗不可。如果是平聲字，用來表入聲字的讀音，恐有不妥，二者在聽覺上有較大的差異。鑿字讀空谷切，是據聲符毃作的反切，讀若庫之讀没有傳承下來。

《説文》："宋，艸木盛宋宋然。象形，八聲。凡宋之屬皆从宋。讀若輩。"（普活切，第127頁）按，此字爲整體象形，象艸木枝葉勃發之形。屮象艸，八象屮旁之枝葉，不是表音的聲符。這由"索"字的構形可以推出。"索"字从宋，从糸，實際上也是整體象形，上面的屮和下面的小，均象索之兩端用以束首尾者。宋中之八，象繩索邊之毛須。① 八不表聲，許慎的字形分析有誤。儘管字形分析有誤，但其所説的八聲應該與"宋"的讀音相同或相近。八，古音在入聲質部，大徐音博拔切，而讀若字輩，古音在微部，大徐音補妹切，在去聲隊韻。用"輩"來注入聲字宋之音，説明"輩"不讀平聲，而讀去聲，若讀平聲，則不能表入聲宋字之音。因爲二者在聽覺上有很大的差別。平聲平舒，入聲急促。入聲失去韻尾，保留其急促之調，則爲去聲。我們認爲，漢代的去聲應較急促。由此可知，許慎時代應產生了部分去聲字。宋讀普活切，是由八聲演變而來，即入聲黠韻轉爲末韻。

二、《説文》省聲反映了去聲產生於東漢

省聲是簡化字形的一種方法，也有使字形勻稱的作用。《説文》所説的省聲，有些可信，有些不可信。可信者，大多有不省的形體存在，或省聲字與被省聲字的聲符相同（有人認爲這些省聲是不明古音者所改，未必是）；不可信者，多爲字形分析困難或構件不成字而指爲某字之省。屬於段玉裁所批評的"取一偏旁，指爲某字之省"之類，"皆不可信"，如"龍"爲"童省聲"之類。但有些省聲，反映了語音的演變，我們可以據此研究去聲的產生時代。

《説文》："赴，趨也。从走，仆省聲。"（芳遇切，第35頁）按，段玉裁改仆省聲爲卜聲，王筠《句讀》、朱駿聲《通訓定聲》或謂"當作卜聲"，或謂"卜聲"，孔廣居《説文疑疑》謂"仆諧卜聲，赴亦卜聲，可也。"今謂，卜，《廣韻》音博木切，在入聲屋韻；赴，大徐音方遇切，《廣韻》同，在去聲遇韻，與仆字的僵仆義同音（仆字《廣韻》有四音，除方遇切外，還有敷救切，在去聲宥韻，訓前倒；匹候切，訓倒也；蒲北切在入聲德韻，訓倒也；唯方遇切下引《説文》"頓也"），與卜的入聲讀不同音。如从卜聲，則與赴的去聲讀不合，故云仆省聲。這説明許慎時

---

① 參《古文字詁林》第6冊"索"字下古文字研究者的解釋（李圃，2003：82-84）。如果據甲骨文，則"索"字的構件"八"是由左右兩隻手演變而來。

代，去聲已產生。

《説文》："鴳，鳥也。从鳥，説省聲。"（弋雪切，第 80 頁）按，鴳，从兑聲，讀弋雪切，爲入聲字。兑，古音在入聲月部，用以諧聲，並無衝突。儘管兑字聲母在定母，而讀弋雪切的鴳聲母爲喻四，但古音喻四與定母相近，用以諧聲，亦無不可。但許慎用"説省聲"來注音，説明"兑"已不讀入聲，而變成了去聲，故用"説省聲"來表音，此中的"説"字應讀同"悦"。當然也許可以用許慎不知古音喻四與定相近，故不用"兑聲"而用"説省聲"的説法來解釋，但"塗""酳""驗""荼""盒""捈""筡"等字讀定母，而許氏用"餘"聲以注音，而不用"塗"省聲或用別的同類字的省聲來表音，這説明許慎心目中後世讀喻四的字是可以與定母字諧聲的，即喻四與定母相近。既然這種解釋不能成立，則唯一的可能是"兑"字已讀去聲，故用"説省聲"來注音。這説明許慎時代部分入聲字已變成去聲。又，"閲"字不析爲"兑聲"而析爲"説省聲"與此同理，也可作爲去聲已產生的證明。

《説文》："綷，會五采繒色。从糸，綷省聲。"（子對切，第 161 頁）按，"綷"字可分析爲"卒聲"，而許慎却用"綷省聲"解釋，其原因在於"卒"讀入聲，而"綷"已是去聲，故用去聲"綷"字的省聲來注音。這説明許慎時代部分入聲字已讀去聲。

三、東漢三國時期的梵漢對音反映了去聲的產生

梵漢對音材料可用於研究漢字的聲母、韻母，也可用以研究字的聲調。俞敏先生在這方面做出了重大貢獻。但他對聲調的研究，所用材料皆爲姚秦和劉宋之間譯者所譯咒語，而東漢三國幾乎沒有譯過密教經，故俞先生的聲調研究實際上只是魏晉時代的漢字聲調。通過對俞先生所附"對音譜"的分析，我們可以提出部分入聲字變成去聲的例證。我們認爲，凡上古讀入聲，而譯經者用去聲字對音者，都是去聲產生的證據。所謂長入韻尾失落，變成去聲。例證如下：

"棄"對音 kha（第 52 頁），"吒"對音 ṭhu（第 54 頁），"若"對音 jñā（第 54 頁），"利"對音 ṭi/ri/li（第 54/60/60 頁），"致"對音 ti（第 55 頁），"帝"對音 da（第 55 頁），"大"對音 dā（第 56 頁），"逮"對音 de/rya（第 56/60 頁），"度"對音 dha（第 56 頁），"耨"對音 ṇo/nava/nu（第 53/56/57 頁），"薜荔"對音 pre（第 57 頁），"夜"對音 ya（第 59 頁），"厲"對音 rā（第 59 頁），"替"對音 ri（第 60 頁），"鼻"對音 vi（第 60 頁），"勢"對音 śa（第 61 頁），"蔡"對音 sā（第 62 頁）。[①]

其中"致、利、棄、逮、替、鼻"上古屬質部，"厲、勢、蔡"屬月部，"帝、

---

① 俞敏：《後漢三國梵漢對音譜》，《俞敏語言學論文集》，商務印書館，1999 年。

薛"屬錫部,"吒、若、度、夜"屬鐸部,"耨"屬屋部,"荔"屬葉部。

這些上古入聲字,在後漢三國時已失去入聲韻尾,變成了開音節,讀去聲,這說明東漢三國時漢語的部分入聲字已變成去聲。

應該指出,也有一些去聲字對音以 s 為韻尾的音節,如:奈(ṇas,第 54 頁),替(tis,第 55 頁),膩(niṣ,第 57 頁),衛(paś,第 57 頁;vas,第 58 頁),陛(pas,第 57 頁),沸、費(puṣ,第 57 頁),會(bhas,第 58 頁),賴、奈(raṣ,第 59 頁)等,這些字都對音有 s 尾的音節(ṣ 代表 ṣ,雖與 s 有別,但都是擦音),似乎可證明去聲字來自 s 韻尾的假設。但真實情況究竟如何,需要對能見到的全部去聲對音用字加以考察。據俞敏的《後漢三國梵漢對音譜》,去聲字固然有對音-s 的,也有對音-v 和-t、-d 的,如"蓋"對音 av(第 51 頁)[①],"拘類"對音 grod(第 53 頁,"拘"對 g,"類"對 rod),"懿"對音 cit(第 53 頁),"逝、制"對音 jet(第 54 頁),"唄"對音 paṭh(第 57 頁),"貝"對音 pat(第 57 頁),"昧"對音 madhi(第 58 頁),[②]"會"對音 vat(第 60 頁),"世、貰"對音 śat(第 61 頁)。這些對音說明中古的部分去聲字在後漢三國時期仍有塞音尾,保留着入聲讀法。王力說部分去聲字由入聲變來,很有道理。如果說中古的去聲來自上古的 s 尾,則這些字不可能有塞音尾。

又,後漢三國梵漢對音所使用的鼻音尾去聲字,沒有一個有 s 尾。如果真如學者所云,中古去聲來自上古 s 尾,則陽聲韻的去聲字在梵漢對音中應出現對音鼻音加 s 尾的例證。如:"儭、嚫"對音 kṣin(第 52 頁,原文 s 下沒有小點,應是印刷之誤,今補),"鄧"對音 dān(第 56 頁),"漫"對音 man/mā(第 58 頁),"練"對音 raṇ(第 59 頁),"亙"對音 vaṃ(第 60 頁),皆沒有 s 尾。看來去聲來自上古 s 尾的說法靠不住。今謂去聲字對音 s 尾者雖則祇有 9 個字("奈會"二字重出,則為 11 字),除"膩"字外,都是上古入聲字,或在月部(奈、會、賴),或在物部(費)、質部(替),都收 t 尾,這些 t 尾字在變成去聲的過程中,或許經過 s 尾階段,再變為開音節的去聲,其過程為 -t>-s>-i(現代漢語"替"字沒有韻尾,但中古在祭韻,有-i 韻尾)。至於"膩"字,或許是研究者錯將下一音節的 s 提取為上一音節"膩"的尾音。這種失誤在對音研究中偶有出現,如"偈"對音 gāth(第 53 頁),實則是"偈陀"對音 gātha,其中"偈"對音 gā,"陀"對音 tha,對音研究者將 th 上屬,不妥。當然也可以將 th 作既屬於上一音節又屬於下一音節的兩屬處理,但入聲韻尾-t 是不送氣的,而 th 的 h 是表示送氣的符號,與入聲韻尾

[①] "蓋"字《廣韻》有入、去兩讀,入聲讀應是其本音,義為苫蓋,去聲讀是發展的結果,義為覆蓋。上古時體用同辭,苫蓋、覆蓋皆是入聲讀。後三國時用"蓋"對音 av,說明此字正處於由入聲向去聲的演變過程中。它既不是-p 尾,也不是開音節,而處於向開音節的演變中,其經過或許是-p>-v>-i。

[②] 按,"昧"《廣韻》有入聲一讀,其義為"星也"。但據《經典釋文》王肅音"妹",則為去聲。

的實際情況不合，所以我們認爲這種兩屬的處理不合適。"膩"對音 niṣ 或許就是這種情況。應該指出，對音 niṣ 的還有"尼"，而"尼"是平聲開音節字，沒有輔音韻尾，而用來對音 niṣ，唯一的解釋是將下一音節的輔音作爲上一音節的尾音。我們認爲，梵漢對音中，用入聲字對音梵文音節尾音爲塞音加送氣 h、或塞擦送氣音的，都是將下一音節首音上屬的結果，如"竭"對音 gadh（第 52 頁），"劫"對音 garbh（第 53 頁），"怛"對音 that（第 55 頁），"唄"對音 paṭh（第 57 頁），"蜜"對音 madh（第 58 頁），"葉"對音 śvabh（第 62 頁），"曰"對音 haṭh（第 62 頁），此對音塞音加 h 者；對音塞擦送氣音者："達"對音 dakṣ（第 55 頁），"鉢"對音 pakṣ（第 57 頁），"閲"對音 yakṣ（第 59 頁），這些 kṣ 就是塞擦送氣音 tṣ'。研究梵漢對音者在提取語料時，將下音節的首音作爲上音節的尾音的現象經常發生，也符合梵漢對音的事實，如"三藐三菩提"的"三藐"對音 samyak，其中的 m 既是"三"的尾音又是藐的首音，又如"南無阿彌陀佛"的"南無"對音 Namo，其中的 m 既是"南"的尾音，又是"無"的首音。但尾音是塞音加 h 和 kṣ 的與這種情況不符，漢語沒有送氣的尾音，故只能作下一音節的首音。

引用書目

（漢）許慎. 説文解字. 北京：中華書局，1963.

參考文獻

何九盈. 古無去聲補正//抱冰廬選集（上册）. 北京：中華書局，2021.

李圃. 古文字詁林（第 6 册）. 上海：上海教育出版社，2003.

王力. 漢語語音史. 北京：中國社會科學出版社，1985.

俞敏. 後漢三國梵漢對音譜//俞敏語言學論文集. 北京：商務印書館，1999.

周祖謨. 古音有无上去二聲辨//問學集（上册）. 北京：中華書局，1966.

The Argumentation about the Departing Tone Originating in the Eastern Han Dynasty

Jiang Jicheng，Chang Tianyu

Abstract：The hypothesis that there is no departing tone category in old Chinese has been recognized by most scholars of ancient phonetics. However，Wang Li has speculated as to when the departing tone occurred，arguing that "a few characters had already become departing tone" during the Han Dynasty，but he did not prove it. In this paper，the author analyse the words "Duruo（讀若）" and "phonetic symbol abbreviation（省聲）" in *Shuowen Jiezi*（説文解字）, and supplement them with examples from Yu Min's Chinese transcription of the Sanskrit words（梵漢對音）, proving that the departing tone had already occurred in the Han Dynasty. It also argues that ancient pronunciation of the departing tone was "with *s* as syllabic ending" is not credible.

Keywords：departing tone；*Shuowen Jiezi*（説文解字）；Duruo（讀若）；phonetic symbol abbreviation；Chinese transcription of the Sanskrit words

(蔣冀騁、常天宇，湖南師範大學文學院)

"束"的上古聲母及相關古文字問題補説

施瑞峰

提　要：從"束"聲系的整體聲母分布規律以及"束"與"揀"的派生關係來看，捆束、約束之"束"一詞在上古漢語中當有 *sr-聲母一讀。甲骨材料中記録"速""嗽"的字可以使用"束"的一種表意字形充當聲符，這一現象能够佐證聲母擬音 *sr-的可靠性。結合這一擬音，與"束"有關的一系列古文字釋讀問題可以得到進一步的討論。

關鍵詞：束；*S-系聲母；諧聲類型；古文字釋讀

一、"束"聲系的諧聲情況及上古聲母構擬

從中古聲母分布來看，"束"聲系的特殊之處，在於除了"束"本身中古讀書母外，其他從"束"得聲之字都分布於中古心、生、清、初諸聲母，不妨參看下表：

表1

中古聲母	心	清	生	初	書
例字	涑速嗽餗	楝諫	疎漱	娖	束

中古書母多數來自上古舌音聲母，例如來自上古 *T-聲母的"書"和上古 *L-聲母的"輸"，此外還可能來自上古喉牙聲母，例如從"丩"得聲的"收"。從這一點來看，中古書母一般不會與中古精、莊組聲母交涉，因此，頻繁充當心、生、清、

---

* 本文蒙鄔可晶、張富海、郭永秉先生指正。本文在投稿期間，獲知陳琦先生最近的研究對"束"字所涉古音構擬及文字釋讀問題做出了十分重要的推進工作，相關的關鍵證據和基本觀點亦幸蒙陳琦先生告知。據此本文的觀點在許多方面都須加以訂正。針對這一方面的問題，本文大致仍存初稿之舊説，僅作有限的修改，並希望本文對相關文字、音韻問題的研究，能儘量起到引玉之作用。兩位匿名審稿專家亦對本文提出不少中肯的意見。在此謹對以上諸位先生致以謝忱。

初諸聲母字的聲符的"朿"字爲何在中古讀入書母，很值得注意。①

在對"朿"聲系的中古聲母分布進行具體的討論之前，我們有必要回顧斯塔羅斯京（2012［1989］：114—127）以及李豪（2021）對中古精莊組聲母的上古齒音來源所做的再分類。根據兩位先生的研究，只在中古心、清、生、初四母内部自諧的中古精莊組聲系，與普通的上古齒音聲系具有不同的中古聲母分布規律：中古聲母分布不出心、生、清、初範圍的齒音聲系指向上古的*S-系聲母，中古聲母分布爲精、清、從、莊、初、崇（有時也涉及心、生母）的齒音聲系，則指向上古*Ts-系聲母。兩類聲系儘管並非嚴格不相通，但在具體的構擬上仍需作出區别。我們不妨比較如下聲系的聲母分布情況（擬音參考李豪2021的方案）：

表2

中古聲母	精	清	從	莊	初	崇	心	生	上古聲類
朿	迹	刺	漬	債	策	賾	—	—	*Ts-系
且	祖	且	徂	俎	靐	查			
足	𦔮	趣	叢	緅	蕺	驟	楸		
上古聲母	*ts-	*tsʰ-	*dz-	*tsr-	*tsʰr-	*dzr-	(*s-)	(*sr-)	
中古聲母	精	清	從	莊	初	崇	心	生	上古聲類
疋	—	—	—	—	楚	—	胥	疏	*S-系
妻	妻	—	妻	—	—	—	棲	—	
衰	—	縗	—	—	榱	—	蓑	衰	
上古聲母	—	*sʰ-	—	—	*sʰr-	—	*s-	*sr-	

參考如上表格，不難發現除去"朿"本身之外，"朿"聲系整體上的聲母分布規律與"疋""妻""衰"等上古典型*S-系聲系相吻合。因此"朿"聲系中的中古心、清、生、初母字，似乎相應擬爲*s-、*sʰ-、*sr-、*sʰr-聲母即可。從這個角度來看，"朿"字本身的書母讀音，反而成了整個聲系聲母分布上的例外項，需要加以解釋。

就以往的具體擬音來看，李方桂（1980：71）將"朿"的上古聲母擬爲*sthj-，但在擬音之後標注問號，表示仍需存疑。Baxter、Sagart（2015）將"朿"的古音擬爲*s-tʰok，與李方桂先生的意見相仿。鄭張尚芳（2018［2003］：486）、潘悟雲（2023：196）分别將"朿"字擬爲*hljog以及*qʰˡog聲母，並且將從"朿"得聲的"嗽""蔌"等字擬爲*sl-或者sˡ-、*skˡ-等聲母，以解釋諸字之間的聲母交替。亦即如上所述的幾種構擬意見，可以分爲兩類，一類是將"朿"字定爲*stʰ-之類的

---

① 張富海（2022）已經發現"黍""朿""猲"等字諧聲上看與中古心、生等精莊組聲母有關，並據此推測三字的上古聲母當與塞音無關。

*T-系複輔音聲母,一類是將"朿"字定爲牙喉音聲基並帶有流介音的*KL-型複聲母。

以上兩類構擬意見都存在不合理之處。將"朿"字定爲*stʰ-聲母的可疑之處,在於我們難以將"朿"聲所轄的心母字"速""嗽""漱"等的上古聲母與*stʰ-的聲基*t-在發音部位和方法上統一起來。例如Baxter、Sagart(2015)就只能將"速""嗽"的聲母擬爲*[s]-,將"漱"的聲母擬爲*[s]r-,在*s上括注方括號以表示不確定,但這樣的構擬仍無法解釋"速""嗽""漱"*[s]-/*[s]r-爲何可以與"朿"*stʰ-諧聲。① 與此同時,由於上古*T-系聲系與中古心、清、初、生諸聲母的關係都不密切(施瑞峰2020),因此轄字大量分布在心、清、初、生四個聲母的"朿"聲系,自然不適合僅憑"朿"的書母讀音而歸入上古*T-系。

將"朿"字擬爲複輔音*KL-聲母的不合理之處,一方面在於"朿""速"等字與上古*L-系聲母和牙喉聲母的關係都比較疏遠,至少本文尚未發現相通的可靠例證。而在另一方面,儘管上古*L-系聲系理論上能夠涉及中古心母,但例如"邃""秀""修"等上古*L-系來源的中古心母字,大部分來自中古三等,少數來自中古四等,而罕有來自中古一等者。② "朿"聲系所轄的心母字例如"速""嗽""諫"等,很多在中古都讀一等的讀音,這也是與上古*L-系心母的等第分布規律不相符的。因此,將"朿"擬爲*hlj、*qʰl-等複輔音聲母的觀點也是不甚可信的。

"朿"字的古書音注材料,多是合於"朿"字中古書母的讀音,而難以爲解釋"朿"聲系的特殊聲母分布的成因提供任何綫索,例如:《周禮·秋官·敘官》"司約,下士二人",鄭玄注"約,言語之約束",《經典釋文》:"【約束】劉詩樹反,一音如字。"③《公羊傳·隱公元年》:"爲其與公盟也。"何休注:"以盟約束也。"《經典釋文》:"【約束】並如字,一音上於妙反,下音戍。""戍"亦是中古書母讀音。④ 此外,從聲訓材料來看,《釋名·釋言語》云"朿,促也,相促進也",將"朿"與上古*Ts-系聲母的"促"聯繫起來,不過由於聲訓材料表音上可能並不嚴格,因此我們仍需尋找其他方面的證據,來檢驗"朿"與上古*Ts-/*S-系聲母之間的關係。

爲解釋"朿"的聲母問題,如下一些韻書、音義材料需要重視。《廣韻》有一個訓爲"裝揀"的"揀"字,有所去、色句兩切。玄應《一切經音義》卷十八也有

---

① 從上古漢語的音節結構看,*st-聲母的聲基是*t-,*s-爲前冠音,上古複聲母的前冠輔音不參與諧聲,是一條較爲嚴格的諧聲規則,可參考張富海(2018:100)。因此我們不能根據"朿"字*stʰ-擬音的前冠音*s-來解釋"朿"與心、生母字"速""嗽""漱"的聲母交替關係。

② 詳見施瑞峰(2022:164—168)的統計。邊田鋼(未刊)將上古*L-系來源的心母字擬爲簡單*l-聲母,作爲*l-聲母在三等條件下的變體。從這些研究來看,*L-系來源的中古心母確當不涉中古一等音節。

③ 本文使用"【x】"表示《經典釋文》被注釋音義的出字 x。

④ 蒙匿審專家提示,以上兩則音義材料表明"朿"字應當存在一個《廣韻》失收的去聲讀音,這一讀音與玄應《一切經音義》所收"揀"字的"音戍"一讀或可對應,其間關係仍需進一步澄清。

類似的記載："裝捒，阻良側亮二反，下師句反。今中國人謂撩理行具爲縛捒。縛音附，捒音戌。《說文》：裝，束也，裹也。"《廣韻》及玄應《音義》所記載的"裝捒"之"捒"，都位於中古生母，孫玉文（2015：434）指出，這一表示"整理行裝，準備出門時所帶的衣服、被褥等"語義的｛捒｝，① 當是捆束之｛束｝的派生詞。根據玄應《音義》的記載，"捒"字的生母讀音應當是其本音，而"捒音戌"之類的書母讀音，則有可能本來自中原地區的方音。② 因此，我們可以推測"束"在中古本應有生母的讀音，其書母的讀音則可能是出自中古漢語方言的某種不規則演變。如此，我們不妨將"束"的上古聲母擬爲 *sr-，這一構擬恰好與"束"聲系本身所呈現的 *S-系聲母諧聲類型相吻合。

二、"束"字字源及字形流變問題補説

古文字材料對上古漢語字詞古音構擬的一個重要意義，在於將單個的字詞與特定諧聲系列恰當地聯繫起來。因此，我們有必要考察相關的古文字材料，對"束"與"速""嗽"等字的諧聲關係可靠與否重新進行審視。

陳劍（2007a：93—98）所釋甲骨卜辭中的"速""嗽"兩字，涉及如下字形：

速，花東113　　速，花東420　　嗽，合集34072　　嗽，合集34073

陳劍先生將以上花東卜辭从木、从橫柬、从止之字與辭例上看較爲確定的、春秋早期金文叔家父簠之"速"聯繫起來，並根據這類字常見於"～丁"之類的辭例之中，當是用作邀請之類的意思，釋其字爲"速"，這一考釋是可信的。同時，對於上列後兩例从"欠"之字，陳劍先生指出兩字所表示的應當是與"口"有關的部位。結合合集34072之字所在辭例爲"疾～"這一綫索，陳劍先生將如上兩個从"欠"之字釋爲"嗽"，也是可以信從的。諸字當皆以"束"爲聲旁，釋"速"諸字意符爲"止"，釋"嗽"諸字意符爲"欠"，其構形都能得到很好的解釋。類似的考釋意見還見於宋鎮豪（2004）以及陳年福（2005）。

不過，對於如上諸字的聲符，即从木、从橫"柬/束"形這一偏旁究竟當如何分析，似仍存在商榷的空間。陳年福（2005）直接將如上"嗽"字分析爲从屮/艸、横"束"、欠的合體字，認爲其字就是菜蔬義的"蔌"字。這一觀點不僅難以解釋爲何"束/柬"之形需要橫寫，還忽略了如上四字从屮/艸/木、从橫"柬/束"的構

---

① 本文使用｛x｝表示 x 這一詞。
② 類似的意見還見於張富海《上古韻母與中古韻母對應表暨諧聲表》（未刊）屋部部分的頁下注釋："束，書母，與諧聲不合。而'捒'，裝束，'束'之去聲派生詞，色句切，生母。《廣韻》燭韻無莊組字，疑'束'本屬生母，轉入書母。"

件可能本身具有的合體表意功能。因此其説解當不可信從。

陳劍（2007a：94—95）對如上"㯱"字進行了細緻的構形分析：

"東"和"束"都像囊橐束縛其兩端之形，甲骨金文中兩字常有形體相混的情況，其讀音也有密切關係。很多學者因此認爲"東""束"本爲一字，是可信的。花東子卜辭的所謂"㯱"字，下從意符"止"，與"速"從"辵"同義；上半作爲聲符，可能其本身又是一個以"木"或"屮"爲意符、以橫寫的"東"爲聲符的形聲字。所謂橫寫的"東"形顯然也可以理解爲"束"字，是"㯱"的基本聲符。將"東/束"形橫寫，大概既是爲了避免全字結體過長，同時也有跟真正的"東"字相區別的作用。上引叔家父簠"速"字所從"東（束）"形斜寫，跟"㯱"字中間橫寫的"東（束）"形仍然很接近。

其論述中提到的"東""橐"關係、"東""束"關係，在較早的年代就爲不少學者注意。在對如上釋爲"速""嗽"之字的構形進行分析之前，我們有必要重新回顧以往學者對"東""束"、"東""橐"關係的解釋。"東""橐"同源之説，《甲骨文字詁林》（1996：3011）所引丁山《説文闕文箋》即持此觀點，李孝定、姚孝遂等先生亦持此説。"東""束"同源之説早期見於林義光《文源》，後來唐蘭、于省吾先生亦持此説。相關觀點在張富海文（2017）中已有較好的總結。

張富海（2017）和孫玉文（2022）都指出"東"與"重"的關係密切，根據兩位先生的觀點我們可以對"東""橐"關係加以重新認識。張富海（2017：109—110）有如下論述：

我懷疑，"東"這個字形本可以表示｛重｝。"東"字形象裝滿物體的橐，作爲象物字，可以表示｛橐｝；而作爲象物字式的象事字，取"橐"的一種屬性，就可以表示｛重｝。這在文字學上是完全講得通的。較古的"重"字作 ▨（引者按，集成01003），象人負橐形，後來的"重"字即由之演變。但恐怕不能否定少了人形的"東"字也可以表示｛重｝。"東"和"重"（定母東部）語音至近，古人用表示｛重｝的"東"字假借來表示東方之"東"是十分自然的。

因此，"東"的構形所象爲囊橐之形，當無疑問，衹不過其讀音則是來自於"重"，而與"橐"的讀音没有關聯。

至於"東"與"束"的關係，早期一些學者或是已持懷疑態度，或是至少將"束"的構形來源從與"東"無關的其他的角度進行解釋。丁驌（1969）認爲"束"字本象"束薪之狀"。[①] 不過其文認爲"木""朿""杏"等字"形異而實爲一字"，

[①] 其文所舉"束"字係《合集》所收29700（▨）、30381（▨）這種於"木"形之上加注長方形而得的獨體字，這些字是否當釋"束"，似仍有研究的空間。

則是不正確的。《金文詁林》所載高田忠周之説（1974：3956）也認爲"朿"本爲"束薪之狀"："然字从口木爲形者，當以束薪爲本義，轉爲凡束縛義。"《甲骨文詁林》"東"條目下姚孝遂先生按語亦不贊同"東""朿"存在聯繫（1996：3011）："古文字偏旁相混者比比皆是，不得據以論述正字。金文正字東與朿判然有別，從不相混，甲骨文亦然。"除了如上字形方面的意見外，在音韻方面，張富海（2017：109）指出："'朿'與'東'，我覺得也很難説得上語音相近。兩者的韻部雖然陽入對轉，但已是有隔，且古書中'朿'聲字未見與端系字相通者。本來讀'朿'的字能否假借來表示東方之'東'，同樣令人懷疑。"因此，"東""朿"之間是否存在字源關係，仍有進一步討論的空間。

綜合如上觀點，"東"與"重"的關係明顯要比"東"與"朿"的關係可靠。如考察"東""朿"兩字的金文字形，不難發現：一方面"東"與早期"重"字除去人形之後的形體，都象兩頭繫住的囊袋之形，其圈形是由左右兩個開口相反的圓弧相交而成，圈形上端與下端都作"✕""✕"這種繫束之狀；而常用於"名詞＋朿"這一辭例中的、確當釋"朿"之字，① 其形體並不表現出兩頭繫住的囊袋這一特徵，而是在"木"形中間加注一圓圈以表示捆束之意，這一圈筆是一筆而成，而非兩個圓弧的相交，反映了與"東"字不同的造字意圖。另一方面，"東""重"所從的圈形構件的内部都可以添加横筆，而"朿"字的圈形構件所包圍的筆劃則是其"木"旁本身具有的，其圈形構件内部往往不再加注任何飾筆。我們不妨參看如下字形：

表3

字頭	東	重	朿
字形	集成04029 集成05869	集成06325 集成07365	集成04099 銘圖11816

總之，"東"更適合被分析爲從"重"字中割取而得的囊橐之形，或者説就是"重"的分化字，而不適合分析爲與"朿"字一形分化。② "東""朿"具有不同的造字理據，兩字之間應當不會存在字形上的同源關係。

考慮到"東""朿"之間在字源上並無可靠的聯繫，"東"在釋爲"速""嗽"

---

① 此類"朿"字見於金文材料，甲文材料似未見構形類似且辭例確鑿可信的用作量詞的"朿"字。
② 因此，甲骨文中如下"重""量"字所從，應該仍是囊橐形省却圈内横筆的省體，與"朿"沒有關聯：

重：𤔔 村中南438　𤔔 村中南483

量：𤲞 合集31823　𤲞 合集22097

之字中應當也無法起到表音作用，那麼"𣥂"旁之中橫寫的"東"形就需要從純粹的意符角度加以分析。本文更傾向於認爲，如上釋爲"速""嗽"之字的聲符"𣥂"是一個整體表意的形體。其中的所謂橫寫"東/束"本是表橐囊之形，不必落實到具體的"東"或者"束"的語音及詞義之上。而這一構形的整體所會，可能正是繩索捆紮橐囊之意，或者是將草木根部縶住之意，進而可以看作捆紮之義的{束}*sr-不同於"木＋圈形"的另一種表意字形。亦即這一構件本身所表之詞是{束}，橐囊之形即所謂橫寫的"東"本質上是一個表意符號，不具有必然的表音作用。

此外，蒙郭永秉先生提示，陳劍（2007a）如上釋"嗽"之字，其象紮束之形的聲符正對着"欠"旁表示嘴巴的部分，會嘴巴從束囊中吮食之意。因此從造字本意上分析，這種"嗽"字可能是爲《説文》訓爲"吮也"之"欶"所造的專字。如其說是，則該字記錄{嗽}當是出於音近假借。"欶"來自中古生母，上古當爲*sr-聲母，其字在甲文中從"𣥂"這一構件得聲，同樣能夠反映{束}有上古*sr-聲母的讀音。

若從形體流變的角度分析，正如陳劍（2007a）所指出，西周、春秋金文從辵及斜寫東旁的"速"字，可能就是由花東卜辭的那一類"𡍮"字省去上端的"木/屮"旁之後逐漸演變而來。至於與篆隸階段之後的"速"字直接對應的從辵從束的"速"字字形，最早應當需要上溯到石鼓文《車攻》用於辭例"麀鹿速速"中的"速"。以上所涉金石文字之"速"，字形如下：

新收1567　　集成04615　　石鼓文《車攻》

從花東甲骨文之"𡍮"到篆隸階段從辵、束聲的"速"，字形上是一脉相承的。

戰國楚系簡帛材料中，應當也存在讀*S-系聲母，表示捆束之義的{束}一詞：

表4

字形	辭例	出處
	牆（牆）又（有）蚤（蒺）䔧（䔧），不可欶（束）也。	安大一《詩經》簡85
	緊（綢）穆（繆）欶（束）新（薪），厽（三）曟（星）在天。	安大一《詩經》簡109

如上兩字從"束""欠"，當與上引甲文用爲{嗽}之字所從的"欶"旁直接對應。這應當是上古漢語存在一個讀*sr-聲母的捆束義的{束}一詞的證據，表1所呈現的"束"聲系的中古聲母分佈情況也可以根據{束}的*srog讀音得到解釋。

*S-聲母的"束"聲系字在楚文字中還牽涉另一個聲旁"㭍"，作左右兩朱之形。楚文字的"速"往往從"㭍"，例如：

 天星觀卜筮祭禱簡    郭店《性自命出》簡36

但楚文字"速"字也有祇从一"朱"者，可參：

 上博一《性情論》簡39    清華八《天下之道》簡7

這些"迷"字應當視爲"速"的省體，不能分析成从辵、朱聲的形聲字。從字形上看，正如兩"丙"上下相疊的"胭"旁可能本會後器取代前器之意，是更替之{更}的表意初文，"胭""丙"之間不構成嚴格的語音相近關係，楚系"速"字左右並列的兩"朱"可能也有特定的表意功能（儘管目前仍未能確知），與"朱"在音韻上亦不能簡單繫聯起來。從"棘"旁的音韻指向上看，"速"無疑是上古*s-聲母，而以"棘"旁爲聲之字所記錄的其他的詞，例如上博四《曹沫之陳》簡54"收而聚之，棘（束）而厚之"，整理者（2004：279）即讀作{束}。清華五《殷高宗問于三壽》簡28"棘（束）柬（簡）和募（慕）"，整理者（2015：160）亦讀"棘"爲{束}，訓約束之義。清華八《治邦之道》簡12"母（毋）又（有）趯（疏）棘（數）"，整理者（2018：142）認爲"棘"字讀爲細密義的{數}*s^h-。以上材料皆將"棘"旁指向*S-系聲母，這與上文對"束"*sr-以及"束"聲系的聲母分析是一致的。

總結以上分析，可知"束"在早期可能有兩類表意形體：一類直接對應"束"的篆隸字形，由"木"字加注圈形指事構件而得；一類則象捆扎橐囊之形，字从橫寫東旁。以後一種形體的"束"爲聲符的字，可以用來表示{速}{嗽}以及{欶}等詞，指向上古*sr-系聲母。

三、與"束"有關的古文字釋讀問題散札

（一）甲骨文用作{黿}{誅}之字所从之"束*"

甲骨材料中，記錄{黿}{誅}等*T-系聲母讀音之詞的字，有時會加注一個形體相近於"木＋圈形"的"束"的構件作爲聲符，這些字形加注的類似"束"的偏旁不妨記爲"束*"。相關之字如下：

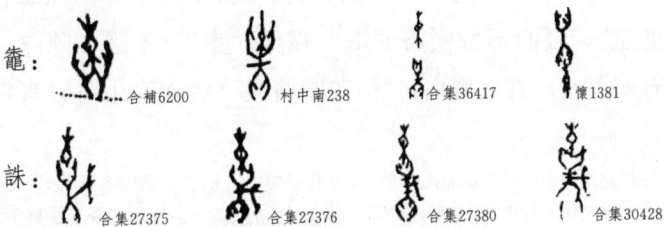

其中，甲文从"黽"、从"束*"得聲的"鼅"字由胡光煒先生釋出，而以第一行"鼅"字爲聲符，以"戈"旁爲意符的"䊸"字，則由劉釗先生釋出（兩説見劉釗2005：1—17）。

不難看出，如上諸字所從"束*"旁中間的圈形内部儘管有時存在一上下貫通的豎筆（例如合集27376、36417之字），但很多"束*"旁的中圈内部是空白的。而上文所述辭例確定的"束"字是由"木"加圈形得到的指事字，其"木"旁被圈形圍住的部分，内部的筆劃尚未見到有省略掉的確例。因此從字形上看，如上諸字所從"束*"應當不能與"束"聯繫起來。而從〔鼅〕〔䊸〕的讀音上看，如上"束*"旁即便用作聲符，所指向的上古聲母仍是 *T-聲母，與上古 *S-/*Ts-聲母的字詞也不太會存在牽涉。

（二）甲骨材料中的"㯰"

甲骨文中有一個可以隸定爲"㯰"的字，一般用作人名或者祭祀名，可參如下字形：

陳劍（2007b：401—402）曾指出如上右邊兩形還可加注"𡉚"*G^{w}aŋʔ充當聲符，作如下之形：

因此"㯰"可能如朱芳圃所釋，係"束葦燒"之"苣"*gaʔ字的表意初文。而雙手持"㯰"的"𠬞"字，字形當"亦像手持火炬之形"。①

一些工具書將"㯰"字與"束"字聯繫上或者直接視爲一字，例如高明、涂白奎（2008：609）將"㯰"字直接歸入"束"字頭下，朱歧祥（2013，5：308—309）也將"㯰"字釋爲"束"的異體。此外，甲文从"㯰"得聲的"䵼/䵽"等字（如屯南417之字），也有不少學者認爲當釋"𣞙"（《廣韻》桑谷切，來自上古 *s-聲母）。② 針對這些觀點，陳劍（2007b：400）曾指出"古文字中可以肯定的'束'實際上找不到有寫作'㯰'的"，"下面我們要講到的䵼、䵽所从聲符的某些寫法距離'束'形更遠"，因而不贊同將"㯰"釋作"束"。不過，陳劍（2010：47）對如上的看法有所更改，其文指出："但我當時説'古文字中可以肯定的'束'實際

---

① 實際上我們應當注意"𡉚"*G^{w}aŋʔ、"苣"*gaʔ聲母開合有别，仍需存有疑問。
② 例如《新甲骨文編》（增訂本2014：155—157）就將相關之字收在"𣞙"條目下。

上找不到有寫作'東'的過於絕對,現在看來▓形左半的'東'正是'朿'旁變體。"我們似乎仍有必要辨析"東"與"朿"的關係。

陳劍(2010:42—50)所以將"東"字重新與"朿"聯繫起來,是根據如下出現在"～舟"一類的辭例中,可讀爲{斵}的字:

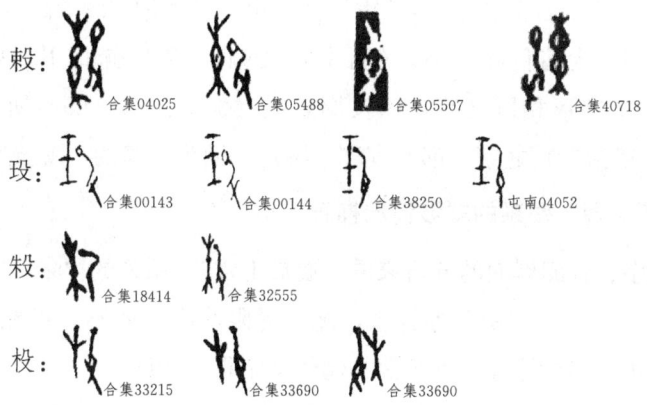

如上諸字的讀音定位在"朱""斵"所指向的*T-系聲母、侯屋部韻母的範圍内,所參考的是如下證據:其一,西周獄簋(銘圖05315)銘文"殳(朱)兀"之"殳",在衛簋(銘圖05368、05369)中作"殳","殳""殳"在銘文中都應當讀{朱},所涉金文字形如下:

其二,上文述及的"黽"字,在甲文中可以加注"朿"作爲聲符(按,實爲本文所謂"朿*"),在金文中則可以加注聲符"朱"(劉釗,2005:13—15)。

然而僅從如上的證據來看,我們似乎仍然不能將"東"與"朿"的字形聯繫起來,因此本文傾向於支持陳劍(2007b)的判斷。上文已經指出,相關甲文"黽"字所從的"朿*"與"朿"當非一字。而從上引銘圖05368、銘圖05369的拓片、照片來看,"殳"字摹形"▓"恐不可信,衛簋"殳"字左旁中間兩重點畫是填實的,可能祇是"朱"旁的變體。類似的一重與兩重、橫畫與點畫的指事符號替換見於金文"朱"字,例如:

也就是説,衛簋"殳"字實際上應當是"殳"的異體。因此,從衛簋的兩個舊釋"殳"字出發,我們恐怕仍然沒有十足的根據將"東"與"朿"在字形上聯繫起來。據此,"東"與"朿"仍以分析爲兩個形音無關的字爲宜。

陳劍（2010）將如上用於"～舟"辭例之字釋爲"斨"，從構形和辭例來看都是十分可信的。所涉諸字可能本是會意字，會人手持殳來砍斨左邊器物之意，不過字形的右旁"殳"以及部分字所從的左旁"朱"可能仍然具有聲符的功能。"宋"是否也具有類似的表音功能，則仍不能確定。即便"宋"具有一個與諸"斨"字類似的上古*To（K）音節的讀音，"宋"與"束"聲系的"鷪/餗"*s-的聲母關係仍然是比較疏遠的，從這個角度看，《新甲骨文編》"餗"條目下所收與上引合集08248、屯南 417 字形相關之字，以及周忠兵（2012：20－29）所釋從鬲、鼀聲（同樣是*To 音節指向）之字，都不宜釋、讀爲"鼎實"義的"鷪/餗"。

（三）"朱""芻"聲系的交涉情況補正

從上文文字、音韻層面的分析來看，屬於上古*T-系列的"朱""鼀"聲系，與上古*Ts-/*S-系列"束""芻"等聲系，應當界限清晰，而不太可能相互交涉，我們可以從這一角度出發梳理如下幾個具體的文字釋讀問題。

清末岐山出土的太保玉戈，銘文有"用鼀走百人"之句，李學勤（2007：85）讀"鼀"*tj-爲｛驟｝*ts[h]-，認爲"驟""走"分別是指御者和僕人。從聲母上來看，*T-系來源的"鼀"與*Ts-系來源的"驟"自然不能相通。因此戈銘之"鼀"字需要另尋破讀方向。"戰國時代"（網名，董珊先生）在方稚松（2009）頁下評論中指出，此"鼀"字當讀爲｛酬｝*dju，訓爲"報"。周忠兵（2012：28）則指出戈銘之"鼀"與珥生諸器銘文"余鼀於君氏大璋""余鼀大璋"之"鼀"字，皆當讀爲｛投｝*doo，表示贈與、給予之意，這種讀法從韻部上看更爲合適。蒙鄔可晶先生提示，"投"的"置"義可以引申得到"致""與"義，例如《大戴禮記·千乘》"以財投長曰貸"，王聘珍《解詁》訓"投"爲"致也"（1983：161），孔廣森《補注》訓爲"與也"（2013：169）。珥生器"余鼀（投）于君氏大璋"是説我被君氏"投送"以"大璋"，然後"報"以"帛束、瑾一"，前曰"鼀（投）"，後曰"報"，與《詩·衛風·木瓜》"投我以木瓜，報之以瓊琚"之"投""報"對舉同例。珥生諸器之"鼀"係被動用法，觀點可參裘錫圭（2021）。至於甲骨材料用於"不～""～王""～于王"之類辭例中的舊釋爲"芻"之字，則應當根據鄔可晶（2018：274－280）的意見釋爲"若"，讀爲｛怒｝。相關諸字、諸聲系或是在*T-聲母内部相通，或是在*Ts-/*S-聲母内部相通，應當没有可靠的跨類交涉之例。上古*T-聲母與*Ts-/S-聲母本是兩個不相交涉的獨立諧聲類，這一判斷在本文討論的若干文字釋讀案例中，亦可以得到一定程度的佐證。

引用書目

（清）孔廣森. 王豐先點校. 大戴禮記補注. 北京：中華書局，2013.

（清）王聘珍. 王文錦點校. 大戴禮記解詁. 北京：中華書局，1983.

（唐）陸德明. 黃焯斷句. 經典釋文. 北京：中華書局，1983.

安徽大學漢字發展與應用研究中心編. 安徽大學藏戰國楚簡（一）. 北京：中華書局，2019.

高明，涂白奎. 古文字類編. 上海：上海古籍出版社，2008.

李學勤主編. 清華大學藏戰國竹簡（伍）. 上海：中西書局，2015.

李學勤主編. 清華大學藏戰國竹簡（捌）. 上海：中西書局，2018.

李宗焜. 甲骨文字編. 北京：中華書局，2012.

劉釗等. 新甲骨文編（增訂本）. 福州：福建人民出版社，2014.

馬承源主編. 上海博物館藏戰國楚竹書（四）. 上海：上海古籍出版社，2005.

滕壬生. 楚系簡帛文字編（增訂本）. 武漢：湖北教育出版社，2008.

吳振烽. 商周青銅器銘文暨圖像集成. 上海：上海古籍出版社，2012.

徐時儀校注. 一切經音義三種校本合刊. 上海：上海古籍出版社，2012.

于省吾主編. 甲骨文字詁林. 北京：中華書局，1999.

中國社會科學院考古研究所編. 殷周金文集成. 北京：中華書局，2007.

鍾柏生，陳昭容，黃銘崇，袁國華編. 新收殷周青銅器銘文暨器影彙編. 臺北：藝文印書館，2006.

周法高主編. 張日昇，徐芷儀，林潔明編. 金文詁林. 香港：香港中文大學，1974.

朱歧祥編. 甲骨文詞譜. 臺北：里仁書局，2013.

參考文獻

邊田鋼. 上古漢語 L-類聲母的音位化構擬新探. 未刊稿.

陳劍. 說花園莊東地甲骨卜辭的"丁"——附：釋"速"//甲骨金文考釋論集. 北京：綫裝書局，2007a.

陳劍. 殷墟卜辭的分期分類對甲骨文字考釋的重要性//甲骨金文考釋論集. 北京：綫裝書局，2007b.

陳劍. 釋"屮"//出土文獻與古文字研究. 第三輯. 上海：復旦大學出版社，2010.

陳年福. 甲骨文字考釋四則——兼論甲骨文聲符形化造字. 考古與文物. 2005（增刊）.

丁驌. 説木杏束//中國文字. 第三十三册第一分. 臺北："國立"臺灣大學文學院中國文學系，1969.

方稚松. 甲骨文字考釋四則. 復旦大學出土文獻與古文字研究中心網站. 鏈接：http://www.fdgwz.org.cn/Web/Show/778. 2009.

李方桂. 上古音研究. 北京：商務印書館，1980.

李豪. 上古精組聲母的分類——兼論*sh->tsh-音變. "漢語音變研究"工作坊. 杭州：浙江大學，2021.

李學勤. 走出疑古時代. 長春：長春出版社，2007.

劉釗. 釋甲骨文耤、羲、蟺、敖、栽諸字//古文字考釋叢稿. 長沙：嶽麓書社，2005.

潘悟雲. 漢語古音手册. 上海：中西書局，2023.

裘錫圭. 珂生三器銘文新解. 中華文史論叢，2021（4）.

施瑞峰. 上古漢語的 *T-系、*L-系聲母及相關古文字問題補説. 中國語文，2020（1）.

施瑞峰. 上古漢語聲母諧聲類型在古文字資料釋讀中的效用. 香港中文大學博士學位論文，2022.

斯塔羅斯京. 張興亞譯. 古漢語音系的構擬. 北京：北京大學出版社，2012.

宋鎮豪. 商代的疾患醫療與衛生保健. 歷史研究，2004（2）.

孫玉文. 漢語變調構詞考辨. 北京：商務印書館，2015.

孫玉文. 從古文字角度談"臭""畜""天""東"的上古音問題//中國語言學研究. 第一輯. 北京：社會科學文獻出版社，2022.

鄔可晶. "罗、若"補釋//古文字研究. 第三十二輯. 北京：中華書局，2018.

張富海. 説字二則//中國文字學報. 第七輯. 北京：商務印書館，2017.

張富海. 諧聲假借的原則及複雜性//出土文獻：語言、古史與思想——嶺南學報復刊第十輯. 上海：上海古籍出版社，2018.

張富海. 試説書母的塞音來源//語言研究集刊. 第二十九輯. 上海：上海辭書出版社，2022.

張富海. 上古韻母與中古韻母對應表暨諧聲表. 未刊.

鄭張尚芳. 上古音系（第二版）. 上海：上海教育出版社，2018.

周忠兵. 釋甲骨文中的"諫"//古文字研究. 第二十九輯. 北京：中華書局，2012.

Baxter, William H., and Laurent Sagart. 2014. *Old Chinese: a new reconstruction*. New York: Oxfor University Press.

The Ancient Initial of Shù in Old Chinese and a Supplementary Re-examination of Relevant Old Character Interpretation Issues

Shi Ruifeng

Abstract: According to the middle initial variation regularity of the phonogram series of 束, as well as the derivative relationship between 束 and 揀, the initial of 束 in Old Chinese should be reconstructed as *sr-. In ocracle bone documents, a type of the ideographic shape of 束 is used as the phonetic compent of phonograms to record words like 速 and 嗽, which suggests the accuracy of the reconstructed form of *sr-. Accordingly further discussion of related issues on the interpretation of old characters can be settled.

Keywords: Shù; S-type initial; xiesheng type; the interpretation of old characters

（施瑞峰，復旦大學中國語言文學系）

《説文》明母與見母特殊諧聲現象考察*

梁慧婧

提 要：《説文》中明母與見母互諧祇有 3 例，不必用複輔音解釋。岡爲剛省聲，非网聲，故不存在特殊諧聲。𠔼可能是個形聲字，"网"最早讀見母，造字之初不存在特殊諧聲。"袂"最早讀*gwiat，不算特殊諧聲，後鼻化且失去合口讀倪祭切，鼻化且腭化的讀儒税切，鼻化且將合口轉變爲唇音的讀彌敝切。"貉"讀下各切，不存在特殊諧聲，讀莫白切，看似是特殊諧聲，實際上"貉"是"貊"之借字，二字音形義均有可通之處，音借、義借、形借同時發生作用。這種情況下，音借的語音條件就放鬆了。

關鍵詞：《説文》；明母；見母；特殊諧聲

一、引言

依《説文》，明母和見母的特殊諧聲祇有 3 例[①]：

网：岡（明陽：見陽）

夬：袂（見月：明月）

各：貉[②]（見鐸：明鐸）

明、見二母發音部位不同，發音方法亦相遠，以聲母而言，無疑屬特殊諧聲

---

* 基金項目：北京語言大學梧桐平臺項目"文獻語言學學科建設與發展創新平臺"中央高校基本科研業務費專項資金（19PT05）、北京語言大學文學院院級團隊培育項目"北京文獻語言與文化傳承研究"。

① "明"非以"囧"爲聲，故不列入其中。《説文》"明，從囧從月"，段注"囧亦聲，不言者，舉會意包形聲也"。許慎認爲"明"是會意字，段玉裁認爲它舉會意包形聲。古文字中"明"有從日從月、從囧從月二形。連佳鵬（2015）第 3 頁注解 5 在前人研究的基礎上，對此現象做出了解釋："明字自甲骨文以來均有從'日'和從'囧'兩體，馬承源先生和詹鄞鑫先生認爲'囧'是'日'的繁寫。甲骨文、金文中的'囧'字以及與之相似的青銅器上的⊕紋，圓圈中朝内的迴旋狀弧綫象徵着太陽的光明，並有古注佐證，十分可信。"我們認同此"囧"爲"日"之異寫的觀點，由此，明字可統一爲從日從月的會意字。

② 貉，《廣韻》下各切、莫白切。莫白切涉及特殊諧聲。

例，但從韻部來看，都是同部諧聲。諸家擬音① 對比如下：

	王力	李方桂	鄭張尚芳	潘悟雲	白一平、沙加爾
网	*mĭwaŋ	*mjangx	*mlaŋʔ	*mkˡaŋʔ	*maŋʔ（or *C.maŋʔ）
岡	*kaŋ	*kang	*klaaŋ	*kˡaŋ	—
夬	*koat	*kwradh	*kʷraads	*kʷrads	*[k]ʷˤret-s
袂	*mĭat	*mjiadh	*mgweds	*mkʷleds	*k.mˤet
各	*kak	*klak	*klaag	*kag	*kˤak
貉	*ɣak	*glak	*glaag \ *mgraag	*gˡag \ *mgˤag	*mˤrak

王力先生没有構擬複輔音。李方桂先生爲"各""貉"構擬了複輔音，是爲了解釋"各"的諧聲系列有來母的事實，而不是解釋明見諧聲。鄭張－潘音系、白－沙音系都試圖從複輔音上解釋明見特殊諧聲。鄭張尚芳、潘悟雲先生擬音類似，祇有"网"的擬音不同，鄭張先生是 *ml-，潘先生是 *mk-。白－沙系統對"网"的擬音有所猶疑，"袂"擬了 k·m-前置輔音，"貉"則無前置輔音。我們認爲，擬爲 *mk-、*mg-或 *k.m-來解釋明見諧聲，都存在以下問題：

首先，這樣的輔音叢數量太少，以 *mg-而例，在《上古音系》一萬八千字字表中，祇有 3 例，除以上 2 例外，還有 1 例是鶩 *mgluw，考慮上後墊式輔音後，*mgr-、*mgl-、*mgw-就各自祇有 1 例了。

其次，明母與其他牙音特殊諧聲例幾乎沒有，明母與溪母、群母無諧聲例，疑母 1 例也很可疑②。

最後，*mk-、*mg-、*k.m-和 *k-是否相似、能否諧聲，也待檢討。李方桂（1980：10）提出的諧聲原則中，很清楚地說明了發音部位在諧聲中的重要地位，複輔音和單輔音發音部位能否算接近也是有爭議的。

因此，我們認爲，若能從單輔音系統解釋這幾組特殊諧聲現象，就不必求諸於複輔音了。

二、网：岡

鄭張尚芳（2003：146—147）說"岡雖諧罔聲，但藏文岡 sgang、綱 glang，沒有 m 冠，mkhrang=hrang 強健一般對漢語的'強'，是否可對漢語'剛'還須研究。所以'岡'擬爲 *klaaŋ 可以肯定，是否擬爲 *mklaaŋ 還待推敲。"鄭張先生認同岡與罔諧聲，但由於藏語中表示"岡""綱"義的詞沒有冠音 m，因此他並未

---
① 各家擬音依據古音小鏡網站，已同出處核對。
② 明疑諧聲祇有"門：閽"一例，尚屬可疑。段玉裁認爲閽當讀明母（段注閽字下），王念孫《廣雅疏證》認爲當從言得聲。段、王均不認同這組特殊諧聲關係（《釋言》"閽閽"條）。

將"岡"擬爲鼻冠音*mklaaŋ，而是擬爲*klaaŋ，"网"則擬爲*mlaŋ，照此擬音，諧聲起來比較勉強。

鄭妞（2021：348）提到"'网'上古當是明母字，'岡'可能是從'剛'省，非從网得聲，而剛本是從刂從网的會意字，岡至晚在《詩經》時期已是見母字"。西周史牆盤有"⿰剛"字，釋讀爲"剛"，與小篆同結構，若依《説文》"從刀岡聲"，那麽得先有岡字，才能作"剛"的部件，但古文字材料中幾乎没有岡字，這也是鄭妞認爲"岡"從"剛"省的原因。⿰應分析爲從山剛聲，是岡之初文，後省刀。因此可以説，岡與网没有直接發生諧聲關係。

网與岡雖無諧聲關係，但仍須説明网與⿰是否存在諧聲關係。甲骨文"⿰"，多數學者認爲是會意，如林義光（《古文字詁林》4：541）認爲"剛"字"從刀斷网"。朱歧祥（《古文字詁林》4：546）："從网刀……卜辭作動詞，剛於某先祖鬼神。用爲祭儀，意指宰殺網獲的野獸，用以獻祭。"徐中舒（《古文字詁林》4：546）："象刀砍於俎上之形"。鄭妞（2021：348）也認爲"剛"是會意字，网與剛無諧聲關係。也有個別學者認爲"⿰"是會意兼形聲字，如孫海波（《古文字詁林》4：541）："象以刀斷网，网亦聲"。

但是，"网""刀"兩個部件如何會意，仍不是很清楚。從甲骨文辭例看，"剛"的本義是一種祭祀或用牲法，如《粹 1039》"辛酉卜，剛于父乙"。朱歧祥先生將"剛"的造字意圖描述爲"宰殺網獲野獸"。甲骨文的辭例簡單，"剛"是怎樣的用牲法難以斷定，分析爲會意缺乏清晰的證據。同時，有一些綫索表明，"网"有可能曾讀見母，是純粹的聲符。

其一，"网"在甲金文中很少與明母發生關係。"無""亡"可假借爲否定詞，後起字"罔"亦表示否定，但在甲金材料中，我們没有找到"网"假借爲否定詞的用法，這使我們懷疑它最初是否讀明母。

其二，金文中的"⿰"字，釋讀意見紛雜①。依《古文字譜系疏證》（2007：1976）讀爲强，金文辭例中"康⿰"即"康強"。此字中的部件"冈"是"网"的異寫，應是此字的聲符。那麽"网"很有可能有見母讀法。

其三，甲骨文中常見网字，金文中基本不見②，戰國簡帛文字中，"网"已加上"亡"而變成"罔"了，如"⿰"（睡虎地秦簡）。爲何它不延續簡單字形，而又疊加聲符呢？有一種可能就是"网"原來有異讀，加聲符"亡"是爲了區別③。

---

① 詳參黃錦前《説康⿰》。
② 五鼎、戈五甗最早稱爲网鼎、戈网甗，銘文中"⿰"，最早釋爲網，後改爲五。除此外，只有小子网簋一例。
③ "罔"在簡帛文獻中，除了讀爲"網"，還可以讀爲"亡"（否定詞），"罔"也有可能是從亡网聲，但這種分析無法解釋否定詞"亡"爲何要疊加聲符"网"。

其四，與"网"相關的綱、罟等字，皆是見母。上古的"网"很有可能存在異讀。見母的語詞由網的剛強有力特點得名，與剛、岡、犅、強等同源①。明母的語詞由覆冒義得名②，大概是後起的。"网"是綱或罟的初文，也是網的初文。

我們傾向於將"𦉳"看成形聲字，其聲符"网"有見母讀法，故不爲特殊諧聲。"网"在上古有異讀，最早讀見母陽部，後來讀明母陽部，這是兩個不同的語詞，在不同的時代產生，用同一個字形表示，時代上有廢替關係。上古音的構擬最好能考慮到字詞關係、音義關係。

孫玉文（2018）提出"必須充分重視早期漢語的異讀字""研究古音，必須堅持音義匹配原則"，他恰舉罔/岡來説明此觀點：

> 网聲的罔是明母，從罔聲的惘、魍、輞等都是明母；岡是牙喉音，從岡聲的剛、綱、犅等都是牙喉音，等等。因此只能推論：惘、魍、輞這些字，必然是據"罔"的明母讀法所早造字；剛、綱、犅這些字，必然是據岡的見母讀法所造的字。而且綱從网，還可以處理爲會意字，因爲它是提網的總繩，都不能爲這些字構擬複輔音。

孫玉文先生從音義匹配的原則角度來討論罔和岡兩個諧聲系列，也表明明母與見母分用劃然，並不需要爲這些字構擬複聲母。

三、夬：袂

《説文・衣部》："袂，袖也，从衣夬聲。""夬"是見母，"袂"在《廣韻》中祇有一個讀音彌獘切，二者構成特殊諧聲。與《廣韻》不同，《集韻》共收録了四個讀音：

(1) 儒税切，"衣袖，莊子被髪揄袂，李軌讀"。
(2) 倪祭切，"方言複襦謂之䘸襖。或作袂"。
(3) 彌敝切，"説文袖也"。
(4) 古穴切，"博雅裪襨袖也，或从夬"。

(1)(3)(4) 對應的意義一致，均爲衣袖義。(2) 的意義不同。王卯根（2011）指出，古代字書、韻書因誤解《方言》的複合詞"䘸襖"及郭璞注，將原本表示

---

① 王力（2014：356）陽部見母下列一組同源詞 "kang 剛鋼：gia 巨；giang 強：giang 勥；giang 強：gian 健：kieng 勁：gyang 勍（倞）競：gieng 痙：giang 強：kang 剛：kyen 堅鑒：kyen 堅：kien 緊：kyen 堅：khen 𠭥革（𠭥手）：kyen 堅：khei 鍇：kyen 堅：kyei 鐕"，這一組見組字都具有剛強、強有力之義。

② 孟蓬生（2001：183）將唇音同源詞分爲分組、比組、冒組、覆組、包組、丕組、風組、杪組、勉組。其中明母多在冒、覆組，該文指出唇音同源詞韻轉關係非常廣泛，尤其是冒組，覆蓋了19個韻部，是典型的以聲爲綱而韻轉廣泛的同源詞，罔或由覆冒義得其名。

"衣袖"之義的"袺"釋爲"複襦"的觀點是錯誤的。我們贊同王卯根的觀點，這樣的話，這四個讀音就成爲不辨義異讀了。

古穴切應類其本音，原因如下：首先，依《集韻》，"袺"與"繘"構成異體，二者上古聲母都應在牙音，袺之聲符在月部銳類合口，繘之聲符在質部合口，可旁轉。其次，從語源上來看，袺與夬、決、闋、抉等同源。夬，古文字象右手套扳指之形，典籍作"決"①，《大戴禮記·投壺》"決拾有常"，孔廣森補注"決，若今扳指也"。扳指有兩個特點：其一可穿入手指，故此音可表穿入之義，同源詞有抉、闋等②；其二扳指要鉤弦，所以有缺口，此音也可表缺口義，缺、玦皆此類。"袺"應從穿入義得名。從詞源上看，它的讀音不會與夬闋抉等字相差太多。

但爲何到中古彌敝切成爲正音常讀呢？在古穴切和彌敝切中間有一個過渡讀音，就是《集韻》記載的倪祭切。倪祭切在發音部位上與古穴切接近，同爲牙喉音，在發音方法上與彌敝切接近，同爲鼻音。讀倪祭切時，又可寫作"褹"。"褹"最早出現於揚雄《方言》。《方言》卷四："複襦，江湘之間謂之襌，或謂之筩褹"，郭璞注："今筩袖之襦也，褹即袺耳"；又《方言》卷四："無袺之衣謂之裯。"郭璞注："袺，衣袖也。音藝。"說明在郭璞時代，"袺"已讀作藝，"袺""褹"成爲異體字關係。

"袺"讀明母，是疑母讀音之音轉。"袺"是明母祭韻重紐四等字，"褹"的常見讀法是倪祭切，是疑母祭韻重紐四等字。在重紐四等條件下，明、泥、娘、疑與日母可相通。"袺"，《集韻》讀儒稅切是日母。"褹"又能讀泥娘母，如日本令制國之一"多禰國"（たねのくに），在很多史籍中，又作"多褹國"，禰與褹通，日本音讀爲ね（ne）。疑母與日母在重四條件下可通，如熱爲日母，以埶（疑母重紐四等）爲聲符。《春秋·隱公八年》"鄭伯使宛來歸邴"，何休注"歸祊于鄭"，陸德明釋文"祊本又作藝"。甚至甲金時代就有這種情況了，裘錫圭（1985）已經指出"埶（執）"可作"邇"用，《克鼎》之"𠭵遠能埶"，即《尚書·舜典》之"柔遠能邇"。彌、瀰等明母重紐四等字皆以爾爲聲（日母）。在重紐四等條件下，牙喉音、唇音、舌音之鼻音有互轉傾向。

"夬"的諧聲系列基本是合口，我們可將"袺"的上古音構擬爲 *gwiat，隨着時代和地域的變遷，它增生了鼻音的因素，讀成了 *ŋwiat，主要元音靠前的韻裏，合口容易失落③，在郭璞那裏讀成了"藝（*ŋiat）"，而在另外一些地方，在合口和重紐四等韻的共同作用下，*ŋw-變成了 *m-。《集韻》幾個讀音的來歷可描述爲：

---

① 詳參《字源》第222頁。
② 《說文·手部》"抉，挑也"，段注"抉者，有所入以出之也"；"闋"，《管子·山權數》"北郭有掘闋而得龜者"，尹知章注"穿地至泉曰闋"。
③ 如"營""役""耿""佳""沿"等字，上古都是合口，但到中古或到近代都陸續丟失了合口。

(1) 韻轉：*gwiat＞gwiet（古穴切）

(2) 鼻化＋腭化：*gwiat＞ŋwiat＞ȵwat（儒税切）

(3) 鼻化＋合口脱落：*gwiat＞*ŋwiat＞*ŋiat（倪祭切）

(4) 鼻化＋唇化：*gwiat＞*ŋwiat＞miat（彌敝切）

由于受到了主要元音、腭介音和唇介音（合口介音）的多重影響，才發生了疑母向明母的轉變。主要元音和腭介音提供了二者互通的基礎，唇介音決定了演變的方向。鄭妞（2021：363）認爲牙喉音和唇音相諧，大體上是由於牙喉音受合口的影響而變爲唇音這一看法，實是真知灼見。

李方桂（1980：10）説：“舌根塞音可以互諧，也有與喉音（影及曉）互諧的例子，不常與鼻音（疑）諧”。“夬”是塞音，被諧字也多數是塞音，因此“袂”如果造字時讀疑母的話，則不甚合於諧聲原則。我們認爲，同部位的塞音和鼻音雖有隔閡，但不能算隔絶，在古今方言中，常有同部位塞音和鼻音互通的現象，鼻音塞化、濁塞音鼻化在語言演變中也是常見的。從詞源上看，“袂”的本音類古穴切，是個塞音，但是在某些方言中讀成了同部位的鼻音。在*ŋwiat的基礎上，才有了腭化、唇化等演變。總而言之，“袂”在諧聲關係形成時並不算特殊。

四、各：貉

《説文·豸部》：“貉，北方豸穜。从豸各聲。”孔子曰：“貉之爲言惡也。”大徐音莫白切，讀明母，聲符“各”是見母，構成了明母和見母的特殊諧聲。鄭妞（2021：363）認爲“‘貉’讀牙喉音和唇音有意義的區別，讀唇音表示東北方的少數民族。《廣韻》中有不少地域性的專用名詞往往比較特殊，有可能是方言造字吸收共同語所致，讀唇音的‘貉’也可能屬於這種情況。”“方言造字吸收共同語所致”的説法尚屬推測，要推進此問題的研究，還須從文獻中整理出貉、貊的字詞關係。

出土文獻中，“貉”更多見，“貊”幾乎不見。金文中，“貉”作人名，貉子卣、己侯貉子簋中的“貉子”是紀國國君之名。伯貉卣、伯貉尊、魽貉簠中的“貉”也是人名，人名的音義難以斷定。伯唐父鼎（西周早期）銘文“用射兕、氂虎、貉、白虎、白狐于辟池”中，“貉”爲獸名無疑。䵼鼎（西周早期）中“後或（國）夋伐腺”的“腺”釋讀爲“貊”，應是方國名。簡帛材料中尚未見到“貊”字，有2例“貉”字，皆在睡虎地秦簡中。日甲77中“名責環貉豺干都寅”，“貉”是人名，但與“豺”放在一起，説明來自獸名。法律答問195中“可（謂）人貉？謂人貉者，其子入養主之謂也”，“人貉”是一類奴隸，古代常以禽獸之名來稱謂少數民族或地位低賤之人。包山楚簡中有2例“貈”，是“貉”的異體字，其中簡87中的“屈貈”是人名，簡227中的“縣貈”是地名，不知其音。清華簡《繫年》簡56有

"丂東",與傳世文獻對讀爲"厥貉",也是地名,難以考訂其音。整體來說,出土文獻中的"貉"或"貈"大多數是人名地名,難以考證其音義關係。表示方國名的,祇有西周早期虘鼎中從白得聲的䐌。"貉"字在金文中少見,或因爲貉族其時尚未登上歷史舞臺,西周春秋時期的北方少數民族仍然以戎狄、夷狄來稱,貉族登上歷史舞臺,應在戰國了。

由傳世文獻來看,《詩經》有 1 例"貉":《豳風·七月》"一之日于貉";3 處"貊":《大雅·韓奕》"其追其貊"、《大雅·閟宫》"淮夷蠻貊"、《大雅·皇矣》"貊其德音"。貉和貊的分野清楚,貉爲善睡狐,讀下各切,貊指北方豸種,讀莫白切,還可假借爲静義。《尚書》祇有 1 例"貊":《武成》"華夏蠻貊",同樣指北方少數民族。《春秋》有 1 例"貉":"楚子、蔡侯次於厥貉","厥貉"是地名,音不可考。《論語》有 1 例"貊":《衛靈公》"雖蠻貊之邦行矣";有 2 例"貉":《鄉黨》"狐貉之厚以居"、《子罕》"與衣狐貉者立而不恥者",貊貉二者的音義區別非常清晰。《禮記》中有 1 例"貊",《中庸》"施及蠻貊"。《墨子》有 1 例"貊":《非攻中》"其所以亡于燕代胡貊之閒者";2 例"貉":《兼愛中》"以利燕代胡貉與西河之民""蠻夷醜貉",《墨子》一書中出現了一詞兩字的情況,二字都可表示北方少數民族。《左傳》有 4 例,2 例是地名"厥貉",2 例是人名"子貉",無法斷定其音義。《公羊傳》有 2 例"貉","大貉小貉",指少數民族所施行的税制。《吕氏春秋》有 1 例"貉":《孝行覽》"戎狄胡貉巴越之民"。《周禮》有 9 例"貉",4 例指北方貉族,2 例爲"貉隸",指司寇的屬官,掌馴養猛獸之事。還有 4 例通"禡"。還有 1 例在《考工記·總叙》中,"貉踰汶則死",陸德明釋文"獸名,依字作貈",應讀下各切,除《考工記》外,《周禮》中的"貉"均讀明母。《孟子》5 例"貉",4 例爲北方貉族義,1 例爲人名"貉稽"。《晏子春秋》1 例"貉":"今夫胡貉落戎狄之畜狗也"。《管子》3 例"貉":"敗胡貉""北至於孤竹、山戎、穢貉""雖夷貉之民",均指"北方豸種"。《荀子》2 例"貉":"干越夷貉之子""北與胡貉爲鄰"。《戰國策》1 例"貉":"北有胡貉、代馬之用。"

我們發現,在相對較早的傳世文獻中,如《詩經》《尚書》《論語》中"貉"和"貊"分用鮮明,"貊"表示北方少數民族,讀莫白切,"貉"表示善睡狐,讀下各切。《墨子》中二字混淆,表示北方少數民族,既用"貊",也用"貉",戰國傳世文獻,基本上很少用"貊"了,兩個含義都用貉。"貉"變成了一字有二音二義了,讀莫白切更常見了。可是到漢代,表示北方少數民族又回歸"貊"字了。傳世文獻中雖有文字改易的情況,但仍能一定程度上反映字形古今的情況,如介詞"于""於"二字,《尚書》《詩經》《春秋經》一般用"于",之後的典籍則多用"於"。所以我們認爲,在北方少數民族義上,"貊"爲本字,而"貉"爲借字,但本字一直未廢。貉、貊、貈三字的字词关系如下:

詞	本字	假借字
似狐，善睡兽	貉（下各切）	貊（義借，下各切）
北方豸種	貊（莫白切）	貉（莫白切）

　　戰國時代，由於"貉"多假爲北方豸種義，其本音本義便由"貊"字來承擔。到漢代，"貊""貉"一定程度上還歸了其本來面目，但古文經學家仍以"貊"爲"善睡狐"的本字、"貉"爲"北方豸種"的本字，這種看法雖然不正確，但一直從《說文》延續到了《經典釋文》。

　　"貉"之所以成爲"貊"的假借字，是受到了音形義的綜合作用：1. 音借。二者韻部相通，但聲母却相差很遠。馬叙倫（《古文字詁林》8：425）認爲"各"爲來之初文，讀來母，來母與明母，可互轉。這個解釋不好，"各"並非來之初文，不讀來母，而且明母和來母也有隔閡。朱芳圃（《古文字詁林》8：425）認爲明匣可互通，但所舉之例均爲明曉互通之字，很難彌合二者聲母不近的罅隙。鄭張尚芳將"貉"字下各切的來源擬爲*glaag、莫白切的來源擬爲*mgraag，*mgr-這樣的輔音叢没有系統性，也不可信。單用音借説解釋，很難圓滿。2. 形借。二者左邊均從豸，右邊的形體却有較大不同，單用形借説也較爲牽强。3. 義借。裘錫圭（1988：219）認爲"同義換讀與跟假借和形借一樣，也是一種文字借用現象"，"貉"讀下各切爲似狐善睡獸，讀莫白切，義爲北方豸種，二者意義不同，但有關聯，"貉"作爲動物主要生活在東北亞地區，貊族也大致生活在此地區，二者義有可通之處，但又不完全相同，祇用義借也不能完全解釋此種假借。裘錫圭（1988：222）認爲音借（假借）、義借、形借可能同時發揮作用，他舉仇讎爲例，仇本讀巨鳩切，讎本讀市流切，二者聲不同韻同，但唐代就有讀仇爲讎的例子，他還指出"有個别文字借用現象，甚至可以認爲跟假借、形借和同義換讀全都有關"。

　　"貉"本不屬特殊諧聲，因文字借用才出現了莫白切。音借、義借、形借同時發生，因此音借條件便放鬆了，形成了一種假性的特殊諧聲。

五、結語

　　根據以上研究，《說文》中明母與見母没有真正發生諧聲關係的。鄭張尚芳（2013：147—147）説"网、岡、久、畝①、夬、袂、賓、丐②之類的 m 冠音關係要進一步研究"，這幾組是否是 m 冠音，鄭張先生實際也未論定，而我們現在可以

---

　　① 鄭張尚芳（2013：147）説"'畝'古作'畮'，《說文》或體从十久，不説從久聲，段注説久聲不一定對，即使有久聲成分，可能取'久'*kwlɯ 的'lɯ'，不一定涉及 mk"。我們同意不把"久"看作聲符。"畝"是"畮"之訛變，"每"上"屮"移至"田"上而成"畝"，剩下"母（女）"訛變爲"久"。因此此例也不在我們討論範圍内。

　　② 此例無關乎明母，因此不在我們討論範圍内。丐是"一、人、止"之合體，會人至之意，不是聲符。

論定，网、岡、夬、袂與 m 冠音無關。

《説文》中的特殊諧聲現象可分爲兩類，一類例子稍多，規律明顯，如明曉諧聲、來母相關的諧聲；還有一類，例子較零星，規律不明顯。前者需要結合音韻的系統性予以解釋，而後者則應做形音義的具體考證。零星的特殊諧聲，每一例都有其特殊原因，文獻材料一定程度上能告訴我們特殊諧聲是如何發生的。每一個文字都有其歷史，每一個文字都與它所代表的語詞有互動演變的關係。祗從音系上去認定，無疑會擬出很多在音系上不經濟、在文獻上不符合語言文字真實歷史面貌的複雜複輔音聲母。

參考文獻

陳偉等. 楚地出土戰國簡册［十四種］. 北京：經濟科學出版社，2009.
黃德寬主編. 古文字譜系疏證. 北京：商務印書館，2007.
黃錦前. 説康鱻. 文獻語言學. 第九輯，北京：中華書局，2019.
連佳鵬.《上博七·吴命》9 號簡"翩日"小考. 古籍整理研究學刊，2015（5）.
李方桂. 上古音研究. 北京：商務印書館，1980.
李圃. 古文字詁林. 上海：上海教育出版社，1999—2005.
李學勤主編、趙平安副主編. 字源. 天津：天津古籍出版社、沈陽：遼寧人民出版社，2012.
孟蓬生. 上古漢語同源詞語音關係研究. 北京：北京師範大學出版社，2001.
裘錫圭. 史牆盤銘解釋. 文物，1978（3）.
裘錫圭. 釋殷墟甲骨文裏的"遠""𧺆（邇）"及有關諸字. 古文字研究. 第十二輯，1985.
裘錫圭. 文字學概要. 北京：商務印書館，1988.
孫玉文. 從諧聲層級和聲符異讀看百年來的上古複輔音構擬. 民俗典籍文字研究，2018（1）.
王力. 同源字典. 北京：中華書局，2014.
王卯根. 古今辭書"襪""袂"釋義考誤，太原：太原師範學院學報，2011（3）.
鄭妞. 同義換讀現象在上古音研究中的作用. 陝西理工學院院報（哲學社科版），2012（1）.
鄭妞. 上古牙喉音特殊諧聲關係研究. 北京：北京大學出版社，2021.
鄭張尚芳. 上古音系，上海：上海教育出版社，2003.

A Study on the Special "Xiesheng（諧聲）" Relationship of Initial Ming（明）and Initial Jian（見）in *Shuowen Jiezi*

Liang Huijing

Abstract：In *Shuowen Jiezi*, there are three cases of special "Xiesheng（諧

聲)" relationships between Initial Ming (明) and Intial Jian (見). These special "Xiesheng (諧聲)" relationship can not be explained by complex consonants. Gang (岡) is omitted form of Gang (剛), so Gang (岡)'s phonetic sign is not Wang (网). The early form of Gang (剛) in Oracle bone is probably ideographic pictophonetic characters. Even if it is a pictophonetic character, whose phonetic sign Wang (网) probably first read as Initias Jian (見) and then changed into the Initial Ming (明). At the beginning of the creation of the characters, they were not special "Xiesheng (諧聲)" relationship. Mei (袂) was read as *gwiat. It is pronounced as "倪祭切" when it becomes nasalized and loses its roundness, pronouced as "儒稅切" when it becomes nasalized and palatalized, and pronouced as "彌敝切" when it becomes nasalized and transforms its roundness into a lip sound. In the relationship between He (貉) and Mo (貊), sound borrowing, meaning borrowing and form borrowing work at the same time. Sound borrowing is not the only factor, so relax the phonetic conditions and form a special "Xiesheng (諧聲)" relationship.

Keywords: *Shuowen Jiezi*; initials ming (明); initials jian (見); the special xiesheng type

(梁慧婧,北京語言大學文學院、北京文獻語言與文化傳承研究基地)

《切韻》系韻書中"同義換讀"造成的異讀現象[*]

許樹妙

提　要："同義換讀"是指同義或近義的漢字間讀音借用的現象。《切韻》系韻書中保留了一批兼有本音與換讀音的異讀字例，較少爲學界關注。文章輯錄了15例"同義換讀"異讀字，對其讀音來源進行考釋，並以此爲基礎探討了"同義換讀"異讀字的發掘方法、"同義換讀"的發生傾向與消亡影響因素。對"同義換讀"異讀現象的考察，一方面是豐富、完善韻書異讀研究的需要，另一方面有利於爲"同義換讀"的機制與規律研究提供新材料。

關鍵詞：同義換讀；異讀；韻書；語音關係

一、引言

異讀是指一個字具有不同讀音的現象。《切韻》系韻書中具有豐富的異讀，其成因類型複雜。除同形異詞、與音變構詞相關的別義異讀外，葛信益（1947、1984）將同義異讀的成因歸納爲9類，可概括爲：①方音差別、②古今音變、③連讀音變、④文字假借、⑤後代增補、⑥誤解聲旁、⑦諧聲字兩體皆聲、⑧文獻脱誤、⑨專名異讀。後來坂井健一（1995）又補充了⑩聲旁類推的類型。此後趙振鐸（1984）、劉曉南（1996）、沈建民（2002）等研究均以上述成因類型爲基礎，進一步補充具體異讀字例的分析。

除上述類型外，"同義換讀"也是韻書異讀的重要成因，但甚少被關注。"同義換讀"相當於方言中的"訓讀"（沈兼士1986：311，李榮1982，吕叔湘1980：31），是指同義或近義的漢字間讀音借用的現象，即由於A字與B字意義相同或相近，A字改讀爲B字的讀音，如顔師古《匡謬正俗》所舉"讀仇爲讎，讀嘗爲曾，

---

[*] 項目基金：廣東省哲學社會科學規劃青年項目"《切韻》系韻書同義異讀研究——以韻系差異爲中心"（GD21YZY01）。

讀邀爲要",黄生《字詁》所舉"頯、俛"讀同"俯"等例①。可見,"同義換讀"能導致漢字形、音、義配合關係的改變。楊軍(2002)認爲其產生最早與經籍異文有關,因"音義家隨俗省便之故"。

以往對"同義換讀"現象的發掘主要基於音義文獻,其實韻書中存有一批同義異讀字,異讀正是由本音與換讀音構成。本文輯録、考釋 15 例以韻系差異爲主的"同義換讀"異讀字例,一方面以補充、豐富韻書異讀研究,另一方面試爲"同義換讀"的機制與規律研究提供新材料。

二、"同義換讀"異讀字例考釋

(一) 狋

① 日紙上:《廣韻》:"(如累切)《說文》曰:'草木實狋狋也。'又人佳切。"

② 日旨上:《廣韻》:"(如壘切)《說文》曰:'草木實狋狋也。'"T Ⅳ K75 作"日水反"。

③ 日脂平:《廣韻》:"(儒佳切)《說文》曰:'草木實狋狋也。'"

按:《說文·生部》:"狋,草木實狋狋也。从生,豨省聲。讀若綏②。"段玉裁注:"狋與蕤音義皆同。狋之言垂也。""蕤"爲"狋"增旁字,均表示"花實下垂貌"。中古音韻文獻多注"蕤"。"蕤"在《切三》《切二》《王三》《王二》《廣韻》只有日母脂韻"儒佳反"一讀。《經典釋文》注"蕤"凡 4 次,均爲脂韻。如:《儀禮·既夕禮》:"商祝飾柩,一池,紐前緺後緇,齊三采,無貝。"注:"若今小車蓋上蕤矣。"《釋文·儀禮音義》:"上蕤,汝誰反。"《篆隸萬象名義》中"蕤"也音日母脂韻。《名義·艸部》:"蕤,汝誰反。""狋"古屬微部,在中古文獻中讀脂韻一讀。此音符合微部字的演變規律,可知當爲本音。

而"狋"另外兩讀則可疑。據上、中古音變規律,微部字中古不入支韻系,故日母紙韻一讀爲例外讀音。不過《名義》"狋"字讀此音,如《名義·生部》:"狋,

---

① 更多傳世經籍中的例證可參見嚴學窘(1989)、楊軍(2002)、黄樹先(2007)、鄭妞(2012)、孫玉文(2015)等,出土文獻例證可參見裘錫圭(1988:210-213)、趙平安(2015)、俞紹宏、王婭瑋(2017)等。

② 徐鍇《説文繫傳》、段玉裁《説文解字注》作"从生,豕聲"。段氏還改"綏"作"緌",云:"《禮》家綏與蕤通用,故知之",遂歸"狋"入支部。但戰國曾侯乙編鐘銘文:"妥(蕤)賓之宫曾(增)。"(徐俊剛 2018:291)羅振玉《增訂殷虛書契考釋》云:"古綏字作妥。古金文與卜辭並同。"可見"狋(蕤)""綏(妥)"本可通,此處不必改。"綏"《詩經》中與"纍、摧、追"等字微部字押韻,故"狋(蕤)"也同"綏"應在微部。

如棰反①。草木實刕也。"另外，TⅣK75 殘卷《旨韻》："蕤，日水反。一。"該小韻只有"蕤"字，可知該音爲邊際讀音，往往有特殊來源。《廣韻》在此小韻下增補"㮤"字，則爲"蕤"特殊讀音的來源考察提供了綫索。"㮤"，《説文·惢部》訓爲"垂也"，與"蕤/蕊"同義。宋本《玉篇》："蕤，如壘切。蕤蕤，草不實，今作蘂。""蘂"應作"㮤"，"蘂"本表示"花蕊"，並無"垂"義，因字形相近而與"㮤"相混②。總之，"蕤/蕊"與"㮤"意義相同，亦曾通用。

"㮤"在《廣韻》兼有日母紙韻（如累切）與日母旨韻（如壘切）兩讀。《經典釋文》中"㮤"首音爲紙韻，又音有旨韻一讀。如《左傳·哀公十三年》："佩玉㮤兮，余無所繫之。"《釋文·春秋左氏音義》："㮤兮，而捶反，又而水反。"《名義》"㮤"只讀日母紙韻一音，如《名義·惢部》："㮤，如棰反③。茸也，聚也，最也，艮也。"

《説文》以"㮤"字"从惢糸聲"，段玉裁以"聲"字當删，爲會意字，並指出："左氏㮤㮤睆睆爲韻……惢亦聲。"因此，"㮤"古屬歌部，《左傳》時已轉入支部，故中古有紙韻一讀。旨韻一讀見於《釋文》又音，同時東晉南渡北人徐邈讀"而媿反"，也是脂韻系讀音。因此推測"㮤"韻書中的旨韻一讀可能來自某些支脂不分的方言。綜上，"蕤/蕊"本音日母脂韻，日母紙韻、日母旨韻兩讀來自"㮤"，因意義相同而發生讀音借代的現象。

（二）䄻

①幫紙 A 上：《廣韻》："（卑弭切）黍屬。又蒲賣切。"《切三》《王三》《王二》音同，切語作"卑婢反"。

②並卦去：《廣韻》："（傍卦切）黍屬。又音俾。"《王一》《王三》同。

按："䄻"字兩讀同義，但聲、韻、調皆不同。幫母紙韻一讀《切三》已見，同時《篆隸萬象名義·黍部》："䄻，必尔反④。黍也。"亦音幫母紙韻。《切三》去聲卷已殘，不確定"䄻"是否有卦韻一讀，但引用《切韻》反切的《新撰字鏡》中"䄻"僅注"卑婢反"，箋注本《切韻》P.3696（1）的卦韻不收"䄻"字，説明《切韻》原卷"䄻"只音紙韻，卦韻一讀爲《王韻》增補。故紙韻一讀爲"䄻"本音。

卦韻一讀當來自"稗"。"䄻""稗"兩物相近，字形亦相近。《説文·黍部》

---

① 原作"瑤"，"瑤"爲戈韻一等字，一等韻不與日母拼合。《新撰字鏡》作"如棰反"，《類篇》作"乳棰切"，"棰"爲紙韻字，可拼日母。《名義》"瑤"當爲"棰"之訛字，據此改。

② 兩字相混的證據如《後漢書·張衡傳》："屑瑤蕊以爲糇兮。"《文選·張衡〈思玄賦〉》作"蘂"。又朱駿聲《説文通訓定聲·惢部》云："蕊……花蕊垂下皃，字亦作榮作蘂。"

③ 原作"搖"，"如搖反"爲宵韻，語音不合。《新撰字鏡》："㮤，如棰反。""搖"當爲"棰"之訛字。

④ 原作"此尔反"，宋本《玉篇》作"必尔切"。上田正（1986：169）以宋本《玉篇》正，據改。

云:"稗,黍屬。"段玉裁注:"禾之別爲秭,黍之屬爲稗,言別而屬見,言屬而別亦見。稗之於黍猶秭之於禾也。"王筠《說文句讀》云:"稗,程氏瑶田曰:'農人謂之野稗,亦曰水稗。'《玉篇》《廣韻》稗皆有秭音。""秭",P.3696(1)、《王三》《王二》《唐韻》殘卷、《廣韻》《釋文》《名義》均讀並母卦韻。"稗"因與"秭"的所指相近,故訓讀爲"秭"音,從而形成異讀。

(三) 悂

①滂脂A平:《廣韻》:"(匹夷切)誤也。悂,上同。"
②幫齊平:《廣韻》:"(邊兮切)誤也。"《王三》、P.2015音同,《王三》作"方奚反",P.2015作"必迷反"。

按:"悂"字兩讀聲韻不同。《王三》中"悂"只有齊韻一讀,脂韻一讀爲《廣韻》增補。"悂"又作"諀"。原本《玉篇·言部》:"諀,補奚反。……或爲悂字,悂,誤也,謬也,在心部。"《名義·言部》:"諀,補奚反。誤也。謬也。"又《心部》:"悂,補奚反。誤也。"《廣雅·釋詁三》:"諀,誤也。"《博雅音》:"諀,布兮(反)。"均只讀幫母齊韻。故齊韻一讀爲"悂/諀"本音。

脂韻一讀來自"紕"。裴駰《史記集解序》:"駰以爲固之所言,世稱其當,雖時有紕繆,實勒成一家。"司馬貞《史記索隱》注云:"紕音疋之反。紕猶錯也,亦作悂。"王念孫《廣雅疏證》云:"諀、悂、紕並通。"可知"悂/諀"與"紕"在"過錯"義上通用。原本《玉篇·糸部》:"紕,又音匹毗反。《禮記》:'一物紕繆,則民莫得其死。'鄭玄曰:'紕,猶錯也'。"《經典釋文》"紕"在"錯"義上首音亦讀滂母脂A。如《周禮·春官·大胥》:"以六樂之會正舞位,以序出入舞者。"注:"使出入不紕錯。"《釋文·周禮音義》:"不紕:匹毗反。"《禮記·大傳》:"五者一物紕繆。"《釋文·禮記音義》:"紕:匹彌反。錯也。""紕"與"悂/諀"聲母同屬唇音,上古均屬脂部,當爲同源字,但中古讀音已分化。《廣韻》"悂"字增補滂母脂A一讀,當來自"紕",因同義而發生讀音借用。

(四) 黫

①影山平:《廣韻》:"染色黑也。烏閑切。"《切三》《王三》同。
②章軫上:《廣韻》:"(章忍切)黑皃。"

按:"黫"字兩讀聲、韻、調均不同,且差異較大,應有不同來源。《切三》《王三》中"黫"只有山韻一讀,但《釋文》《名義》中"黫"均讀章母軫韻,釋義爲美髮。如《左傳·昭公二十八》:"昔有仍氏生女,黫黑而甚美,光可以鑒。"注:"美髮爲黫。"《釋文·春秋左氏音義》:"黫黑:之忍反。美髮也。《說文》作㐱,又作鬒,云'稠髮也'。"《名義·黑部》:"黫,之忍反,美髮。"

由《釋文》可知"黫"與"鬒""㐱"爲異體字。《說文·彡部》:"㐱,稠髮也。《詩》曰：'鬒髮如雲。'鬒，髧或从髟，真聲。"《詩·鄘風·君子偕老》見異文"鬒髮如雲"。《毛傳》云："鬒，黑髮也。"《龍龕手鏡·髟部》："鬒，髮多黑皃也。"因此，頭髮又黑又密即爲"美髮"，各書釋義實爲一義。《切韻》系韻書釋"黰"爲"黑皃"，乃"黰"之本義。"黰/髧/鬒"古屬章母真部，"章忍切"一讀符合上、中古音變規律，爲"黰"字本音。

影母山韻一讀與"黰"的上古來源相距甚遠，當來自"黰"的同義詞"黫"。"黫"，《廣韻》音"烏閑切"。《名義》《玄應音義》也讀爲影母山韻。如《名義·黑部》："黫，於間反。黑。"《玄應音義》卷12"黫黑：黫，又作䵒，同。於閒反。"《集韻·山韻》："黰，黑也。或作黫。"《集韻》以"黰""黫"爲異體，可見二者相通用。綜上，"黰""黫"意義相同，《切三》《王三》中"黰"換讀爲"黫"，讀入影母山韻。《釋文》與《玉篇》音系保留了"黰"的本音——章母軫韻一讀，此音後爲《廣韻》增補，故形成"黰"字異讀。

（五）眴

①日諄平：《廣韻》："（如勻切）瞤，目動。眴，上同。"

②書稕去：《廣韻》："（舒閏切）瞚，瞚目，目動也。瞬眴，並上同。"

③匣霰去：《廣韻》："（黃練切）旬，目搖。眴，上同。"《王一》《王三》音同。

按：《說文·目部》："旬，目搖也。从目，勻省聲。眴，旬或从目、旬。""旬""眴"異體，古屬真部。《王一》《王三》"眴"字只讀霰韻。《漢書·揚雄傳》："目冥眴而亡見。"顏師古注："眴，音州縣之縣。"《名義·目部》："眴，胡遍反。目搖。旬，同上。"也讀匣母霰韻。此音符合"眴"的上古來源音變規律，也有同期文獻讀音的對應，乃"眴"之本音。

日母諄韻、書母稕韻兩讀爲《廣韻》增補，與匣母霰韻一讀聲韻均別。日母諄韻一讀於《廣韻》注同"瞤"。《名義·目部》："瞤，如綸反。目動也。"《玄應音義》卷4："瞤動：而純反。《說文》：'目動也。'""眴""瞤"同爲"目動"義，"瞤"讀日母諄韻，因此"眴"借用"瞤"的讀音而增諄韻一讀。又稕韻一讀源自"瞬"。S.6176殘卷稕韻注："（舒閏反）瞬，瞬目。"《玄應音義》卷12"瞬息"條引《韻英》釋"瞬"爲"動目也"。"瞬"也與"眴"同義。《莊子·德充符》："少焉眴若，皆棄之而走。"《釋文》："眴，本亦作瞬，音舜。"可見"眴""瞬"異文。因此"眴"書母稕韻一讀來自"瞬"的同義換讀。

（六）汛

①生卦去：《廣韻》："（所賣切）水皃。《說文》：'灑也。'本又音信。"《王一》《王三》音同，釋爲"洒掃"。

②心震去：《廣韻》："(息晉切)《説文》：'灑也。'" S.6176 僅存字頭，《王三》《王二》音義同。

③心霽去：《廣韻》："(蘇佃切)灑汛。又所監、息進二切。"《王一》《王三》音同，《王一》作"□莧反"，《王三》作"蘇見反"，均釋爲"灑掃"。

按：《説文·水部》："汛，灑也。从水，卂聲。""汛"由"卂"得聲，古屬心母真部。韻書中"汛"的卦韻一讀不符合其上、中古音變規律，應有其他來源。《説文》"汛，灑也""灑，汛也"，兩字互訓，意義相同。"灑"，於《廣韻》兼有"所綺""所蟹""砂下""所寄"四個讀音。其中"所綺""所蟹"二切分别是北方讀音與南方讀音的疊置，"砂下切"是"佳韻入麻"的超前層讀音（許樹妙，2020）。"所寄切"與"所綺切"爲去、上聲之别，"所寄切"在南方音韻文獻中也有對應的佳韻系去聲讀音。如《詩·大雅·抑》："洒埽庭内。"毛傳："洒，灑。"《釋文》："灑，色懈反。"可知南方音系中"灑"確有生母卦韻一讀。"汛"與"灑"同義，時常互訓，故"汛"訓讀爲"灑"，獲得生母卦韻的讀音，從而形成異讀。

(七) 曄

① 云緝入：《廣韻》："(爲立切)曄曄。又筠輒切。" P.3799、《切三》《王三》、蔣斧本《唐韻》殘卷同。

② 云葉入：《廣韻》："光也。筠輒切。又爲立切。"《切三》《王三》、蔣斧本《唐韻》殘卷、P.2015 同。

按："曄"，《説文》作"㬜"，釋爲"光也"。《廣韻》"曄"又作"暈"，均屬上古葉部。葉部字中古可入葉韻，入緝韻不合音變規律。中古音注中"曄"均讀葉韻，如《名義·日部》："暈，爲獵反。震也，光也。"《漢書·禮樂志》："其弟子宋暈等上書言之。"顏師古注："暈音于輒反。"《晉書音義》卷中："韡暈：筠輒反。"《玄應音義》卷1"煒燁"："下爲獵反……《方言》：'曄，盛也。'經文作瑋曄，非體也。"可知葉韻一讀乃"曄"字本音。

緝韻一讀當來自"熠"。《説文·火部》："熠，盛光也。从火，習聲。《詩》曰：'熠熠宵行。'""熠"古屬緝部，與"曄"字緝葉旁轉。《集韻·緝韻》："曄曄，光也。或作熠、燁、暈。"陸宗達 (2019：480) 以二字爲同源字。馬叙倫 (1985：124) 云："熠爲煒燁之轉注字。""熠""曄"同源，意義相同。"熠"於《王三》讀云母緝韻"爲立反"。"曄"爲葉部字，中古本音爲葉韻，其緝韻異讀正源自"熠"的換讀。

(八) 嶏

① 來東₁平：《廣韻》："(盧紅切)崆嶏，山皃。"

②疑東₁平：《廣韻》："崆峒，山皃。五東切。又魚江切。"
③疑江平：《廣韻》："五江切。"

按："峒"爲《廣韻》增補字。疑母東韻"五東切"與疑母江韻"五江切"均爲《廣韻》新增小韻，兩小韻都只有"峒"一字。《文選·張衡〈南都賦〉》："其山則崆峒嶱嵑。"五臣注："峒，五江反。"《廣韻》切語與五臣注完全相同，因此疑母江韻一讀爲《廣韻》據五臣注所增補。"五東切"一讀則來自前字"崆"連讀音變的同化影響。

"峒"從字形來看，應與"兇"讀音相近。但"兇"爲曉母鍾韻，"峒"讀來母東韻在聲韻上均與"兇"有距離。上引《南都賦》"崆峒"有同義詞"崆巃"。《集韻》云："崆巃，山高。""巃"又作"嚨"。《廣韻》："（盧紅切）巃：巃嵷，山皃。"因此"峒"來母東韻一讀當來自"巃"，因同義而換讀。

(九) 洚

①匣東₁平：《廣韻》："（戶公切）《說文》曰：'水不遵道，一曰下也。'又戶冬、下江二切。"《切二》《王三》《王二》音同，切語作"胡籠反"。

②匣冬平：《廣韻》："（戶冬切）《說文》曰：'水不遵道，一曰下也。'《孟子》曰：'洚水警予。'"《王二》、P.2018、P.2014、P.2015音同。

③匣江平：《廣韻》："（下江切）《說文》曰：'水不遵道，一曰下也。'又古巷切。"《王三》、《王二》、Дx5596音同。

按：《說文·水部》："洚，水不遵道。一曰下也。从水，夅聲。"段玉裁注："洚、洪二字義實相因。"在"河水氾濫"義上，《廣韻》"洚"字分別有東₁、冬、江三韻的讀音。"洚"由"夅"得聲，古屬冬部。冬部一等韻中古變入冬韻，二等韻變入江韻，三等韻變入東₃韻。因此"洚"讀冬、江韻系符合音變規律，讀東₁韻則不符。

段氏云："洚、洪二字義實相因"，即二字在"河水氾濫"義相同。《書·大禹謨》："洚水儆予。"又《堯典》："湯湯洪水方割。"《孟子·告子下》云："洚水者，洪水也。"二字互訓、通用。"洪"，P.3798、《切二》《王三》《王二》音"胡籠反"。《釋文·尚書音義》："洪：戶工反。"均讀匣母東₁韻。因此"洚"東₁韻一讀來自"洪"的同義換讀。

(十) 𨎟

①昌鍾平：《廣韻》："（尺容切）陷陣車。"P.3798、《切二》《王三》《王二》、P.2018同。

②澄絳去：《廣韻》："衝城戰車。直絳切。"P.3696（1）、《王三》《王二》音同，作"直降反"。

按："𨏖"字兩讀在聲、韻、調上均有差異。《說文·車部》："𨏖，陷𨏖車也。從車，童聲。"段玉裁引諸書論證"𨏖"原作"衝"："《大雅》：'與爾臨衝。'《傳》曰：'臨，臨車也。衝，衝車也。'《釋文》曰：'《說文》作𨏖。陷陣車也。'《定八年左傳》'主人焚衝'，《釋文》亦云爾。前、後《漢書》'衝輣'，衝皆即𨏖字。李善曰：'衝，《字略》作𨏖。'"因此"衝""𨏖"爲古今字，"𨏖"乃"衝車"義的後起專用字。"衝"，《切二》《廣韻》音"尺容反（切）"，故可知昌母鍾韻一讀爲"𨏖"之本音。

"衝"之所以可表示戰車，乃因"衝"有"突"義，故用於命名衝擊城門的戰車。楊樹達（1983：18）據《淮南子》高誘注："衝，兵車也，所以衝突敵城也"等古注指出"𨏖車有撞擣、撞突之用"，又據同源詞"𨏖者，主撞之器也；鐘者，見撞之器也，其用雖殊，受名於撞則一也"，將"𨏖"與"撞"聯繫起來。"𨏖車"因其"衝擊、撞突"之用，而被訓讀爲"撞車"。"撞"，《廣韻》"直絳切"。因此"𨏖"借入"撞"的絳韻讀音從而兼有兩讀。

（十一）艘①

①精東_平：《廣韻》："（子紅切）《書傳》云：'三艘，國名。'《說文》云：'船著沙不行也。'"《王三》《王二》、P.2014音同，P.2014反切作"祖公反"。

②溪箇去：《廣韻》："（口箇切）船著沙不行也。"

按：《說文·舟部》："艘，船著不行也。從舟，叜聲。讀若莘。"段玉裁注："船箸沙不行也。沙字各本奪。""艘"義爲"船隻遇沙擱淺"，《廣韻》有精母東韻與溪母箇韻兩讀。兩讀的聲、韻、調既無語音發展關係，也無上古同源關係。《王三》《王二》中已有東韻讀音，而箇韻讀音至《廣韻》時才增補。"艘"由"叜"得聲，古屬東部。"子紅切"一讀符合東部的上、中古音變規律。中古其他音注只見東韻一讀，不見箇韻一讀，如原本《玉篇·舟部》："艘，子公反……《說文》：'舩着沙不行也。'"《名義·舟部》："艘，子公反。舩着沙也。"綜上可知東韻一讀爲本音。

《集韻》"艘"字箇韻一讀下存異體字"𦩷"，注："艘，船著沙不行也。或作𦩷。""𦩷"字不見於早期辭書文獻，可能是由箇韻讀音另造的新字形。今閩語中表示"船擱淺"均讀箇韻，記爲"𦩷"，如：福州 $k^hɔ^4$，廈門 k^hua^4，永安 $k^huɔ^5$（林寒生，2014：364）。《廣韻》爲"艘"增補溪母箇韻一讀可能是當時口語或方言中

---

① 李澤棟（2023）發表在本文投稿之後，故未及參考。李文也指出東韻一讀爲本音，還認爲箇韻一讀是"屆"訓讀音的方言變體，涉及箇韻方俗詞的詞源問題。本文的重點不同，故此例保留投稿時的面貌，特此說明。

有讀爲箇韻、表示"舟行擱淺"的同義詞，因不明本字而將俗語詞的讀音寄於"艘"字。後因箇韻讀音與"艘"字形差距較大，又另造新字"觜"，爲《集韻》收錄。因此，"艘"字溪母箇韻一讀源自有音無字的同義方俗詞。

(十二) 舀

①以虞平：《廣韻》："（羊朱切）臼也。又音由。又代兆切。"

②以尤平：《廣韻》："抗①，（以周切）抒臼，出《周禮》。舀，上同。"《王三》音同。

③以小上：《廣韻》："（以沼切）《説文》曰：'抒臼也。'"《切三》《王一》《王三》音同。

按：《説文·爪部》："舀，抒臼也。从爪、臼。《詩》曰：'或簸或舀。'"又《手部》："舀或从手从宂。""舀""抗"異體。"舀"在韻書的三讀有韻系之別，小韻一讀在《切三》已見，尤韻一讀是《王三》增補，虞韻一讀則至《廣韻》才增補。同時從上古來源看，"舀/抗"能與"陶""桃"等宵部字通假，如郭店楚簡《性自》："則舀（陶）女（如）也斯奮。"（白於藍 2017：153）《儀禮·有司徹》："二手執桃匕枋。"鄭注："桃讀'或舂或抗'之抗，今文桃作抗。"（高亨，1989：743）説明"舀/抗"古屬宵部。宵部字中古可讀入宵韻系，不入尤韻系或虞韻系。因此以母小韻一讀爲"舀"字本音。

"舀"虞、尤韻兩讀當來自"揄"。段玉裁《説文解字注》云："《生民詩》曰：'或舂或揄。或簸或蹂。'毛云：'揄，抒臼也。'然則揄者，舀之叚借字也。"但是"揄"屬侯部，"舀/抗"屬宵部，兩部語音有一定差距，宵侯通假雖亦可見，但數量並不顯著地多。"揄"，《説文》釋爲"引也"，與"舀"均有"取"義。因此"或舂或揄"與"或舂或舀"當是同義（近義）替換。"揄"《廣韻》存虞韻（羊朱切）與尤韻（以周切）②兩讀，"舀"通過同義換讀得此兩音。

(十三) 滷

①來姥上：《廣韻》："（郞古切）鹹滷。"《切三》《王三》同。《王二》音同，釋爲"鹹汁"。

②昌昔入：《廣韻》："（昌石切）鹵滷。"《王一》《王三》同。

按："滷"韻書兩讀聲、韻、調均別，二者間也無同源或演變關係。《説文·鹵部》："鹵，西方鹹地也。从西省，象鹽形。安定有鹵縣。東方謂之庘，西方謂

---

① 原文作"抌"，周祖謨（2011：763）、余迺永（2008：680）依《説文》正作"抗"。

② "揄"爲侯部字，尤韻一讀也不符合侯部的上、中古音變規律。是因《詩·大雅·生民》韻段"或舂或揄，或簸或蹂。釋之叟叟，烝之浮浮"的韻字"蹂、叟、浮"均是幽部字，"揄"字入韻，侯幽合韻。後代注音中爲叶韻將"揄"也同"蹂、叟、浮"讀爲尤韻，故有此音。

之鹵。凡鹵之屬皆从鹵。"《釋名·釋地》："地不生物曰鹵。鹵，爐也，如爐火處也。"《釋名》以"鹵""爐"聲訓，可知"鹵"同"爐"古屬魚部。"澛"是"鹵"的分化字。《爾雅·釋言》："澛、矜、鹹，苦也。"郭璞注："澛，苦地也。"邵晉涵《爾雅正義》曰："澛，《說文》作鹵。"故"澛"也爲魚部字。《釋文·爾雅音義》："澛，音魯。"讀來母姥韻，符合魚部字的演變規律，故此音爲"澛"字本音。

鄭妞（2012）指出昌母昔韻一讀來自"庴"。《集韻》："澛，或从烏，通作庴、斥。"《說文》已示"鹽城地"的命名上有東西方言之別，"東方謂之庴"。"庴"《廣韻》音"昌石切"，即昌母昔韻。因此，"澛"昔韻一讀來自"庴"的同義換讀。

（十四）疛

①見尤平：《廣韻》："（居求切）腹中急痛。又古巧切。"《王一》《王三》作"居由反"。

②見幽平：《廣韻》："（居虯切）腹急病也。"《王二》音同。

③見巧上：《廣韻》："（古巧切）腹中急痛。俗作疛。"

按：《說文·疒部》："疛，腹中急也。从疒，丩聲。"段玉裁注："今吴俗語云，絞腸刮肚痛，其字當作疛也。古音讀如糾。《釋詁》云：'咎，病也。'咎蓋疛之古文叚借字。"據此可知"疛"同"糾""咎"，均屬上古幽部。《名義·疒部》："疛，居彪反。腹中急也。"音見母幽韻。"疛"由"丩"得聲，故從"丩"有見母尤韻的讀音。這兩音爲符合幽部字演變規律的同源讀音。

巧韻一讀與另外兩讀的聲調不同。徐鍇《說文繫傳》於"疛"字曰："今人多言腹中絞結痛也。"上文所引段玉裁注亦曰："絞腸刮肚痛"之"絞"當作"疛。"實因"疛""絞"都有"纏繞、扭結"的義素，因此表示"絞痛"時兩字相通用。"絞"《廣韻》音"古巧切"。"疛"訓讀爲"絞"，從而獲得巧韻一讀，並產生俗字"疞"。

（十五）襋

①精屋₃入：《廣韻》："（子六切）好衣皃。"《王一》《王三》音同，釋爲"好"。

②初語上：《廣韻》："（創舉切）《埤蒼》云：'鮮也，一曰美好皃。'"

按："襋"字韻書兩讀聲、韻、調均別。《廣雅·釋詁一》："襋，好也。"《博雅音》："襋，且六（反）。"《名義·衣部》："襋，且陸反。好也，鮮也，帛。"均音清母屋₃韻，與《廣韻》"子六切"的聲母有送氣與否的區別。

而語韻"創舉切"一讀爲《廣韻》增補，從字形看也與聲旁"戚"的讀音差距較大,此音在《切韻》同期的中古音注中亦未見,來源特殊。考同小韻有"黼"字,《王一》《王三》《王二》均訓爲"鮮"。《説文》曰:"黼,合五采鮮色。从黹,虜聲。《詩》曰:'衣裳黼黼。'"《詩·曹風·蜉蝣》作"衣裳楚楚"。段玉裁注:"黼其正字,楚其假借字也。"《毛傳》曰:"楚楚,鮮明兒。"因此"黼"正與"襖"同義。"黼"于《王一》《王三》《王二》音"初舉反"。原本《玉篇·黹部》:"黼,初旅反。"爲初母語韻。因此"襖"字語韻一讀當來自"黼"的同義換讀。

三、結論及餘論

"同義換讀"是漢語書面語使用中的常見現象,除引起漢字讀音的突變外,還可能造成漢字異讀的增生,這是前人研究中較少關注和舉例的方面。本文輯錄了韻書中"同義換讀"引起的異讀字例。從漢語語音演變規律看,換讀音大多呈現出不符合上、中古音變規律的特殊性,如"甦、眴、汎、曄、岘、泽、輵、艘"等例在聲母或韻母上與該字的上古來源呈現較大差異,提示了其特殊來源。另外,少數偶合音變規律的換讀音,在與本音的比較中也顯示了特殊性,如"䫌"字兼有幫母紙韻與並母卦韻兩讀,雖然兩讀均符合上古支部的演變,聲母亦同屬唇音,但兩讀聲、韻、調均別,也提示二者並非直接的同源演變關係。因此,對於"同義換讀"造成的異讀現象,可通過語音史演變規律與異讀關係兩方面加以發掘。

從上文 15 例異讀字看,這些字大多是冷僻字。由於冷僻字的讀音不習見,在誦讀時會遇到困難,因此便容易以通俗的同義詞來替代。由此可推知,"同義換讀"現象更容易出現在冷僻字中。此外,這些異讀字在《切韻》以後的音注文獻中,除沿襲韻書異讀外,往往以保留本音爲常,如表 1 所示[①]。楊軍(2002)曾指出,同義換讀在唐代以後"因字書、韻書大行使注音日趨規範而逐漸稀少"。但韻書中本就存在的"同義換讀"異讀字,其換讀音也日漸消亡,可見字書韻書的影響僅是同義換讀消亡的原因之一,更深層的原因在於漢字本身的表音信息能使注音者根據字形來選擇正音,摒棄俚俗的換讀音。對於影響較廣的換讀音,則常見通過另造漢字的形式來解決字音與字形不匹配的問題,如"艘"的簡韻換讀音後來分化出"艁"的俗字形;"疘"的巧韻換讀音分化出"疛"字形。

[①] 音注材料依據宗福邦等編著的《古音匯纂》(2019)。韻書 15 例"同義換讀"異讀字中,"䫌、疘、襖"在《古音匯纂》中不見著錄,故表中未列三字的後代讀音情況。表中《蒙古字韻》的讀音是出於簡便選用與被注字列於一組的同音字,並非原書采用直音法。

表1 韻書"同義換讀"異讀字的後代讀音情況

	李善注		慧琳音		朱翱音		韻會		蒙古字韻		洪武正韻		韻略易通		正音咀華	
	本	換	本	換	本	換	本	換	本	換	本	換	本	換	本	換
甤			藥佳		耳佳		儒佳		音蕤		如佳	如累				
惺	方奚															
顳			真忍								止忍					
晌	侯遍		音縣	音舜			翾縣				翾眩	輸閏				
汛		所買	音信		思震		思晉		音信		思晉		音信		西印	
曄	于怯		炎劫		元帖		疑輒	弋入			弋涉	一入	音葉			
峴							吾江								衣窮	
洚					侯邦		胡江	胡公	音缸	音洪	胡公					
贛			觸春	濯絳	朱重		昌容	丈降			昌中	陟降	音壯			
艐							祖叢		音殿		祖冬		音宗			
舀			羊小	音餘	以紹		以紹				伊鳥		音杳			
溜			星亦						音魯		郎古	昌石	音魯			

　　開展"同義換讀"造成的異讀字考證，一方面是豐富、完善異讀研究的需要。韻書異讀材料向來被視爲探討音類演變關係的依據（黃典誠，1981），這類依據主要體現在古今音變、方俗讀音引起的異讀。辨明異讀產生的來源，排除"同義換讀"造成的異讀字干擾，有利於有效發揮異讀材料在音變研究中的價值和作用。另一方面，孫玉文（2015）指出，漢語史上的訓讀字約有幾百個，有待開展全面的精細分析，以發現訓讀背後潛藏的大量規律，促進相關學科的發展。開展"同義換讀"造成的異讀字研究將爲"同義換讀"的系統性研究提供新材料。本文僅是在豐富例證方面的初步嘗試，"同義換讀"的機制研究等問題，將在充分的個案研究基礎上得到繼續深化。

參考文獻

白於藍編著. 簡帛古書通假字大系. 福州：福建人民出版社，2017.

高亨編著，董治安整理. 古字通假會典. 濟南：齊魯書社，1989.

葛信益.《廣韻》訛奪舉正（增訂稿）//音韻學研究. 第一輯. 北京：中華書局，1984.

葛信益.《廣韻》異讀字發生之原因. 經世日報·讀書周刊，1947（38）.

黃典誠. 反切異文在音韻發展研究中的作用. 語言教學與研究，1981（1）.

黃樹先. 漢唐訓讀和漢藏語言比較舉隅//漢藏語論集. 武漢：華中科技大學出版社，2007.

李榮. 語音演變規律的例外//音韻存稿. 北京：商務印書館，1982.

李澤棟. "艐"字的音義及字詞關係//中國古典學. 第三卷. 北京：中華書局，2023.

林寒生. 閩台傳統方言習俗文化遺產資源調查. 廈門：廈門大學出版社，2014.

劉曉南. 從《廣韻》又音看古代的語流音變. 語言研究, 1996 增刊.

陸宗達.《説文解字》同源字新證. 北京：學苑出版社, 2019.

吕叔湘. 語文常談. 北京：三聯書店, 1980.

馬叙倫. 説文解字六書疏證（第五册）. 上海：上海書店, 1985.

裘錫圭. 文字學概要. 北京：商務印書館, 1988.

沈兼士. 漢魏注音中義同換讀例發凡//沈兼士學術論文集. 北京：中華書局, 1986.

沈建民. 試論異讀——從《經典釋文》音切看漢字的異讀. 語言研究, 2002（3）.

孫玉文. 訓讀舉例//文獻語言學. 第一輯. 北京：中華書局, 2015.

徐俊剛. 非簡帛類戰國文字通假材料的整理與研究. 吉林大學博士學位論文, 2018.

許樹妙. 中古標準語基礎方言轉移引發的音變中斷——以中古"支韻入佳""佳韻入麻"音變爲例. 中國語文, 2020（1）.

嚴學宭. 漢語中的訓讀現象//語言文字學術論文集——慶祝王力先生學術活動五十周年. 北京：知識出版社, 1989.

楊軍. "義同換讀"的産生與消亡//漢語史學報. 第二輯. 上海：上海教育出版社, 2002.

楊樹達. 積微居小學述林. 北京：中華書局, 1983.

余迺永. 新校互注宋本廣韻. 上海：上海人民出版社, 2008.

俞紹宏, 王姬瑋. 同義换讀及其複雜性初探——以楚簡文字爲例. 中國語文, 2017（2）.

趙平安. 談談戰國文字中值得注意的一些現象——以清華簡《厚父》爲例//出土文獻與古文字研究. 第六輯. 上海：上海古籍出版社, 2015.

趙振鐸.《廣韻》的又讀字//音韻學研究. 第一輯. 北京：中華書局, 1984.

鄭妞. "同義換讀"現象在上古音研究中的作用. 陝西理工學院學報（社會科學版）, 2012（1）.

周祖謨. 廣韻校本. 北京：中華書局, 2011.

宗福邦, 陳世鐃, 于亭主編. 古音匯纂. 北京：商務印書館, 2019.

［日］坂健井一.《広韻》中の同音同義同字語について//中国語学研究. 東京：汲古書院, 1995.

［日］上田正. 玉篇反切総覧. 神户：交友印刷株式會社, 1986.

On the Polyphonic Characters Caused by the Pronunciation Replacement between Synonymous Words in *Qieyun*

Xu Shumiao

Abstract：The phenomenon of "synonymous replacement" refers to the borrowing of pronunciations between Chinese characters that are synonymous or closely related. The rhyme dictionary *Qieyun* preserves a number of polyphonic characters resulting from this phenomenon, which has received relatively little attention. This paper collects 15 examples of polyphonic characters caused by "synonymous replacement" and provides an analysis of their pronunciation sources. Additionally, it discusses the exploration methods and the factors influencing the occurrence and disappearance of this phenomenon. The study of polyphonic characters caused by "synonymous replacement" contributes to enriching the research of polyphonic characters in rhyme dictionaries, as well as providing new materials for the study of the mechanisms and rules of "synonymous replacement".

Keywords: the pronunciation replacement between synonymous words; polyphonic characters; rhyme dictionaries; the phonetic relationship

（許樹妙，中山大學中國語言文學系［珠海］）

呂氏訓蒙韻語與 16 世紀寧陵方言*

鄭 樑

提 要：本文通過對《呂書四種合刻》的訓蒙韻語進行窮盡地分析、系聯，最終系聯得韻段555個，歸納爲十五部，同時得到若干特殊韻例。聯繫現代寧陵方言，結合韻書《交泰韻》及其他文獻資料可知，呂氏訓蒙韻語的韻系十五部反映了16世紀寧陵方言韻母系統的若干特點，呂氏父子基本上在以口語押韻。

關鍵詞：呂坤；訓蒙韻語；用韻；寧陵方言

一、引言

呂坤（1536—1618），字叔簡，號抱獨居士，是明朝著名的思想家，剛正不阿的一代廉吏。呂坤一生著作等身，主要作品有《實政錄》《夜氣銘》《招良心詩》等，另有《去僞齋集》等十餘種。此外，在其父呂得勝編撰的《小兒語》基礎上，呂坤還撰寫有童蒙讀物《續小兒語》。

最早研究呂坤蒙學韻語的是王力先生，他在《三百年前河南寧陵方音考》（1991：588）指出："他們（呂氏父子）做的是歌謠體，而且要叫小兒喜歡唱的，必定音韻和諧。"又說："考求古代口音，與其信賴詩詞，不如信賴風謠，與其信賴大人的風謠，不如信賴小孩的天籟。"《小兒語》和《續小兒語》作爲童蒙讀物，傳唱不衰。本文考察的訓蒙韻語，不僅包括上述二種，還有《女小兒語》《演小兒語》《好人歌》《宗約歌》《閨戒》中的韻語，其中《小兒語》和《女小兒語》是呂坤父親呂得勝的作品，因此我們將其通稱爲呂氏韻語。我們發現這幾種韻語皆以口語音創作，是研究明代語音史的寶貴材料。

《小兒語》《女小兒語》《續小兒語》《演小兒語》《好人歌》《宗約歌》《閨戒》原來散見於各類文獻中，2008年中華書局出版的《呂坤全集》將上述7種文獻收

---

* 基金項目：國家社科基金重大項目"出土文獻與商周至兩漢漢語上古音演變史研究"（22&ZD301）。

録于《吕書四種合刻》中,《吕書四種合刻》也是本文吕氏韻語所采用的底本。

二、吕氏韻語的韻脚字概述

利用吕氏韻語研究實際韻系之前,首先是系聯韻文所認定的韻脚字。吕氏韻語的韻脚字大致可分爲有標記和無標記兩類,無標記的韻脚字往往不注音,這些字較爲簡單,這些地方也是以這些字的本讀入韻的,我們這裏主要介紹有標記的韻脚字。

(一) 不注"叶"的韻脚字

例如《女小兒語·四言》:"水火剪刀,高下跌磕,生冷果肉,小兒毒藥。磕,音渴。"韻脚字"磕"下注"渴",我們在系聯韻脚字時,摘録爲"磕音渴"。需要説明的是,在確定音韻地位時,韻脚字有注音的,我們以吕氏父子所注之音爲準進行系聯;而没有注音的韻脚字我們取該字的音韻地位。

(二) 不注"叶"的紐四聲

有些韻脚字注音只有聲調,往往這些韻字一字多讀。例如《續小兒語中·四言》:"自家有過,人説要聽,當局者迷,旁觀者清。比博奕者。聽,平聲。"韻脚字"聽"下注"聽,平聲",標明此處以"聽,平聲"讀音入韻,在系聯韻脚字時,摘録爲"聽平聲",在標注音韻地位時,以所注之字相承的韻爲準。

(三) 注"叶"的直音

例如《演小兒語》:"哥上聲哥去聲哥,上草垜叶音渡。遠着脚,緊着步,中路切莫少緩,好漢不禁三轉。"韻脚字"垜"下注"叶音渡",表明這裏以"渡"入韻,與"步"爲韻。

(四) 注"叶"的紐四聲

例如《女小兒語·六言》:"男子積攢,婦人偷轉,男子没喫喫,叶平聲,婦人忍饑。"在系聯韻脚字時,我們摘録爲"喫叶平聲"。又如《宗約歌·戒陵寡》:"寡婦孤兒事事難,無兒守節更堪憐。假如富足還寬綽,若是貧窮誰顧贍叶平。"在標注音韻地位時,以所注之字相承的聲調爲準,"贍"爲豔韻字,其相承的平聲爲鹽韻,我們將其標注爲"贍叶平(鹽)"。

(五) 注"叶"的直音加上紐四聲

例如《續小兒語下·四言》:"男兒事業,經綸天下,識見要高,規模要大。大,叶打,去聲。""大"字下注"叶打,去聲",標明"打,去聲"與"下"爲韻。

需要説明的是,吕氏韻語的韻脚字大都在句末,即每句的最後一個字入韻,但有少部分韻段的韻脚字分布在句中,這些韻段的句末通常是語助詞,如"了""的"

"兒""些兒"等,以下爲韻脚字在句中出現的韻例:

《小兒語·雜言》:走步休走擦滑脚了,説話休説發了。氣粗。

《女小兒語·雜言》:僕隸没賢德的主兒,娘家没不是的女兒。

《續小兒語下·雜言》:老來疾痛,都是壯時落的。衰後冤孽,都是盛時作的。當懽勢時,誰敢不讓?後來衰敗,誰人放得過你?

《續小兒語下·雜言》:好名休要霸占,也須均些兒。惡名休要推辭,也須分些兒。此同功同過者所當知也。

《續小兒語下·雜言》:怒他却是救他,薄他却是厚他。此難以一端解。

《續小兒語下·雜言》:世情休説透了,亦是厚道。世事休説穀了。

《續小兒語下·雜言》:怪人休怪老了,愛人休愛惱了。

三、吕氏韻語的韻系

確定韻例後,我們從吕氏父子的四言、六言、雜言、曲詞中,得到了555個韻段,其中《小兒語》有韻段57條,《女小兒語》韻段83條,《續小兒語》韻段201條,《演小兒語》韻段90條,《好人歌》韻段2條,《宗約歌》韻段85條,《閨戒》韻段37條。運用韻脚字繋聯法,我們歸納出韻部15部。

表1 吕氏訓蒙韻語用韻情況簡表①

部類	韻目	對應《廣韻》韻目	通押情況 分押	通押情況 通押	通押情況 合計	其他情況説明
陰聲韻	歌戈	歌戈	12	2	14	歌韻"他"與麻韻"家"混押1例
	家麻	麻	7	2	9	
	蕭豪	蕭宵肴豪	13	29	42	
	尤侯	尤侯幽	25	4	29	魚模部"苦""做"與尤侯部"母""有"混押2例
	魚模	魚虞模	16	5	21	語韻"語"與止韻"理"混押1例
	支微	支脂之微齊灰祭廢,泰合口	43	36	79	皆咍部"來"和支微部"回""時""匙"混押
	皆咍	佳皆咍夬,泰開口(合口的"外"字)	10	10	20	

---

① 表中韻目指韻系的韻部,每部的韻字列出《廣韻》韻目,舉平以賅上去。進行韻段押韻統計時,以《廣韻》同用、獨用作爲參照,把符合《廣韻》同用、獨用規定的用韻叫做分押,不符者叫通押。

續表1

部類	韻目	對應《廣韻》韻目	通押情況 分押	通押情況 通押	通押情況 合計	其他情況說明
陽聲韻	真侵	侵真諄文臻欣魂痕	20	66	86	琰韻的"淡"與吻韻的"扮"押韻
	咸山	覃談鹽添咸銜嚴凡元寒桓删山先仙	14	71	85	問韻的"分"押入咸山部
	陽唐	陽唐江	41	0	41	江攝字出現的次數很少，僅見2例，且皆與陽唐通押，故歸於陽唐；庚韻字"鎗"押入陽唐僅此1例，此處或取江陽韻；侵韻的"心"字押入陽唐1例
	東鍾	東冬鍾	6	1	7	東鍾韻字大多數與庚蒸部混押，混押39次；東韻兩押的韻字有"窮""功""風""公""通""痛"，與庚蒸部混押的韻字有"同""雄""聾""紅""翁""中""蟲""崇""工""動""凍"；冬韻兩押的韻字有"疼"，與庚蒸部混押的韻字有"農""宗""松"；鍾韻與庚蒸韻混押的韻字有"容""龍""從""恭""凶""用"俗叶平"凶""重""沖""用"
	庚蒸	庚耕清青蒸登	15	13	28	
入聲韻	屋燭	屋沃燭，没物	2	8	10	物没韻出現的次數較少，共入韻4次，全部與屋燭韻混押
	藥鐸	覺鐸藥，曷礚	3	3	6	覺韻的"搦"與薛韻"折"通押1次
	德月	月屑薛德職質陌葉昔乏黠，曷韻擦	6	18	24	戈韻的"靴"叶入1次，之韻的"時"叶入1次

四、吕氏韻語的韻系特徵及特殊押韻

通過窮盡分析吕氏韻語的韻脚字押韻情況，吕氏訓蒙韻語的韻系可分爲15部，其中陽聲韻5部，陰聲韻7部，入聲韻3部。聯繫現代寧陵方言，結合《交泰韻》及其他文獻資料，我們認爲這15部基本上反映了實際語音，揭示了16世紀寧陵方言的若干特點。下面我們從陰聲韻、陽聲韻、入聲韻、其他特殊押韻四個方面來勾稽其用韻特徵。

（一）陰聲韻

1. 止蟹攝之灰同用與泰韻的歸屬

在吕氏韻語的韻系中，灰韻字押入支微部 5 例，與皆咍通叶 2 例。這説明灰韻字已經叶入支微，下舉幾例：

紙賄同用：《女小兒語·四言》：嘴（紙）悔（賄）

賄旨同用：《續小兒語上·雜言》：悔（賄）美（旨）

寘隊同用：《續小兒語中·雜言》：易（寘）昧（隊）

而泰韻字大致按開合口，分别押入皆咍與支微，二者没有交涉，這説明泰韻字也已經一分爲二，泰韻合口叶入支微。其兩分情況如下：

泰夬同用：《續小兒語下·四言》：大（泰）敗（夬）

代泰同用：《演小兒語》：在（代）外（泰）

泰至同用：《女小兒語·四言》：會（泰）愧（至）

灰韻、泰韻合口字叶入支微，變讀爲細音，這是大部分北方官話發展的趨勢。在《中原音韻》中，灰韻、泰韻合口字歸入齊微，這説明至遲在 14 世紀，北方話裏灰韻、泰韻合口字就已經讀細音了。吕坤的《交泰韻》中同樣提供了字音演變的證據，據關偉華（2021）的研究，吕坤《交泰韻》中"昧"與"米"皆作齊齒呼的反切上字，如：青韻"明_{覓盈}茗_{米郢}命_{昧腰}覓_{（明）繹}"，蕭韻"苗_{密遙}眇_{米咬}妙_{昧要}（密）"，遮韻"乜_{（覓）耶}咩_{米也}殢_{昧夜}（覓）"，"昧"已歸齊韻。吕氏韻系中灰韻、泰韻合口字變讀爲細音，也完全符合這一發展趨勢，今寧陵方言中灰韻、泰韻合口字仍讀細音。

2. 皆咍部見系二等字喉音未變讀

在吕氏韻語的韻系皆咍部入韻的見系二等字主要有："懷""乖"。這組字只與皆咍叶，與其他韻部無關。正如王力先生（2015：147）所指出："佳皆咍合口喉音字變讀爲 e，比較麻韻三等字變 e 晚得多。《中原音韻》裏，皆來部既包括'皆''鞋'等字，又包括'來''柴'等字，可見'皆''鞋'當時的韻母還是 ai。《圓音正考》裏，'皆''結'還不同音，可見直到 18 世紀初期（《圓音正考》成於 1743 年），'皆'還念 tɕiai。但是，自從佳皆喉音字插入了韻頭 i 之後，很快地就異化作用，排斥了韻尾 i，同時韻頭 i 也使主要元音的發音部位提前，變爲 e"。結合現代寧陵方言，這組字今讀爲［xuɛ］和［kuɛ］。由此，可以認爲在 16 世紀寧陵方言中皆咍韻二等見系主要母音還未發生變讀。

3. 蟹攝二等合口佳韻字與麻韻合流

在吕氏韻語的韻例中，佳韻字出現的次數較少，但兩押的情況比較明顯，一是與皆來部通押；另一種則是押入家麻部，與麻韻字合韻：

夬禡同用：《小兒語·四言》：話（夬）罵（禡）

夬禡同用：《演小兒語》：話（夬）怕（禡）

中古蟹攝比較複雜，共有四等且都分開合。一等韻有兩個（咍泰），二等韻有三個（皆佳夬），三等韻有兩個（祭廢），四等韻有一個（齊）。周祖謨先生（1966）在《宋代汴洛語音考》指出："惟《廣韻》佳韻字本與皆韻爲一類，然自唐代佳韻之牙音佳涯崖等字即已與麻韻相合。"又說："宋代語音佳韻去聲卦韻之牙音字亦讀同麻韻去聲，夬韻匣母之'話'字亦然，與今音並同。考'話'之入禡，五代時既已如是。"可知宋代汴洛地區的佳麻已見合韻，至《中原音韻》假攝麻韻字分爲家麻和車遮兩韻，中古蟹攝佳韻的合口呼字也大都轉入到家麻中來，呂坤《交泰韻》的"麻韻"也來自《廣韻》假攝二等麻韻、蟹攝二等合口卦韻、佳韻。因此，"話"作爲佳韻合口二等字，在呂氏父子的韻語中與麻韻合流就不難解釋了。

4. 尤侯韻唇音字分化

在呂氏韻語的韻系中，尤侯韻唇音字入韻的有"母、婦"，這些字在韻語中都只押魚模。韻例如下：

姥厚同用：《小兒語·六言》：苦（姥）母（厚）

有暮同用：《女小兒語·雜言》：婦（有）做（暮）

"姥"與"苦"押韻，"婦"與"做"押韻，均入魚模韻，我們可以推斷母字和婦字已押入魚模部。這一點大體與現代寧陵方言相合：

表 2　寧陵方言中部分尤侯韵唇音字音读表

例字	謀	茂	否	畝	浮	母	婦
讀音	mu	mɑo	fɑo	mu	fu	mu	fu

尤侯韻唇音字轉入魚模，在語音史上是一項極其常見的語音現象。正如劉曉南先生（2001）所總結的，這一音變萌芽於初唐，中唐在北方日益擴展，到宋代蔓延於南方，已經相當普遍。周祖謨先生《宋代汴洛語音考》（1966）指出："今汴洛尤侯二韻唇音字皆讀爲-u，與見端精三組音讀不同，則上推唐宋蓋已如是。"《交泰韻》同樣反映了中古流攝唇音字在尤韻、模韻兩讀的現象。直至現代寧陵方言，尤侯韻唇音字仍有兩讀，並非完全讀爲-u，《小兒語》和《女小兒語》中"母""婦"的變讀，應當是自身音變的調整。

5. 支魚通押

在呂氏韻語韵系中，支微部與魚模部有 1 例：

語止同用：《續小兒語下·四言》：語（語）理（止）

支魚通押現象應當是遇攝字，讀爲止攝字（包括蟹攝三四等），即"魚"讀同

"支"（u>i），劉曉南先生（2001）指出："支魚通押，唐五代 7 例，宋代 5 例，近代不見，呈遞減之勢。唐代多見於北方的這一方音特點，宋以後在北方地區逐漸消失，而成爲南方吳、閩、贛等方言的普遍現象，這種轉變的機制值得深入探討。……這是否受北邊阿爾泰語影響所致，有必要再作深入研究。"在吕氏韻語中，這類通押只出現 1 例，此例爲孤證仍有待於考察。

（二）陽聲韻

1. 鼻輔音韻尾只有 [-n] 和 [-ŋ]，[-m] 併入 [-n]

吕氏韻語中韻尾的合併表現爲收 [-n] 和收 [-ŋ] 尾的韻各自進行了合併，[-n] 韻尾的合併表現爲收 [-m] 尾的陽聲韻併入到收 [-n] 尾的陽聲韻中，這與現代官話方言的特點相同，具體如下：

從吕氏韻語的臻深攝以及咸山攝的押韻情況來看，收 [-n] 和收 [-m] 尾的韻各自進行了合併，韻尾合併的表現爲收 [-m] 尾的陽聲韻併入到收 [-n] 尾的陽聲韻中，臻深攝押韻 86 次，臻攝內通押 47 次，與侵韻合用 38 次。咸山攝押韻 89 次，山攝內通押 54 次，與咸攝合用 26 次，咸攝內僅通押 3 次。如此多的混押，只能説明臻、深攝，咸、山攝界限全無，-m 韻尾消失。這與現代官話方言的特點相同。現代寧陵方言也不例外：

表 3　寧陵方言臻深攝合流情況表

韻	侵	真	諄	文	欣	魂	痕
例字	心	人	均	分	勤	孫	根
讀音	sin	tʂən	tɕyn	fən	tɕin	suən	kən

表 4　寧陵方言咸山攝合流情況表

韻	覃	咸	鹽	添	寒	山	仙	先
例字	貪	淡	廉	添	難	展	連	天
讀音	tʰan	tan	liɛn	tʰiɛn	nan	tʂan	liɛn	tʰiɛn

臻深攝韻尾、咸山攝韻尾的合併，-m 韻尾消失在不同方言中時間不同。王力先生（2015：132）指出："北方話裏，-m 的全部消失，不能晚於 16 世紀。"楊耐思先生（1981）則認爲："這一演變最早發生在十三、四世紀，那時-m 尾韻中還只有唇音字轉化爲-n 尾，到了十七世紀，《中原音韻》中保存的三個閉口韻已完全徹底地併入了-n 尾韻。"張偉娥先生（2002）指出，吕坤在《交泰韻》中，對閉口韻的分派是侵併入真，覃談併入寒，咸銜併入删，鹽嚴添併入先。由此看來，寧陵方言中的臻深攝合流、咸山攝合流早在 16 世紀中就已經完成。

收 [-ŋ] 尾韻的合併，中古梗曾三攝都是收 [-ŋ] 尾的攝，在吕氏韻語中，包括梗攝庚耕清青 4 韻、曾攝蒸登 2 韻在内的各韻攝間、各韻攝間的韻母以及同一韻攝内部的韻母之間發生了合併。蒸登押韻 9 次，全部與庚登部或東鍾部韻字混押。江攝字入韻 2 次，也與陽韻字通押。

2. 庚蒸部有韻字與東鍾韻混押

在吕氏韻語的韻系中，東鍾部主要包括通攝東冬鍾三韻，《廣韻》中通攝與曾梗攝的差異主要在於韻腹元音。元曲中有不少庚青韻與東鍾韻互押的例子，張玉來先生（2017）指出，元曲裏存在的東鍾、庚青叶韻的範圍，遠遠超過《中原音韻》審定的範圍，叶韻也没有聲母的限制。吕氏韻語中也多次出現東鍾部與庚蒸部通叶的韻例，以下來看韻語中的押韻情況：

《續小兒語下‧雜言》：從（鍾）成（清）

《演小兒語》：明（庚）牲（庚）疼（冬）

《演小兒語》：橫音紅（東）行（庚）傾（清）

《宗約歌‧勸繼母》：賠（清）同（東）疼（冬）情（清）名（清）

《宗約歌‧勸勤業》：生（庚）翁（東）中（東）窮（東）容（鍾）

《閨戒‧望江南》：聲（清）重（鍾）聽（青）

吕氏韻語中，庚蒸部與東鍾部的字混押的情況非常普遍。而吕坤《交泰韻》中雖有一部分庚清青蒸韻字混入東鍾，但僅限於合口牙喉音字，開口字則列入青韻。考察今讀，除了"傾""兄""弘""榮"四個字，今讀爲 [tɕʰyŋ23]、[ɕyŋ23]、[xuŋ53]、[ʐuŋ53] 與東鍾韻字相同外，其他的庚登部字仍未變讀，仍以 [əŋ]、[iŋ] 爲主。

圖1　商丘市政區圖

吕氏韻語東鍾、庚青大量的混押字有可能是吕氏父子審音較寬的表現嗎？吕氏父子並未對這一混押做出解釋，但不難猜測，在吕氏父子的口語中，這些韻字的讀音應當較爲相近。稽考韻書材料，我們可以找到一點綫索。吕坤《交泰韻》把梗攝合口三四等喉牙音列在東韻的外附，用曾攝一等唇音字作東韻的反切上字，充分説明其混押的現象。段亞廣先生（2013）認爲，清初河南柘城人李子金的《書學慎餘》與今天河南方言存在内在的聯繫，而柘城與寧陵毗鄰，也可作爲考察寧陵語音的一些參考。

　　筆者考察《書學慎餘》發現，通攝東韻、梗攝庚耕清青 4 韻，曾攝蒸登 2 韻在内的各韻攝間、各韻攝間的韻母以及同一韻攝内部的韻母之間發生了合併，同讀爲盈韻。徐洪達（2021）指出："《書學慎餘》中盈韻包含 [əŋ]、[iəŋ]、[uəŋ]、[yəŋ] 四個韻母。對應中古音的東先庚耕清青蒸登八韻。中古庚耕清青四韻同讀爲 [iəŋ]、[uəŋ]。"從徐氏的考察可以看出，四韻的區別主要在介音的開合，盈韻所收字的韻腹元音是相同的 [ə]。其音變原理，則可參照朱曉農先生（2010：263）的意見，複元音裏韻腹央元音 [ə] 具滑音色彩，是高元音發音後爲回到發音初始狀態而產生。吕氏父子的韻語與《書學慎餘》的韻系表明，明末至清初，寧陵柘城一帶東鍾韻和庚青韻字的韻腹主元音很可能仍是 [ə]，互押反映了實際語音的情況。

（三）入聲韻

1. 入聲韻尾合併、入聲調類獨立

　　着眼通押情況，我們將吕氏韻語韻系入聲韻系聯爲三部：屋燭、鐸藥、薛質。從整體上看，韻系中入聲字仍以自押爲主，入聲與入聲相押 41 例，入聲與陰聲韻通叶 6 例，入聲韻尾間出現了混叶。吕氏韻語入聲韻尾通押情況如下：

表 5　入聲韻韻尾自押混押情況表

	p	t	k	p、t	t、k	p、k	p、t、k
薛質部	0	7	10	2	5	0	0
屋燭部	0	0	7	0	2	0	0
鐸藥部	0	0	4	0	3	0	0

　　-p、-t、-k 不同韻尾間相混計 12 例，占入聲用韻總數的 29.3%，如果當時入聲韻尾間的區別仍很清晰，如此大的混併是不可能的。這表明此時入聲韻尾處於多合一的階段，但入聲與陰聲韻界限清晰，入聲調類獨立。

五、吕氏韻語中的異調相押

　　吕氏韻語的用韻，基本上遵循同調相押的原則，異調相押的情況，諸如上去、平上、陰入相押，我們在考察異調相押的同時，還要注意語音嬗變的整體規律。比如較爲常見的上去通押現象，是否有濁上變去的痕迹，進而對全濁上聲字押入各調進行分析。其次對其他類型的異調相押進行分析，結合方言進行觀察，並試圖探尋出明代寧陵方言中的一些聲調特徵。

（一）上去通押

在討論上去通押的問題時，不可避免要考慮到濁上變去的規律。濁上變去，萌芽於初唐。周祖謨先生（1966：581）認爲，濁上變去並非宋以來才有，唐末洛陽音中已有轉變。這一現象自北宋中葉後，比例開始不斷增大，到南宋才開始普遍。元代時，《中原音韻》把《廣韻》中的全濁上聲字歸入去聲，濁上變去才算基本完成。若要討論呂氏韻語其是否還有濁上變去的痕迹，我們不僅要討論韻母，更要考察聲母。以下我們將上去通押分兩類進行考察，一類是全濁上聲字的上去通押，一類是非全濁上聲字押入去聲。

1. 全濁上聲字的通押情況

我們對呂氏韻語中出現的全濁上聲字進行統計，按照全濁上聲字出現的條件，可分爲以下三類：

全濁上聲只押上聲（4個，共2例）	後受定動
全濁上聲只押去聲（10個，共14例）	禍舵是待受厚道到件汗
全濁上聲兼押上去（1個，共2例）	罪

統計說明，呂氏韻語中的全濁上聲字只押去聲的占據了較大比例。具體的韻例和韻字分析如下：

（1）歌戈部2例：

《續小兒語上·四言》：過（過）禍（果）

《演小兒語》：箇（箇）舵（哿）

（2）支微部5例：

《女小兒語·雜言》：是（紙）事（志）

《續小兒語上·六言》：是（紙）自（至）

《續小兒語下·雜言》：待（海）在（代）

《演小兒語》：隊（隊）罪（賄）

《小兒語·雜言》：罪（賄）跪（紙）

（3）尤侯部5例：

《小兒語·四言》：彀（候）受（有）

《續小兒語上·雜言》：彀（候）受（有）

《續小兒語下‧四言》：救（宥）受（有）
《續小兒語下‧雜言》：救（宥）厚（厚）
《續小兒語上‧四言》：後（厚）受（有）

(4) 蕭豪部 5 例：

《女小兒語‧四言》：道（皓）告（號）
《女小兒語‧四言》：叫（嘯）到（皓）
《續小兒語中‧雜言》：道（皓）教（效）
《小兒語‧四言》：件（獮）難（翰）
《續小兒語中‧雜言》：汗（旱）顫音戰（線）

(5) 庚蒸與東鍾部 1 例：

《續小兒語下‧四言》：定（徑）動（董）

儘管呂氏韻語中"全濁上聲押入去聲"的占比較大，但仍不能認爲實際語音中"濁上變去"已經全部完成。這一現象與韻書所反映的較爲一致，《交泰韻》仍有一部分全濁上聲字讀爲上聲。據范振潔（2021）的統計，《交泰韻》總目中上聲和去聲的濁聲母上聲字有 49 個，上聲位置有 28 例，中古爲濁上的有 16 個，這些字在呂坤看來並未發生變化；去聲位置的有 21 例，其中有 9 個中古濁上字。《交泰韻》濁上字的分布與呂氏韻語濁上字的通押情況可相互佐證，當時寧陵方言的濁上變去仍處於演進的過程中，而非全部完成。

2. 非全濁上聲字的上去通押

呂氏韻語韻系中，還出現了 1 例非全濁上聲字與去聲字叶韻的情況，具體如下：

《演小兒語》：了（篠）掃_{去聲}（號）

這裏的"掃"是心母皓韻字，本不必注紐四聲，還有待研究。

(二) 平上通押

呂氏韻語韻系中，出現 2 例上聲字與平聲字押韻的情況，具體如下：

《演小兒語》：跑（肴）好（皓）倒（皓）
《宗約歌‧勸敬兄》：兄（庚）同（東）行（庚）睜（靜）恭（鍾）

"跑"在今寧陵方言中讀 [pʰʌo45]（上聲），"睜"在寧陵方言中讀 [tʂən23]（陰平），韻語揭示"跑""睜"的讀音均與現代寧陵方言一致。

(三) 陰入通押

在呂氏韻語韻系中出現了 2 例陰入通叶的例子，反映了當時入聲韻尾合併、入聲開始消失的音變趨勢。這2例是：

  屑月戈同用：《演小兒語》：歇（月）咹_{音靴}（戈）血（屑）

  屑之同用：《續小兒語中・六言》：跌（屑）時（之）

在紐四聲韻的處理中，大都配以《廣韻》與之相承的平聲，但下列韻例的例子沒有與之相配的紐四聲，觀察其出現的韻段特徵，很顯然是入聲舒化的用例：

1. 歌麻部2例

  《閨戒・望江南》：家（麻）撒_{撒叶平聲}（曷—?）他（歌）

  《女小兒語・雜言》：家（麻）殺_{殺，叶平聲}（黠—?）

2. 蕭肴部1例

  《閨戒・望江南》：高（豪）瞧（肴）著_{叶平聲}（藥—?）

3. 支微部3例

  《演小兒語》：的_{的,平聲}（錫—?）癡（之）難（齊）

  《女小兒語・四言》：喫_{喫,叶平聲}（錫—?）饑（微）

  《女小兒語・四言》：氣（未）益_{益,叶去聲}（昔—?）

呂氏韻語中入聲押入陰聲韻的並不在少數。很顯然在口語中，入聲的"撒""殺""著""的""喫""益"已經舒化，與現在讀音一致。

六、結論

本文以16世紀明代哲學家呂坤及其父所做的訓蒙韻語爲研究對象，通過系聯韻脚字最終考得韻段555個。聯繫現代寧陵方言，結合其他歷史文獻材料，我們認爲這十五部基本反映呂氏父子實際語音面貌和16世紀寧陵方言的若干特點：(1) 止蟹攝之灰同用與泰韻兩押；(2) 皆咍部見系二等字喉音未變讀；(3) 蟹攝二等合口佳韻字與麻韻合流；(4) 尤侯韻脣音字分化，部分字押入魚模，部分字不變讀；(5) "支魚通押"；(6) 鼻輔音韻尾只有［-n］和［-ŋ］，［-m］併入［-n］；(7) 庚蒸部有韻字與東鍾韻混押；(8) 入聲韻尾-p、-t、-k合併，但入聲調仍獨立存在。

相比文士的詩詞用韻材料，呂氏父子的蒙學韻語透漏出更多的語音信息。文士用韻的求雅、守正通常模糊了實際語音的特徵，動輒分析上萬條韻例，也只能得到零星的特徵，而呂氏韻語則表現出了通俗易懂、便於記誦的口語化特徵。同時，近代漢語詩文用韻研究，我們也祇能推知韻攝和大的部類，具體的音值或這個音節的音值是無法確知的。我們祇知某些字可以相押，但不能遽然判定它的實際讀音屬什麼性質，是方音還是通語。這是由押韻材料本身特點所決定的。具體到吕氏韻語韻系研究中，入聲韻押韻情况祇能反映韻尾演變的大概，相比韻書《交泰韻》顯得粗疏不少。因而在探求方音史的過程中，需同時充分挖掘韻書和韻文材料，二者是相輔相成、不可偏廢的。

引用書目

(明)吕坤撰；王國軒，王秀梅整理. 吕坤全集. 北京：中華書局，2008.

楊耐思. 中原音韻音系. 北京：中國社會科學出版社，1981.

王力. 漢語史稿. 北京：中華書局，2015.

周祖謨. 宋代汴洛語音考//問學集. 北京：中華書局，1966.

參考文獻

段亞廣. 河南寧陵方言音系. 方言，2013 (2).

段亞廣.《書學慎餘》中知系合口字的兩讀現象. 语言科学，2013 (3).

范振潔. 寧陵方言語音演變研究. 河南大學碩士學位論文，2021.

關偉華.《交泰韻》音系研究. 山西大學博士學位論文，2021.

劉曉南. 宋代文士用韻與宋代通語及方言. 古漢語研究，2001 (1).

魯國堯. 論宋詞韻及其與金元詞韻的比較. 中國語言學報，1991 (1).

王力. 三百年前河南寧陵方音考//王力文集. 第18卷. 山東：山東教育出版社，1991.

徐洪達.《書學慎餘》音系研究. 華中師範大學碩士學位論文，2021.

楊耐思. 中原音韻音系. 北京：中國社會科學出版社，1981.

張偉娥. 交泰韻音系研究. 山東師範大學碩士學位論文，2002.

張玉來.《中原音韻》東鍾、庚青間的方音性又讀. 方言，2017 (4).

周祖謨. 宋代汴洛語音考//問學集. 北京：中華書局，1966.

朱曉農. 語音學. 北京：商務印書館，2010.

The Rhymes in the Enlightenment Book Written by the Family of Lv and Ningling Dialect in the 16th Century

Zheng Liang

Abstract：In this paper, through analyzing and linking the rhymes of *the Four Kinds of Books Written by Lv Kun*, 555 words that rhymes are finally linked, which are summarized into 15 rhymes, with some special rhymes are obtained. Comparing with modern Ningling dialect, *Jiao Tai Yun* and other literature, we find that the 15 rhymes of Lv's enlightenment poetry rhyme system reflect some characteristics of Ningling dialect in the 16th century. Authors are basically using colloquial rhymes.

Keywords：Lv Kun；enlightenment poetry；rhymes；Ningling dialect

（鄭樑，南京大學文學院）

越南古辭書單字反切考*

[越] 陳德裕

提　要： 單字反切是指反切上下字只存其上字或下字的注音現象。本文對七部代表性越南古辭書近100例單字反切進行分析，發現除刊刻脱字外，這些單字反切所涉被切字均爲形聲字。按反切切字選用情況，將其分爲兩大類五小類，指明每類具體特徵，揭示單字反切的内在理據。在此基礎上，進一步歸納總結越南古辭書單字反切的特殊音韻研究價值。

關鍵詞： 越南古辭書；單字反切；分類；價值

一、引言

爲學習漢語漢字、閲讀儒家經典、服務科舉考試，古代越南文人純用漢字或混用漢字、喃字，仿照中國辭書編排體例、選字釋義，編撰了系列辭書。跟中國辭書一樣，越南古辭書也采用反切法給被切字注音。這些反切、直音雖部分承襲中國，但仍有部分爲越南文人自創，用以反映被切字的漢越音。這些自創型反切對於研究漢越音、漢語中古音等方面均有十分重要的作用。

筆者整理《指南玉音解義》《嗣德聖制字學解義歌》《大南國語》《五千字譯國語》《南方名物備考》《字學訓蒙》《字學四言詩》[①]等越南古辭書中的反切，發現將近100例反切十分特殊，該類反切祇有反切上字或反切下字，如《大南·身體舉動門》："頷，感切"，可稱之爲單字反切。這些單字反切均有内在理據，詳見下文。學界對該類反切研究較少，未見專題性論文或專著，僅黃瑩《〈南方名物備考〉相關問題與研究價值初探》（2017）、陳氏降花《〈南方名物備考〉中注音與釋義方法

---

* 基金項目：國家社科基金重大項目"越南漢字資源整理及相關專題研究"（17ZDA308）。

① 爲簡潔行文，下引有關辭書時使用簡稱，《指南玉音解義》簡爲《指南》、《日用常談》簡爲《日用》、《嗣德聖制字學解義歌》簡爲《嗣德》、《大南國語》簡爲《大南》、《南方名物備考》簡爲《備考》、《五千字譯國語》簡爲《五千字》、《字學訓蒙》簡爲《訓蒙》、《字學四言詩》簡爲《四言詩》。

研究》（2017）對此簡單提及，因此有必要做系統性分析。

討論單字反切之前，有必要闡述因刊刻而脱字的現象。刊刻脱字數量不多，可細分爲三類：1. 反切上下字均存，唯缺"切"字；2. 反切上下字均脱，僅有"切"字；3. 僅缺反切上字。後二者居多，詳見表1。第2類脱字現象基本見於《嗣德》，或可視爲個别文獻的特殊現象。第3類脱字現象或與刊刻有關，但因所涉例字均爲會意字或獨體字，且多爲常用字，因此不排除爲刊刻便捷高效，人爲省略反切上字，獨留能反映更多語音信息的反切下字的可能。該類不涉及形聲字，因篇幅有限，將另文討論。

表1　刊刻脱字表

被切字	所注解反切	
	越南古辭書	中國韻書
捋	《嗣德·人事類》："捋，郎括。"	《廣韻·末韻》："捋，郎括切。"
醰	《嗣德·人事類》："醰，乃感。"	《集韻·感韻》："醰，乃感切。"
顙	《嗣德·人事類》："顙，切。"	《廣韻·蕩韻》："顙，蘇朗切。"
那	《嗣德·政化類》："那，切。"	《廣韻·歌韻》："那，諾何切。"
學	《嗣德·政化類》："學，切。"	《廣韻·覺韻》："學，胡覺切。"
巡	《嗣德·政化類》："巡，切。"	《廣韻·諄韻》："巡，詳遵切。"
打	《備考·人倫門》："打，切。"	《廣韻·梗韻》："打，德冷切。"
嬲	《備考·人事門》："嬲，了切。"	《正字通·女部》："嬲，乃了切。"
永	《四言詩》："永，憬切。"	《廣韻·梗韻》："永，于憬切。"
	《訓蒙》："永，憬切。"	
頁	《備考·器用門》："頁，結切。"	《廣韻·屑韻》："頁，胡結切。"
凳	《備考·器用門》："凳，鄧切。"	《廣韻·嶝韻》："凳，都鄧切。"
秃	《大南·身體舉動門》："秃，谷切。"	《廣韻·屋韻》："秃，他谷切。"
月	《四言詩》："月，厥切。"	《廣韻·月韻》："月，魚厥切。"

二、單字反切分類

經分析，筆者認爲單字反切可分成兩大類：一是切字[①]提供被切字聲韻信息、二是切字提示被切字聲韻歸屬。

（一）切字提供被切字聲韻信息

該類型單字反切僅見於形聲字，即形聲字聲符提供部分聲韻信息，聲符無法提供的聲韻信息，則由切字提供。若切字所提供的是聲母信息，則切字實爲反切上

---

① 因單字反切無法直觀判斷切上字或切下字，爲行文方便，統稱爲切字。

字,若切字所提供的是韻、調信息,那麼切字實爲反切下字。

據麥耘、胡明光(2010)研究可知:"漢語粵方言可能是在唐宋之間的南漢時期成形的,這正好與越南獨立管治而至於建國、漢越音脱離漢語的時間基本一致。可以相信粵方言——平話與漢越音確有一個共同的源頭,這個源頭可以叫做'廣信方言',也可以叫做'古代嶺南漢語'。在南漢以前,這種方言與當時漢語中原話——標準漢語的基礎方言——大體對應,而有着其自己的某些特點……漢越音反映唐代中葉以後的漢語音。"有鑒於此,本文特選取代表漢語中古音的《切韻》《廣韻》《集韻》《類篇》等書爲參照系,以這些韻書所注反切爲比較對象,審查越南古辭書的單字反切及其特徵。

1. 切字提供被切字聲母信息

這一類單字反切所留切字爲切上字,用以表被切字聲母,被切字韻母、聲調則讀同被切字的聲符。該類單字反切,數量極爲有限,僅見於《備考》,詳見表2。

表2 切字提供被切字聲母信息

例字	被切字反切		聲符	聲符反切
簤	越南古辭書	《備考·器用門》:"簤,損切。"	揔	《類篇·手部》:"揔,祖動切。"
	中國韻書	《類篇·竹部》:"簤,損動切。"		

《備考·器用門》:"簤,損切"。

按:簤,从竹揔聲,即聲符爲"揔"。據《類篇》所載,"簤""揔"反切下字相同,反切上字不同,前者爲"損",乃心母字,後者爲"祖",乃精母字。據王力(1948)、裴阮瑞微(2008)研究可知,漢越音精、心二母混而不分,讀作[t],顯然簤、揔二字的漢越音無别,但漢語中精、心二母存有塞擦音、擦音之别,《備考》或爲强調簤字本爲心母字,注音時,特保留切上字。

2. 切字提供被切字韻調信息

這一類單字反切所留切字爲切下字,用以表被切字韻母、聲調,被切字聲母則讀同被切字的聲符。該類單字反切數量較多,涉及《大南》《備考》《四言詩》《五千字》,詳見表3。

表3 切字提供被切字韻母、聲調信息

例字	被切字反切		聲符	聲符反切
灸	越南古辭書	《四言詩》:"灸,有切。"	久	《廣韻·有韻》:"久,舉有切。"
	中國韻書	《廣韻·有韻》:"灸,舉有切。"		
括	越南古辭書	《大南·身體舉動門》:"括,活切。"	昏	《廣韻·末韻》:"昏,古活切。"
	中國韻書	《集韻·末韻》:"括,古活切。"		

續表3

例字	被切字反切		聲符	聲符反切
鑷	越南古辭書	《大南·身體舉動門》："鑷，輒切。"	聶	《廣韻·葉韻》："聶，尼輒切。"
	中國韻書	《廣韻·葉韻》："鑷，尼輒切。"		
鍤	越南古辭書	《備考·農桑門》："鍤，洽切。"	臿	《廣韻·洽韻》："臿，楚洽切。"
	中國韻書	《廣韻·洽韻》："鍤，楚洽切。"		
韁	越南古辭書	《備考·兵刑門》："韁，良切。"	畺	《廣韻·陽韻》："畺，居良切。"
	中國韻書	《廣韻·陽韻》："韁，居良切。"		
檜	越南古辭書	《備考·宮室門》："檜，外切。"	會	《廣韻·泰韻》："會，古外切。"
	中國韻書	《廣韻·泰韻》："檜，古外切。"		
吻	越南古辭書	《備考·身體門》："吻，粉切。"	勿	《廣韻·物韻》："勿，文弗切。"
	中國韻書	《廣韻·吻韻》："吻，武粉切。"		
觜	越南古辭書	《備考·器用門》："觜，委切。"	觜	《廣韻·紙韻》："觜，即委切。"
	中國韻書	《廣韻·紙韻》："觜，即委切。"		
嘯	越南古辭書	《備考·人事門》："嘯，吊切。"	肅	《廣韻·屋韻》："肅，息逐切。"
	中國韻書	《廣韻·嘯韻》："嘯，蘇吊切。"		
哽	越南古辭書	《備考·人事門》："哽，杏切。"	更	《廣韻·映韻》："更，古孟切。"
	中國韻書	《廣韻·梗韻》："哽，古杏切。"		
噢	越南古辭書	《備考·人事門》："噢，六切。"	奧	《廣韻·號韻》："奧，烏到切。"
	中國韻書	《廣韻·屋韻》："噢，於六切。"		
棱	越南古辭書	《備考·器用門》："棱，登切。"	夌	《廣韻·蒸韻》："夌，力膺切。"
	中國韻書	《廣韻·登韻》："棱，魯登切。"		
頷	越南古辭書	《大南·身體舉動門》："頷，感切。"	含	《廣韻·覃韻》："含，胡男切。"
	中國韻書	《廣韻·感韻》："頷，胡感切。"		
脇	越南古辭書	《大南·身體門》："脇，業切。"	劦	《廣韻·帖韻》："劦，胡頰切。"
	中國韻書	《廣韻·業韻》："脇，同脅，虛業切。"		
澩	越南古辭書	《五千字·地理》："澩，角切。"	學	《集韻·覺韻》："學，轄覺切。"
	中國韻書	《集韻·覺韻》："澩，轄角切。"		
頑	越南古辭書	《四言詩》："頑，還切。"	元	《廣韻·元韻》："元，愚袁切。"
	中國韻書	《廣韻·刪韻》："頑，五還切。"		
瓴	越南古辭書	《備考·器用門》："瓴，甫切。"	瓜	《廣韻·麌韻》："瓜，以主切。"
	中國韻書	《廣韻·麌韻》："瓴，以主切。"		
榱	越南古辭書	《備考·宮室門》："榱，推切。"	衰	《廣韻·脂韻》："衰，所追切。"
	中國韻書	《廣韻·脂韻》："榱，所追切。"		
頏	越南古辭書	《四言詩》："頏，剛切。"	亢	《廣韻·宕韻》："亢，苦浪切。"
	中國韻書	《廣韻·宕韻》："頏，苦浪切。"		

續表3

例字	被切字反切		聲符	聲符反切
忓	越南古辭書	《備考·服用門》："忓，案切。"	干	《廣韻·寒韻》："干，古寒切。"
	中國韻書	《廣韻·寒韻》："忓，古寒切。"		
綯	越南古辭書	《備考·人事門》："綯，交切。"	匋	《廣韻·豪韻》："匋，徒刀切。"
	中國韻書	《廣韻·豪韻》："綯，徒刀切。"		
臛	越南古辭書	《備考·飲食門》："臛，各切。"	霍	《廣韻·鐸韻》："霍，虛郭切。"
	中國韻書	《廣韻·沃韻》："臛，火酷切。"		
欷	越南古辭書	《備考·人事門》："欷，支切。"	希	《廣韻·微韻》："希，香衣切。"
	中國韻書	《廣韻·微韻》："欷，香衣切。"		
甖	越南古辭書	《備考·禮樂門》："甖，京切。"	䁯	《廣韻·映韻》："䁯，於敬切。"
	中國韻書	《廣韻·耕韻》："甖，烏莖切。"		
痞	越南古辭書	《大南·身體舉動門》："痞，洱切。"	否	《廣韻·旨韻》："否，符鄙切。"
	中國韻書	《廣韻·旨韻》："痞，符鄙切。"		
膞	越南古辭書	《大南·身體舉動門》："膞，演切。"	專	《廣韻·仙韻》："專，職緣切。"
	中國韻書	《廣韻·仙韻》："膞，職緣切。"		
啞	越南古辭書	《大南·身體舉動門》："啞，加切。"	亞	《廣韻·禡韻》："亞，衣嫁切。"
	中國韻書	《廣韻·馬韻》："啞，烏下切。"		

根據反切用字具體情況，表3中的反切可細分爲兩類：

（1）單字反切切字用字與中國韻書反切用字相同

這裏所說的相同是指，中國韻書與越南古辭書對相同被切字，所注反切的用字相同，該類反切很可能沿用中國韻書。該類反切仍可二分：1. 同於被切字聲符反切用字；2. 異於被切字聲符反切用字。

① 同於被切字聲符反切用字

這類單字反切是指被切字與其聲符、聲韻調地位相同，《廣韻》等韻書中二者所注反切上下字全然一致，越南古辭書單字反切切字用字與之亦同。對於這類被切字，祇需知曉聲符讀音，便可知曉被切字聲韻調。相對聲母而言，漢越音韻調系統更爲複雜，在反切上下字祇可存其一的情況下，越南古辭書往往選擇保留反切下字，因此出現單字反切切字與中國韻書相應反切切下字相同的現象。灸、括、鑷、錨、轄、廥、嘴均屬此類。

② 異於被切字聲符反切用字

這類單字反切是指被切字與其聲符、聲韻調地位不同，《廣韻》等韻書中二者所注反切上字相同（包括"切上字用字相同""切上字用字不同，但所表聲母相同"兩類），下字不同，越南古辭書單字反切切字用字僅與《廣韻》等韻書中被切字反切用字相同，而異於聲符反切用字。這說明古代越南文人意識到被切字與聲符間韻調差異，於是特沿用《廣韻》等韻書對被切字所注反切的切下字，以示區別。嘯、吻、哽、噢、棱、頷、脇、澩、頑均屬此類，試舉幾例以作說明。

《大南·身體舉動門》："頷，感切。"

按：頷，从頁含聲，即聲符爲"含"。據《廣韻》所載，"頷""含"反切上字相同，反切下字不同，前者爲"感"，乃覃韻一等開口上聲字，後者爲"男"，乃覃韻一等開口平聲字。上、平聲差異明顯，因此《大南》注音時，特保留切下字"感"，以示被切字仍讀上聲，不可同聲符一樣讀作平聲。

《五千字·地理》："澩，角切。"

按：澩，从氵學聲，即聲符爲"學"。據《集韻》所載，"澩""學"反切上字相同，反切下字不同，前者爲"角"，後者爲"覺"，二者均可讀作覺韻開口二等入聲，但"覺"字還可讀作見母肴韻開口二等去聲，表"睡覺"義，此乃"覺"字常用義，若以"覺"爲反切下字，易發生訛誤，因此《五千字》注音時，特保留切下字"角"。

《四言詩》："頑，還切。"

按：頑，从頁元聲，即聲符爲"元"。據《廣韻》所載，"頑""元"反切上字不同，前者爲"五"，乃疑母字，後者爲"愚"，亦爲疑母字，顯然聲母相同。二者反切下字同樣有別，前者爲"還"，乃刪韻二等合口平聲字，後者爲"袁"，乃仙韻三等合口平聲字，據王力（1948）、裴阮瑞微（2008）研究可知，"還""頑"二字漢越音讀［wan］，與讀［wien］的"元"字截然相對①，顯然二者韻母存在洪細之別。因此《四言詩》注音時，特保留切下字"還"，以示被切字爲洪音讀［wan］韻，不可同聲符一樣爲細音讀［wien］韻。

(2) 單字反切切字用字與中國韻書反切用字不同

這裏所說的不同是指，中國韻書與越南古辭書對相同被切字，所注反切的用字不同。該類反切仍可二分：1. 雖與中國韻書反切用字不同，但所表音韻地位相同；2. 與中國韻書反切用字不同，所表音韻地位亦不同。

① 與中國韻書反切用字不同，但所表音韻地位相同

這類單字反切雖用字不同，但實際所表音韻信息相同，因此本質上與"同於被切字聲符反切用字"類無異。該類單字反切數量有限，僅見於《備考》的窳、檳二字。

---

① 據王力（1948）、裴阮瑞微（2008）研究可知，漢越音中部分刪韻系舒聲字與仙韻系字合流，讀［wien］，部分刪韻系保持獨立，讀［wan］。

《備考·器用門》："窳，甫切。"

按：窳，从穴瓜聲，即聲符爲"瓜"。據《廣韻》所載，"窳""瓜"均讀"以主切"，但越南古辭書中却注明："窳，甫切"。"甫"爲幫母字，而"窳""瓜"却爲以母字，據王力（1948）、裴阮瑞微（2008）研究可知，中古幫母字漢越音讀 [ɓ]，中古以母字漢越音讀 [z]，二者差異頗大，但"甫"爲虞韻三等合口上聲字，與"窳""瓜"的切下字"主"韻調全然相同，顯然"甫"字此處當爲切下字。與"同於被切字聲符反切用字"類一樣，《備考》注音時，特保留切下字，以示韻調之複雜。

《備考·宮室門》："榱，推切。"

按：榱，从木衰聲，即聲符爲"衰"。據《廣韻》所載，"榱""衰"反切上字相同，均爲"所"，二者反切下字不同，前者爲"追"，乃脂韻合口三等平聲，後者爲"回"，乃灰韻開口一等平聲，據王力（1948）、裴阮瑞微（2008）研究可知，脂、灰二韻系合口字大多合流，漢越音讀作 [wi]，可知"榱""衰"漢越音相同。"推"爲透母字，而"榱""衰"却爲生母字，據王力（1948）、裴阮瑞微（2008）研究可知，中古透母字漢越音讀 [tʰ]，中古生母字漢越音讀 [ʃ]，二者差異頗大，而"推""回"同爲灰韻開口一等平聲字，顯然"推"字此處當爲切下字。與"同於被切字聲符反切用字"類一樣，《備考》注音時，特保留切下字，以示韻調之複雜。

② 與中國韻書反切用字不同，所表音韻地位亦不同

這類單字反切不僅用字不同，實際所表音韻信息也存有不同，即這些反切並未沿用中國韻書反切用字，而是根據漢越音實際讀法，另取反切切字，頏、忓、絢、欱、甕、膧、痞、膊、啞均屬此類，試舉幾例以作說明。

《四言詩》："頏，剛切。"

按：頏，从頁亢聲，即聲符爲"亢"。據《廣韻》所載，"頏""亢"均讀"苦浪切"，但越南古辭書中却注明："頏，剛切"。"剛"爲見母字，而"頏""亢"却爲溪母字，據王力（1948）、裴阮瑞微（2008）研究可知，中古見母字漢越音讀 [k]，中古溪母字漢越音讀 [χ]，二者差異頗大，但"剛"爲唐韻一等開口平聲字，與"頏""亢"的切下字"浪"同韻系，顯然"剛"字此處應爲切下字。《四言詩》注音時，未沿用中國韻書所注反切，而用"剛"字，說明漢越音中該字讀爲平聲。

《備考·禮樂門》："甕，京切。"

按：甕，从瓦䪞聲，即聲符爲"䪞"。據《廣韻》所載，"甕""䪞"反切上字

不同，前者爲"烏"，後者爲"眼"，均爲影母字，顯然聲母相同，二者反切下字亦不相同，前者爲"莖"，乃耕韻開口二等平聲，後者爲"敬"，乃庚韻開口三等去聲。"京"爲見母字，據王力（1948）、裴阮瑞微（2008）研究可知，中古見母字漢越音讀 [k]，中古影母字漢越音讀 [ʔ]，二者差異頗大，但"京"與"敬"同爲庚韻開口三等字，顯然"京"字此處當爲切下字。《備考》所用切字"京"與"莖"調同韻不同，與"敬"韻同調不同，説明"甖"漢越音當讀庚韻開口三等平聲。庚韻系三等字漢越音讀作 [iɲ]（耕韻系字漢越音讀作 [ɛɲ]），陰平字漢越音讀 44 調，因此"甖"當讀作 [ʔiɲ⁴⁴]。

《備考·飲食門》："臛，各切。"

按：臛，从月霍聲，即聲符爲"霍"。據《廣韻》所載，"臛""霍"反切上字不同，前者爲"火"，後者爲"虛"，均爲曉母字，顯然聲母相同，二者反切下字亦不相同，前者爲"酷"，乃沃韻合口一等入聲，後者爲"鐸"，乃鐸韻合口一等入聲。"各"爲見母字，據王力（1948）、裴阮瑞微（2008）研究可知，中古見母字漢越音讀 [k]，中古曉母字漢越音讀 [h]，二者差異頗大，但"各"與"郭"同爲鐸韻字，顯然"各"字此處當爲切下字。《備考》所用切字"各"與"酷"調同韻不同，與"郭"開合口有别，這説明"臛"漢越音當讀鐸韻開口一等入聲。鐸韻大多數字漢越音讀作 [wɐk]（沃字漢越音讀作 [ok]），陰入字漢越音讀 34 調，因此"臛"當讀作 [hɐk³⁴]。

（二）切字提供被切字聲韻歸屬信息

除此之外，越南古辭書中還有一類單字反切極爲特殊，這類單字反切的切字多爲被切字的聲符，結合相關直音，筆者認爲這些單字反切的反切單字不僅能提供被切字声韻信息，更能指明包括被切字在内的系列漢字的讀音，即告知被切字聲韻的歸屬。這類反切數量不多，僅涉及 朕、梱、鯑、軭，詳見表 4。

表 4　切字提供被切字声韵归属信息

例字	被切字反切		聲符	聲符反切
朕	越南古辭書	《五千字·序倫》："朕，勝切。"	朕	《廣韻·寑韻》："朕，直稔切。"
	中國韻書	《廣韻·證韻》："朕，以證切。"		
梱	越南古辭書	《備考·人事門》："梱，困切。"	困	《廣韻·慁韻》："困，苦悶切。"
	中國韻書	《廣韻·混韻》："梱，苦本切。"		
鯑	越南古辭書	《備考·麟門》："鯑，犀切。"	犀	《廣韻·齊韻》："犀，先稽切。"
	中國韻書			
軭	越南古辭書	《備考·器用門》："軭，王切。"	王	《廣韻·陽韻》："王，雨方切。"
	中國韻書	《廣韻·陽韻》："軭，巨王切。"		

䐢、梱、鯤、軒四字的單字反切實爲兩類，䐢字爲一類，後三字爲一類，暫各舉一例以作說明。

《五千字·序倫》："䐢，勝切。"

按：䐢，从女朕聲，即聲符爲"朕"。按《廣韻》所載，"䐢，以證切"，乃以母蒸韻開口三等去聲字，"朕，直稔切"，乃澄母侵韻開口三等上聲字，據王力（1948）、裴阮瑞微（2008）研究可知，中古以母字漢越音讀[z]，澄母字漢越音讀[tʂ]，蒸韻系字漢越音讀[ɐŋ]，侵韻系字漢越音讀[ɐm]，陰去字漢越音讀 334 調，全濁上聲字漢越音讀 331 調，二者差異顯著。而《五千字》所注反切的反切單字"勝"，《廣韻》："勝，詩證切"，與"䐢"字韻調皆同，顯然"勝"字此處當爲切下字。勝，從力朕聲，與被切字同聲符。《五千字》注音時沒有沿用中國韻書反切用字，却選取與被切字同聲符、與其切下字同韻調地位的形聲字，這並非偶然。據裴阮瑞微（2008）研究可知，"騰""䐢""眷""藤"等從"朕"得聲的字，漢越音均讀[ɐŋ]，與讀[ɐm]的"朕"字截然不混。據此可推測，《五千字》給"䐢"字注音時，雖未採用聲符的反切切字，但選用同從"朕"得聲，且韻調地位與"䐢"字全然一致的"勝"，或許就是提示從"朕"得聲的系列字韻調皆同"勝"字，而不同於聲符"朕"。

《備考·人事門》："梱，困切。"

按：梱，从木困聲，即聲符爲"困"。按《廣韻》所載，"梱""困"反切上字相同，反切下字不同，前者爲"本"，後者爲"悶"，均爲魂韻合口一等韻字，二者雖調有上、去之別，但韻母相同。以"困"爲聲符的系列字，如"庫""蜦""睏"等，《嗣德》均注音"困"。據此可推測，《備考》給"梱"注音時，既未沿用中國韻書對"梱"字注音的切下字，又未沿用中國韻書對聲符"困"注音的切下字，反而選用聲符字爲切字，或許是爲提示從"困"得聲的系列字韻母皆同聲符"困"字。

三、單字反切的特殊音韻研究價值

單字反切是立足漢越音實際發音，參考中國韻書所注反切，改造刪減而成，乃越南古辭書特殊注音現象，對研究漢越音語音特徵具有較高價值。

因篇幅有限，此處重點論述單字反切對越南漢越音聲母特徵研究的作用，對韻調特徵研究的作用不專門論述，相關討論可見上文"與中國韻書反切用字不同，所表音韻地位亦不同"小節。

據上述分析可知，除少數刊刻脫字外，越南古辭書單字反切多有其內在理據，均是基於音同（如籭、疢等）或部分音同（如棱、頑等）基礎之上的。除"籭"字的單字反切保留了反切上字，其他類型的單字反切則均保留反切下字，不僅因爲反切下字承載的語音信息更多，更是因爲被切字及其聲符字反切切上字相同，可通過聲符知曉聲母信息，故越南古辭書單字反切省略切上字，換而言之，被切字及其聲符字聲母相同是單字反切產生的前提，即單字反切所缺聲母信息由聲符提供。

但越南古辭書部分單字反切所涉被切字及其聲符的反切上字并不相同，詳見表5，這並非訛誤，而是漢越音聲母特徵的反映。

表5 被切字、聲符字反切切上字不同

例字		被切字反切	聲符	聲符反切
汞	越南古辭書	《四言詩》："汞，孔切。"	工	《廣韻·東韻》："工，古紅切。"
	中國韻書	《廣韻·董韻》："汞，胡孔切。"		
踝	越南古辭書	《大南·身體舉動門》："踝，瓦切。"	果	《廣韻·果韻》："果，古火切。"
	中國韻書	《廣韻·馬韻》："踝，胡瓦切。"		
梢	越南古辭書	《備考·器用類》："梢，交切。"	肖	《廣韻·笑韻》："肖，私妙切。"
	中國韻書	《廣韻·肴韻》："梢，所交切。"		
皺	越南古辭書	《大南·身體舉動門》："皺，救切。"	芻	《廣韻·虞韻》："芻，測隅切。"
	中國韻書	《廣韻·宥韻》："皺，側救切。"		
擦	越南古辭書	《備考·人事門》："擦，葛切。"	察	《廣韻·黠韻》："察，初八切。"
	中國韻書	《廣韻·曷韻》："擦，七曷切。"		
餢	越南古辭書	《備考·飲食門》："餢，口切。"	音	《集韻·侯韻》："音，普后切。"
	中國韻書	《集韻·厚韻》："餢，薄口切。"		
捽	越南古辭書	《備考·人事門》："捽，没切。"	卒	《廣韻·没韻》："卒，臧没切。"
	中國韻書	《廣韻·没韻》："捽，昨没切。"		
柁	越南古辭書	《備考·舟車門》："柁，可切。"	它	《廣韻·歌韻》："它，託何切。"
	中國韻書	《廣韻·哿韻》："柁，徒可切。"		
橧	越南古辭書	《備考·宮室門》："橧，登切。"	曾	《廣韻·登韻》："曾，昨棱切。"
	中國韻書	《廣韻·登韻》："橧，作滕切。"		
嚼	越南古辭書	《大南·身體舉動門》："嚼，雀切。"	爵	《廣韻·藥韻》："爵，即略切。"
	中國韻書	《廣韻·藥韻》："嚼，在爵切。"		
埤	越南古辭書	《備考·居處門》："埤，皮切。"	卑	《廣韻·支韻》："卑，府移切。"
	中國韻書	《廣韻·支韻》："埤，符支切。"		

該類單字反切反映漢越音聲母相關特徵包括兩類：1. 反映個別字特殊聲母讀法，涉及汞、踝、梢、皺、擦、餢、柁等字，該類字與其聲符字所用切下字亦不同；2. 反映漢越音聲母系統分合演變，涉及橧、捽、埤、嚼等字，該類字與其聲符字所用切下字却相同（包括①切下字用字相同，②切下字用字不同，但所表韻調

相同兩類），各舉幾例以作說明。

（一）個別字特殊聲母讀法

《四言詩》："汞，孔切。"

按：汞，从水工聲，即聲符爲"工"。按《廣韻》所載，"汞""工"反切上字相不同，前者爲"胡"，乃匣母字，後者爲"古"，乃見母字，據王力（1948）、裴阮瑞微（2008）研究可知，中古見母字漢越音讀 [k]，中古匣母字漢越音讀 [x]，二者差異甚大。《四言詩》沿用《廣韻》對"汞"字注音所用切下字，却未沿用切上字，反而選擇省略切上字，結合上文分析，只可能說明此處"汞"字的漢越音並不讀作 [x]，而是讀作聲符的聲母 [k]，陶維英《簡要漢越詞典》（1932）便記載了"汞"字 [koŋ³⁵] 的讀法（另一讀爲 [xoŋ³⁵]）。

《備考·器用類》："梢，交切。"

按：梢，从木肖聲，即聲符爲"肖"。按《廣韻》所載，"梢""肖"反切上字相不同，前者爲"所"，乃生母字，後者爲"私"，乃心母字，據王力（1948）、裴阮瑞微（2008）研究可知，中古生母字漢越音讀 [ʃ]，中古心母字漢越音讀 [t]，二者差異甚大。《備考》沿用《廣韻》對"梢"字注音所用切下字，却未沿用切上字，反而選擇省略切上字，結合上文分析，只可能說明此處"梢"字的漢越音並不讀作 [ʃ]，而是讀作聲符的聲母 [t]，陶維英《簡要漢越詞典》（1932）便記載了"梢"字 [tieu³³] 的讀法（另一讀爲 [ʃau³³]）。

這進一步證明越南古辭書中單字反切所缺聲母信息由聲符提供，同時也能爲部分漢字的漢越音聲母研究提供新的思路，如"馡"字漢越音僅讀作 [ɓoi²¹]，這與《集韻》所注"薄口切"相吻合，但其聲符"音"乃滂母字，或許在某一歷史時期，"音"字有讀 [f] 的又讀。①

（二）漢越音聲母系統分合演變

《備考·宫室門》："橧，登切。"

按：橧，从木曾聲，即聲符爲"曾"。按《廣韻》所載，"橧""曾"反切上字相不同，前者爲"作"，乃精母字，後者爲"昨"，乃從母字。二者反切下字亦不同，前者爲"滕"，後者爲"棱"，二者均讀登韻開口一等平聲，顯然"橧"字及其聲符字的韻調相同。結合《備考》切字，可知"橧，登切"就性質而言，當屬上文所述"同於被切字聲符反切用字"類，那便要求反切上字"作""昨"所表聲母相同，這是合理且正確的，王力（1948）、裴阮瑞微（2008）便明確指出中古精組聲

---

① 據王力（1948）、裴阮瑞微（2008）研究可知，中古滂、非、敷、奉四母合流，讀 [f]。

母在漢越音中均讀 [t]。

《備考·居處門》："埤，皮切。"

按："埤，从土卑聲，即聲符爲"卑"。按《廣韻》所載，"埤""卑"反切上字相不同，前者爲"符"，乃並母字，後者爲"府"，乃幫母字。二者反切下字亦不同，前者爲"支"，後者爲"移"，二者均讀支韻開口三等平聲，顯然"埤"字及其聲符字的韻調相同。結合《備考》切字，可知"埤，皮切"就性質而言，亦屬上文所述"同於被切字聲符反切用字"類，那便要求反切上字"符""府"所表聲母相同，這是合理且正確的，王力（1948）、裴阮瑞微（2008）便明確指出中古幫、並二母在漢越音中均讀 [ɓ]。

四、結語

本文對七部越南代表性古辭書中近 100 例單字反切現象進行分析，排除刊刻脫字訛誤，將剩餘單字反切進行分類，共分爲"切字提供被切字聲韻信息""切字提示被切字聲韻歸屬"兩大類，"切字提供被切字聲韻信息"類根據切字用字情況，可細分爲"單字反切切字用字與中國韻書反切用字相同""單字反切切字用字與中國韻書反切用字不同"兩類，前者又可細分爲"同於被切字聲符反切用字""異於被切字聲符反切用字"兩小類，後者亦可細分爲"與中國韻書反切用字不同，但所表音韻地位相同""與中國韻書反切用字不同，所表音韻地位亦不同"兩小類。通過舉例闡述，分析每類單字反切的特徵。

基於分類討論，本文發現越南古辭書單字反切多有其內在理據，均是基於音同（或部分音同）基礎之上的，單字反切切字多爲切下字，所缺聲母信息由聲符提供。據此討論了單字反切的音韻學研究價值，詳細闡述了單字反切在研究個別字特殊聲母讀法、漢越音聲母系統分合演變等方面的重要價值。

引用書目

（宋）陳彭年，邱雍. 宋本廣韻. 南京：江蘇教育出版社，2008.

（宋）丁度. 集韻. 杭州：浙江古籍出版社，2003.

（宋）司馬光. 類篇. 上海：上海古籍出版社，1988.

（明）張自烈撰，（清）廖文英續. 正字通. 清畏堂刻本.

（黎）佚名. 指南玉音解義. 法國亞洲學會圖書館，編號：Paris SA. HM. 2225.

（阮）佚名. 字學訓蒙. 越南漢喃研究院，編號：A. 1138.

（阮）黎直. 字學四言詩. 越南漢喃研究院，編號：A. 2495.

（阮）嗣德. 嗣德聖制字學解義歌. 越南漢喃研究院，編號：VHv. 626.

（阮）阮文珊. 大南國語. 越南漢喃研究院，編號：AB. 1065.

（阮）鄧春榜. 南方名物備考. 越南國家圖書館，編號：R.43.

（阮）阮秉. 五千字解譯國語. 越南國家圖書館，編號：R.1554.

參考文獻

（越）陳氏降花. 十九世紀末二十世紀初漢喃雙語詞典——《南方名物備考》案例研究//何華珍、（越）阮俊強. 東亞漢籍與越南漢喃古辭書研究. 北京：中國社会科学出版社，2017.

（越）陳氏降花.《南方名物備考》中注音與釋義方法研究//何華珍、（越）阮俊強. 越南漢喃文獻與東亞漢學整理研究. 北京：社會科學文獻出版社，2019.

（越）陳仲洋. 中世紀越南漢字詞典的類型與特點//何華珍、（越）阮俊強. 越南漢喃文獻與東亞漢學整理研究. 北京：社會科學文獻出版社，2019.

高美燕. 宋代六種音釋研究. 廣西師範大學碩士學位論文，2013.

（越）何登越. 十九世紀漢喃字典詞典研究. 漢喃研究院博士學位論文，2014.

黃瑩.《南方名物備考》相關問題與研究價值初探. 越南漢喃文獻與東亞漢學整理研究//何華珍、（越）阮俊強. 越南漢喃文獻與東亞漢學整理研究. 北京：社會科學文獻出版社，2019.

（越）黎庭山. 越南《嗣德聖制字學解義歌》漢字注音研究. 廈門大學碩士學位論文，2018.

麥耘、（越）胡明光. 從史實看漢越音. 語言研究，2010（3）.

（越）裴阮瑞微. 漢越語語音研究. 中國人民大學碩士學位論文，2008.

（越）陶維英. 簡要漢越詞典. 河內：民聲出版社，1932.

王力. 漢越語研究. 嶺南學報，1948.9（1）.

A study of single-word Fanqie in Ancient Vietnamese Dictionary

Duc Du Huynh

Abstract：This article analyses nearly 100 cases of *single-word Fanqie*（單字反切）in seven large Ancient Vietnamese Dictionaries and finds that, except for the omission of words from an engraving（刊刻脫字）, all of the characters involved in these single-word Fanqie are *phono-semantic compounds*（形聲字）. The selection of characters is divided into two main categories and five subcategories, and the specific features of each type are specified. On this basis, we further summarise the particular phonetic research value of the single-word Fanqie in Ancient Vietnamese Dictionaries.

Keywords：ancient Vietnamese dictionaries; single-word fanqie; classification; values

（［越］陳德裕，鄭州大學外國語與國際關係學院/［越］阮必成大學外國語系）

上古漢語助詞"所"功能再探討
——基於"之""所"互證的研究

白宇龍　潘玉坤

提　要：本文從名詞化標記系統的角度，解釋出土與傳世文獻中所謂"假設連詞"以及"語助詞"的"所"，在自指功能、轉指功能以及演化趨勢三個方面指出了助詞"所"與"之"的一致性。要而言之，名詞化標記"所"主要承擔"轉指"功能，但也可以表示"自指"；"之"主要承擔"自指"功能，但也可以表示"轉指"；"之""所"的分工是逐漸形成的。

關鍵詞："之"；"所"；轉指；自指；出土文獻

一、引言

"所"是上古漢語中一個常見的虛詞，出現在動詞性成分之前，與之結合爲一個名詞性成分"所VP"，例如"百爾所思，不如我所之。"（《詩·鄘風·載馳》）。學界已經在虛詞"所"的研究上形成了一些共識：1."所"的語法性質應爲助詞而非代詞（王克仲，1982；張玉金，2011）[①]；2.助詞"所"的功能是提取賓語，可以看作轉指的名詞化標記（朱德熙，1983）；3.根據對先秦傳世文獻的調查，"所"的虛化路徑爲：名詞→代詞→助詞（王克仲，1982）。然而，還有與助詞"所"有關的問題未能得到充分解釋：所謂"假設連詞"以及"語助詞"的"所"與"所"的其他功能之間是什麼關係？

"予所否者，天厭之"（《論語·雍也》）以及"所可讀也，言之辱也"（《詩·鄘風·牆有茨》）中的"所"字小句在語境中有假設意義。傳統上對"所"字句假設義的認識有兩個階段，第一個階段是"誓詞説"，即認爲"所"這一用法是"誓詞"

[①] 董秀芳（2004）將"所"稱爲"話題標記"，宋曦（2016）將"所"定義爲"標句詞"，其實也都是將其首先看作結構助詞而非代詞。

中的特殊表達，觀點見於杜預《春秋經傳集解》以及《論語》邢昺疏，劉淇也采納這一解釋。① 第二個階段是"訓若説"，將"所"訓爲"若"，觀點出自王引之《經傳釋詞》。② "訓若説"的影響很大，不僅《馬氏文通》采納這一説法，王克仲（1982）也仍將這一類虛詞"所"稱爲"假設連詞"。盡管假設義的"所"字句不難理解，但是所謂"假設連詞"的"所"（以下稱"所₁"）仍孤懸於"所"的語法化或者詞義引申的路徑之外，與其他語法功能之間的關係不能得到解釋。③

再如"君子所其無逸。"（《書·無逸》）④ 以及"予手拮据，予所捋荼，予所蓄租，予口卒瘏。"（《詩·豳風·鴟鴞》）中的"所"，其性質與功能更難解釋，而且未得到足夠的關注。有人稱其爲可有可無的"語助"（王引之《經傳釋詞》）或"語助詞"（張覺，1991），也有人將其稱爲没有語法功能且可以删去的"虛義助詞"（劉文正，2023）。我們將這類不表示轉指、無語法意義，且可以删去的"所"仍稱爲"語助詞"。語助詞"所"（以下稱"所₂"）的性質以及它與"所"的其他虛詞功能之間的關係也有待探究。

總而言之，有關虛詞"所"的問題仍有進一步研究的空間，本文嘗試從語言的系統性，具體來説是從名詞化標記⑤系統的角度去看問題。朱德熙（1983）認爲名詞化標記中，"者"既可以自指也可以轉指，"之"衹能自指而"所"衹能轉指，兩者形成對稱的分工模式。我們將綜合利用出土文獻與傳世文獻兩方面的材料，通過"所""之"互證，從指稱化以及語法化的角度去理解上古漢語中這些與"所"有關的現象。

---

① 參見《馬氏文通·代字·接讀代字》：《正義》云："'予所否者，天厭之，天厭之'者，此誓詞也。"惟朱熹《集注》云："所，誓辭也。"朱熹是將"所"誤解爲"誓辭"。劉淇《助字辨略》："'所'字未必便是誓辭，疑當時誓辭之例，以'所'字爲發句，而繼之以'有如云何'也。"
② 《孟子·離婁上》："國之所存者，幸也。"王引之《經傳釋詞》："所，猶若也，或也。"
③ 王克仲（1982）提到一種"方言詞假借"的觀點，即假設連詞"所"可能從名詞"所"假借而來，這一觀點出於何休。《公羊傳·文公十五年》："往黨，衛侯會公於沓，至得與晉侯盟；反黨，鄭伯會公於斐，故善之也。"何休注："黨，所也。所猶時，齊人語也。"王文在文中明確表示並不同意這一觀點，但並未給出更好的解釋。我們認爲"方言詞"觀點不足以成立，原因有二：從語法上看，"所"在"往黨（所）"與"所不與舅氏同心者"兩類句子中的句法位置不同，尤其是參照 VP 而言；從語料上看，根據我們對出土文獻的考察（見后文），戰國晚期的睡虎地秦墓竹簡中也出現了這種表示假設的用法，如"所弗問而久繫之，大嗇夫、丞及官嗇夫有罪"（《睡虎地·秦律十八種·司空》）。考慮到齊、秦位於先秦漢語使用空間的東西兩端，這類虛詞"所"的用法應當是普遍性的而非方言性的。
④ "君子所其無逸。"還有另一種句讀以及與之相應的理解方式："君子所，其無逸。"將"所"理解爲名詞義"處所"，如蔡沈《書集傳》："所猶處所也，君子以無逸爲所。"我們採用王引之《經傳釋詞》的句讀和觀點，將"所"定性爲語助詞。
⑤ "名詞化標記"是朱德熙（1983）使用的概念，姚振武（1994；1996）、張伯江（2012）、曹道根（2019）等都對"名詞化"的概念進行過討論，兹不贅述。本文不涉及抽象的概念問題，文中的"名詞化標記系統"即指在指稱化功能方面具有一致性的"之、者、所"三助詞。

二、"所"與"之"在自指功能上的一致性

對於所謂"假設連詞"的"所₁",我們要回答三個問題:(一)"所₁"是否有語體上的限制,"誓詞説"究竟有沒有道理;(二)如何解釋"所₁"的性質、功能,以及"所₁VP"假設義的來源;(三)"所₁VP"是否有句法分布的限制。以下將順次討論。

(一)"所₁"的語體限制

確實有相當多的"所₁"用於誓詞之中,但是這並不能涵蓋所有的句子,如:

(1) 所不掩子之惡,揚子之美者,使其身無終没於越國。(《國語·越語下》)【誓詞】

(2) 夫子矢之曰:"予所否者,天厭之,天厭之!"(《論語·雍也》)【誓詞】

(3) 爾所弗勖,其於爾躬有戮!(《書·牧誓》)【誓詞】

(4) 所有玉帛之使者,則告;不然則否。(《左傳·宣公十年》)【史書】

(5) 中冓之言,不可道也;所可道也,言之醜也。(《詩·鄘風·牆有茨》)【詩歌】

(6) 所弗問而久繫之,大嗇夫、丞及官嗇夫有罪。(《睡虎地秦簡·秦律十八種》)【文書】

(7) 除吏,尉已除之,乃令視事及遣之;所不當除而敢先見事,及相聽以遣之,以律論之。(《睡虎地秦簡·秦律十八種》)【文書】

(8) 人所恒炊(吹)者,上槖莫以丸礜,大如扁蝠矢而乾之。(《周家臺秦簡·病方及其他》)【病方】

王引之《經傳釋詞》不采用"誓詞説"的解釋,他在書中列出了非誓詞的"所₁"例句,如(4)(5),可見他已經認識到誓詞説僅針對特定的句子,祇是此後"誓詞説"的影響力並未減弱。我們在更接近當時語言面貌的出土文獻①中調查發現的 3 條語例也可以證明"所₁"不局限於誓詞。如(6),句意是"如果不經審問

---

① 爲了盡可能接近當時的實際語言,我們只將應用類文獻納入考察範圍,而古書類出土文獻以及傳世文獻僅作參考以及旁證。具體而言,考察範圍中的楚簡包括:包山楚簡、葛陵楚簡、九店楚簡、曾侯乙墓竹簡,其中符合要求的是包山楚簡和九店楚簡;秦簡包括睡虎地秦墓竹簡、周家臺秦簡、岳麓秦簡(1—3)、龍崗秦簡、里耶秦簡和放馬灘秦簡。葛陵楚簡僅有 4 條可用,而且破碎嚴重,難以確定句法結構或助詞功能;曾侯乙墓楚簡中符合要求的文本屬於遣策類文獻,辭例單一而且並非其他文獻中未見的用法;放馬灘秦墓竹簡中符合要求的文本屬於《日書》類文獻,有前代語言的因素摻入。因此不將以上三組文獻納入綜合考察的範圍。所以,最終符合要求的材料是睡虎地秦墓竹簡、周家臺秦簡、嶽麓秦簡(1—3)、龍崗秦簡和里耶秦簡。

而長期拘禁,大嗇夫、丞以及官嗇夫都要受到處罰";(7)句意是"如果不應任用而先讓他處理事務,及合謀派往就職,依照法律論處";(8)中,整理者也將"所"訓爲"若",表示如果發生某種病情,應采取怎樣的措施。從出土與傳世文獻的例證來看,"所₁"最遲在春秋末期已經出現,而且"所₁VP"既不限制於句首的位置,也不限制於"誓詞"類語體中。①

(二)"所₁"的語法功能與假設義的來源

既然不能用"誓詞"來解釋這類現象,那麼"所₁"的性質是什麼呢?"所"字句中的假設義是如何產生的呢?

"所₁"當爲表示自指的名詞化標記。梅廣(2015)認爲,"所₁"仍是表示轉指的結構助詞,衹是提取的對象並非某個句法論元(即不是直接句法成分或者附屬成分),而是包括整個事件的"事件論元(event argument)";鄧盾(2020)則進一步指出,轉指"事件論元"的"所₁"符合朱德熙先生(1983)對"自指"的定義,"所₁"仍是一個名詞化標記。本文贊同鄧盾的觀點。以新材料爲例,(6)中"所弗問而久繫之","所"並不指向句中動詞"問"和"繫"的施事或者受事,而且其受事"之"在句中已經出現,"所"指向的是"弗問而久繫之"這件事本身;再看(7),"所不當除而敢先見事"中的"所"也是指向"不當除而敢先見事"這件事,而非"吏"。"所₁"的功能確實是符合"自指"的。

而假設義產生於句子的話題結構。鄧盾(2020)認爲假設義來自於句法環境,通過推理產生假設關係,但他並沒有説明究竟是什麼樣的句法環境。我們認爲,這個"句法環境"就是話題結構。Haiman(1978)指出,話題和條件小句使用同樣的或者關係密切的形式標記,由此認爲"條件小句就是話題(Conditionals are Topics)"。而在這一點上,"所₁"與其他表示自指的名詞化標記"之"和"者"確實具有一致性。

我們先將"所₁"與自指的"者"聯繫起來看。董秀芳(2004)將表示假設和條件的小句中的"所₁"和"者"看作從話題標記演化而來的條件標記,"者"字句如:"正歲,則帥其屬而觀教法之象,徇以木鐸曰:'不用法者,國有常刑。'"(《周禮·地官·小司徒》)"國躁者,可亡也。"(《韓非子·亡征》)因爲名詞化小句與典型的小句形式同構,再由於話題與述題之間的鬆散性,因而就有可能被重新分析爲一個條件句(董秀芳,2004)。"所₁"句的假設義,實際上就是在話題結構中通過語用推理而產生的,是話題與述題之間邏輯關係的一種體現。

我們再將"所₁"與自指標記"之"聯繫起來看。當"NP之VP(主之謂)"

---

① 雖然出土文獻中只在秦簡中找到了用例,但是考慮到出現了更多的"所₁"的傳世文獻大部分產生於山東六國,因此"所₁"的分布並没有地域的局限。

作話題時，也會與後面的部分（即述題）產生基於語境的邏輯關係。從"主之謂"出發可以發現，名詞化小句作話題時並不一定產生假設的語義。請看下面這些句子：

(9) 臣之失職，常刑不赦。（《左傳·昭公二十五年》）【假設】
(10) 若事之捷，孫叔爲無謀矣。（《左傳·宣公十二年》）【假設】
(11) 苟子之不欲，雖賞之不竊。（《論語·顔淵》）【假設】
(12) 唐叔之封也，箕子曰："其後必大。"（《左傳·僖公十五年》）【時間】
(13) 鄭人聞之曰："頤之忘，將何不忘哉！"（《韓非子·喻老》）【遞進】
(14) 智氏之信韓、魏也，從而伐趙，攻晉陽城。（《史記·春申君列傳》）【原因】

(9) 句意爲"如果我失職，刑罰不會赦免我。"(10) 句意爲"如果作戰勝利了，孫叔敖就是無謀之人了。"比較"臣之失職""事之捷"與"爾所弗勖""予所否"就會發現，"之""所"不僅句法位置相同，處於 NP 與 VP 之間①，而且構成的名詞化小句都可以看作話題，並在句子中產生假設的語義。

再看後面幾例：(12) 意爲"唐叔受封的時候，箕子説：'他的後代一定會壯大'。""唐叔之封"表示時間；(13) 意爲"連臉頰都忘了，那麼還有什麼不忘呢？"兩句之間爲遞進關係；(14) 意爲"因爲智氏相信韓、魏兩家，所以討伐趙家……"，"智氏之信韓、魏"表示原因。以上 3 例中，"主之謂"所表示的語義關係具有多樣性，可見假設義並非語境推理的唯一結果，事實是鬆散的話題結構帶來了語義關係的模糊性或靈活性，可以容納多種邏輯關係，這一點何樂士（1989）、張玉金（2011）、梁銀峰（2014）等在對"主之謂"的研究中都已指出，兹不贅述。總而言之，不論是"之"還是"所₁"，都不能説成是某種"假設連詞"。②

最後，還要考察表示自指的"之所"以及"所₁"的句法限制。王引之在將

---

① "NP 之 VP"與"(NP) 所₁VP"的差異在于前者中 NP 必須出現，而後者中的 NP 可以不出現。差異源自"之""所"不同的演變路徑。"NP 之 VP"由"NP 之 NP"派生而來（Yue, 1998），自指標記"之"的前身是偏正關係的標記，因此需要前後兩項都出現在表層結構中；而"所₁"的自指功能是從其轉指功能（記爲"所₀"）發展而來的。"NP 所₀VP"中"所₀"與 NP 不在同一層次，"所₀"只與 VP 關係緊密，因此 NP 可以不出現。

② 審稿專家指出，如果認爲"所₁"不是假設連詞，那麼應當舉出"所"字句表示其他邏輯關係的例子。我們承認，目前所現的語料中，不同於"主之謂"，"所"字小句作話題時均表示假設義，如果僅就這一種用法來説，可以將"所₁"看作是與假設連詞"若"功能相當的一個成分，但是我們仍有兩點理由不將其看作假設連詞：(1) 話題結構中隱性的邏輯關係如果要得到形式化，那麼其途徑應當是采用現有的、語法化程度較高的連詞，比如 (10) 中真正標記假設語義的連詞"若"以及 (11) 中的"苟"。名詞化標記"之"並沒有演化爲假設連詞的趨勢，那麼"所"也不應看作假設連詞。(2) 下文將介紹一些可以充當話題、主語、賓語等功能的、自指的"NP 之所 VP"，其中的"所"也是"所₁"。如果將假設或條件小句中的"所₁"看作假設連詞，那麼勢必要與其他句法成分中的"所₁"割裂。

"所₁"訓爲"若"時提到了這樣一個例句:"君子犯義,小人犯刑,國之所存者,幸也。"(《孟子·離婁上》)後兩小句的意思爲"如果國家存活,那麼(祇)是僥倖罷了。""國之所存者"中的"所"即爲"所₁","國之所存"與"國之存""國所存"在句法上等價,既然"之"與"所₁"都是自指標記,那麼"之所"也可以看成是兩個結構助詞的同義並列,其功能仍然是自指的名詞化標記。以《韓非子》爲例看表示自指的"之所":

(15) 先王之所守要,故法省而不侵。(《韓非子·有度》)

(16) 臣之所不弑其君者,黨與不具也。(《韓非子·揚權》)

(17) 衆人之所不能至於其所欲至也,自天地之剖判以至於今。(《韓非子·解老》)

(18) 錯法以道民也,而又貴文學,則民之所師法也疑;賞功以勸民也,而又尊行修,則民之產利也惰。(《韓非子·八說》)

(19) 不恃比干之死節,不幸亂臣之無詐也;恃怯之所能服,握庸主之所易守。(《韓非子·守道》)①

(20) 仁者,謂其中心欣然愛人也;其喜人之有福,而惡人之有禍也;生心之所不能已也,非求其報也。(《韓非子·解老》)

首先,將"之所"識別爲與"之"等價的自指的名詞化標記是符合語感並且句意通順的。從(15)-(20)可以發現,"NP之所VP"可以與"NP之VP"等價。先以(15)爲例:"先王之所守要",並不是"先王所守的'要'"②,將其理解爲"先王所掌握的要領,所以法律簡省而不會遭受侵害",扞格難通,而理解爲"先王掌握要領,所以法律簡省而不會遭受侵害"(即"先王守要,故法省而不侵"),則文從字順。再以(17)爲例,"自天地之剖判以至於今"的,是"衆人不能至於其所欲至"這件事本身,而非這件事的原因或者處所。最後以(20)爲例,"仁者,……生心之所不能已也,非求其報也",這裏是在解釋"仁"的動機或者原因,"生心之所不能已"應理解爲"生心不能已",句意爲:"仁愛,是內心抑制不住,並不是尋求別人的報答"。如果按照轉指來理解"所"的功能,強行補出一個所指的對象,將其理解爲"仁,是出自內心抑制不住的情感,並不是尋求別人的報答",不僅破壞了與"非求其報"的對稱,而且改變了"生心之所不能已"的結構關係

---

① 此句有幾種異文,按照王先慎《韓非子集解》,乾道本第一小句爲"不獨恃比干之死節",顧廣圻所見本的第三小句爲"恃怯士之所能服"。本文采用中華書局版《韓非子集解》。各種異文的存在,不影響對其句法結構的分析。

② 《韓非子》乾道本舊注:"因法數,審賞罰,用此察之,則百官不得混其真僞。斯術也,先王所守之要。"(參見《韓非子集解》)這是將"先王之所守要"理解爲"先王所守之要",並不理解"之所"中"所"的自指功能。但是,還有一種解讀可以成立,按照主謂結構理解"先王之所守/要"。《呂氏春秋·審應覽》:"取其實以責其名,則説者不敢妄言,而人主之所執其要矣。"即此類。

("生心"從主語變成了定語)。

第二，在上下文中也可以發現，"NP 之所 VP"與"NP（之）VP"是可以並列或者形成對文的。例如（18）中，"民之所師法也疑"與"民之產利也惰"相對，（19）中"比干之死節""亂臣之無詐"與"怯之所能服""庸主之所易守"相對。這一點也可以支持"之所"在句中是與"之"相當的自指標記。

第三，表示自指的"之所"並不局限於話題結構中。（15）—（18）中的"NP 之所 VP"與（9）—（14）中的"（NP）所 VP"一樣，都是處在話題的位置，有的理解爲一個獨立小句，有的可以理解爲主語，而（19）中的"怯之所能服""庸主之所易守"分別是"恃"和"握"的賓語，（20）中"生心之所不能已也"則是與話題"仁者"相對的判斷語。可見句法結構也並未對"之所"的自指功能造成限制。

考慮到助詞"之"的典型功能本來就是表示自指，"之所"的自指功能其實質仍是"所"的自指功能，即"所$_1$"。

以往的研究對先秦文獻中的"所"或可以刪去或可與"之"互換的現象有所察覺[①]，這爲問題的提出與探究創造了條件，但是由於沒有從上古漢語名詞化標記的角度考察這一類現象，因此並未上升爲系統性的歸納和梳理。而通過上文的分析可知，"所$_1$"是表示自指的名詞化標記，與"主之謂"中的"之"相當；"所$_1$"句中的假設義來源於話題結構下的語用推理；自指標記"所$_1$"具有一定的自由度，不限於誓詞，也不限於句首的話題。

三、"所"與"之"在轉指功能上的一致性

名詞化標記"之"與"所"的一致性，不僅體現於自指功能，也體現於轉指功能方面。春秋戰國時期不同地域[②]的青銅器（主要是兵器）上，刻有用以表述鑄造者（非工匠）身份的銘文，辭例爲"某之（所）造（某器）"[③]，例如：

(21) 大良造鞅之造戟（大良造鞅戟・17125，秦系，之）

(22) 虖臺丘子休之造（虖臺丘子伥戈・17063，齊系，之）

[①] 例如張覺（1991）曾指出，有一些"所"可有可無，或者可以與"之"互換。他認爲"太后曰：'諾。恣君之所使之。'"（《戰國策・趙策》）中的"恣君之所使之"等於說"恣君之使之"，即"聽憑您派長安君爲質"，因爲文中觸龍與趙太后爭端的焦點爲"是否"以長安君爲質，而不在"如何"使長安君爲質。儘管沒有涉及名詞化標記的問題，但是在文本的理解上我們與張文是一致的。

[②] 我們按照何琳儀《戰國文字通論》中對戰國文字的地域劃分標準，標注考察範圍內器物的地域信息：齊、魯、邾、滕、薛、莒等國器物銘文爲齊系銘文；韓、趙、魏以及中山國、鄭、衛等國器物銘文爲晉系銘文；楚、吳、越、徐、蔡、宋等國器物銘文屬於楚系銘文，秦國器物銘文爲秦系銘文（考察範圍中未發現燕系器物，故不列）。文中所引金文材料均出自《商周青銅器銘文暨圖像集成》。

[③] 辭例中造器者與"造"之間的助詞用"之"還是"所"與辭例中是否出現器物名稱無關。在調查範圍內，"某（之）所造"共15例，"某（之）所造某器"5例；"某之造"22例，"某之造某器"28例。

(23) 醜之造戈（醜戈·16592，晉系，之）

(24) 冶尹明所爲（司空馬鈹·18074，晉系，所）

(25) 蔡侯產之造戈（蔡侯產戈·31168，楚系，之）

(26) 襄城公境脽所造（襄城楚境尹戈·17140，楚系，所）

(27) 宋公差之所造不昜族戈（宋公差戈·16827，楚系，之所）

(28) 宋公差之所造駿族戈（宋公差戈·16826，楚系，之所）

(29) 蔡叔□所之造（蔡叔戟·16810，楚系，所之）

"鑄造者"與"造"之間的助詞使用"之"是最多見的一種辭例，例如（22）"虞臺丘子休之造"，我們不難將其理解爲"虞臺丘子休所造（的戈）"，而對於轉指是否有形式標記却會產生分歧，可以有兩種解釋：1、將其歸爲詞義的引申，即"造"的引申義"所造之物"；2、將其歸爲結構助詞"之"的功能，"之"是與"所"相當的名詞化標記，"某之造"相當於"某所造"。學界一般默認第一種解釋，但本文則抱持第二種解釋，以下將先介紹這一辭例中所用助詞的分域歷時分布情況，然後闡明理由。

(一) 辭例"某之（所）造（某器）"中所用助詞的分域歷時分布

在調查範圍①内，我們考察了75條符合條件的金文中"之"和"所"的使用情況，其中具有明確時代和地域信息者如下表所示：

辭例"某之（所）造（某器）"中所用助詞的分域歷時分布

地域	時間	助詞		
		之	所	之所（所之）
秦系	戰國中期	11		
	戰國晚期	5		
齊系	春秋晚期	5		
	戰國早期	1		
	戰國中期	2		
	戰國晚期	2		
晉系	春秋晚期	1		
	戰國早期	1		
	戰國中期		2	
	戰國晚期		7	

---

① 對春秋戰國時期金文辭例"某之（所）造（某器）"的考察參考了"商周金文資料通鑒"資料庫以及（臺灣）"中央研究院"歷史語言研究所的"先秦甲骨金文簡帛詞彙資料庫"。

续表

地 域	時 間	助詞 之	助詞 所	助詞 之所（所之）
楚系	春秋早期	2		
	春秋中期	1		
	春秋晚期	7	1	3
	戰國初期	2	1	
	戰國晚期	1	2	

我們之所以主張這一辭例中的"之"是轉指的名詞化標記，"某之造"相當於"某所造"，有以下三條理由：

1. 從共時看，轉指標記"之"更符合辭例的一致性。首先，在考察的材料中並沒有"某造（某器）"這種辭例，沒有證據支持此類辭例中"造"的轉指意義可以不用助詞"之"和"所"；其次，"某之造（某器）"和"某所造（某器）"在同一共時平面不僅表示相同意義，而且"之"與"所"也處於相同的句法位置；再次，即使按照詞義引申或者"無標記名詞化"去解釋"某之造"的"造"，但仍須按照動詞"製造"去理解"某所造"的"造"，意味着辭例"某之（所）造（某器）"有兩種不同的結構，也有兩個不同的"造"——這是不合理也沒有必要的。

2. 從歷時看，春秋末期之後"所"在部分地域的銘文中有替代"之"的趨勢。據上表可知，秦系和齊系銘文中的助詞全部用"之"，不用"所"；晉系的辭例在春秋晚期和戰國早期的 2 例中使用助詞"之"，而戰國中期以後的 9 例均使用助詞"所"；楚系在春秋中期前的 3 例均使用"之"，戰國時期助詞"之""所"並用，數量不相上下。也就是説，秦系和齊系的銘文一直采用比較保守的文法，即"某之造（某器）"，而晉、楚兩系的銘文在春秋戰國之交，則出現了"某所造"對"某之造"的替代，即結構助詞的，或者説轉指標記的替代。可見，"之"是最廣泛使用，也是最早的助詞選項，而"所"是後起逐漸傳播開來的。①

3. 從過渡性證據看，"之""所"在辭例中可以同義並列。在"所"替代"之"的過渡階段，楚系銘文中出現了 3 條特殊的"之所（所之）"辭例：（27）（28）（29）。時代上，"之所（所之）"出現在"之""所"交替的時期（或者説從單用"之"到"之""所"並行的交替時期），即春秋戰國之交；地域上，"之所（所之）"的辭例出現於"之—所"更替地區與不更替地區之間，具體來説是"晉—齊—楚"

---

① 調查中有 12 例因地域信息不明確而沒有列入表中的材料。用"之"共 8 例，其中春秋早期 2 例，春秋晚期 4 例，只精確到春秋時期 1 例，戰國早期 2 例，戰國晚期 1 例，只精確到戰國 1 例；用"所"4 例，其中戰國晚期 3 例，只精確到戰國時期 1 例。這部分材料中"之""所"的時間分布特徵與其他材料是一致的。

三系交接地帶之間的宋、蔡之地①——在時間和空間上是都具有"過渡性"的。正是因爲"之"和"所"是功能等價的兩個成分,所以在過渡階段可以采用"並列"的形式,共現於結構助詞的句法位置上。最關鍵的一個證據是(29)"蔡叔□所之造"(《蔡叔戟》)中的"所之"是"之所"顛倒而成的變式,語序上的靈活性進一步證明了"之"與"所"的關係是同義並列,"之"在這裏是轉指的名詞化標記。如此一來,即便祇是將部分辭例中的"之"孤立地看作定中結構的助詞,也是無法成立的。②

(二) 如何理解作爲轉指標記的助詞"之"——來自傳世文獻的證據

一般會認爲"之"祇能表示自指(朱德熙,1983),那麼"之"與"所"同樣具備轉指的功能,是否是一種被限制於金文辭例"某之(所)造(某器)"中的特殊現象呢?我們發現並非如此。如果人們在閱讀古書時發現一處"NP之VP"中動詞發生轉指,一般會孤立地去理解這個結構,將轉指歸結於詞義的引申,也就是所謂"無標記名詞化",而不會歸結於句法層面"之"的功能。請看以下4例:

(30) 淫佚之事,上帝之禁也,先行此者,不利。(《國語·越語下》)

(31) 君加惠於臣,使不凍餒,則是君之賜也。(《國語·齊語》)

(32) 丘之聞也,君子以賤雪貴,不聞以貴雪賤。(《韓非子·外儲説左下》)

(33) 秦伯見公子曰:"寡人之適,此爲才……"(《國語·晉語四》)

(34) 閎孺曰:"天下乃高皇帝之天下,非陛下之有也。天子無戲言。"(《漢書·佞幸傳》)

(35) 或曰:"東方物所始生,西方物之成熟。"(《史記·六國年表》)

例句(30)中的"禁"爲"禁忌;禁忌的事項",(31)中的"賜"爲"給人的恩惠或財物",(32)中的"聞"爲"知識,見聞,消息",以上三例中的動詞都轉指與之相關的事物,而且可以很自然地被歸結爲詞的義項,而且這些義項都已經被《漢語大詞典》《故訓匯纂》等辭書收錄。也有學者認爲類似現象可以將"之"理解爲省略"所"的"之所"(邵永海,2015)。③ 而我們仍傾向於將轉指歸於助詞

---

① 蔡叔戟出土於安徽省壽縣,宋公差戈出土於山東省濟寧市。另有一條考察範圍以外的,非表示鑄造者的金文:"命(令)尹子庚殹民之所巫"(《王子午鼎》),也使用了"之所",該器出土於河南省淅川縣。

② (29)"所之"是個例,這一辭例的成因需要討論。一種可能是,這反映了當時的語言,可以支持我們對於"'之所'同義並列,因此可以改變語序"的判斷。另一種可能,"所之"是一種失誤的表達,如果這種失誤是偶然、無理據的,則不能當作作爲支持我們觀點的證據;而如果這種失誤是普遍或者有理據的,那麼仍可能反映了當時語言的情況。這一問題仍有待於對更多材料的考察以及新材料的出現。

③ 邵永海(2015)認爲,"NP之VP"在判斷語位置,可以相當於省略了"所"的"NP之所VP"。例如"夫藥酒忠言,明君聖主之以獨知也。"(《韓非子·外儲説左上》)中"明君聖主之以獨知也"相當於説"明君聖主之所以獨知也",再如"燕噲雖舉而同她用所愛,衞奚距然哉?則侏儒之未可見也。"(《韓非子·難四》)中"侏儒之未可見也"相當於説"侏儒之所未可見也"。

"之"的功能。如（33）句意爲"我嫁出去的女子（之中），她是有才能的"，"寡人之適"即"寡人所適"，不論是《漢語大詞典》還是《故訓匯纂》中的"適"都衹有"女子出嫁"的動詞義而沒有"出嫁女子"的名詞義。（34）也是如此，"陛下之有"即"陛下所有"。更有力的證據來自（35），"西方物之成孰"意爲"西方是萬物成熟的地方"，相當於"西方物所成熟"，與"東方物所始生"相對，"所"與"之"句法位置也是相同的。

虛詞"之"的典型功能仍是自指的標記以及偏正關係的標記，而在漢語中，形式標記對於動詞的轉指也並不具有句法強制性。因此，如果從共時層面，或者從個例的解讀出發，在類推的思維下，難免忽略"之"的轉指功能。而通過對金文辭例"某之（所）造（某器）"的歷時考察，聯繫一些傳世文獻中較爲邊緣的助詞"之"的用法，我們才能發現轉指標記"之"的蛛絲馬跡，刷新我們對於"之""所"關係的看法。

(三) 小結

綜上所述，基於對辭例"某之（所）造（某器）"的歷時考察以及傳世文獻的旁證，我們認爲名詞化標記"之"既有自指功能也有轉指功能，"某之造"相當於"某所造"。"所"是後起的指稱標記，承接了"之"的部分轉指功能。名詞化標記"之"與"所"不僅在自指功能上具有一致性，而且在轉指功能上也具有一致性。

四、"之""所"在語用功能和演化趨勢上的一致性

(一) 作爲語助詞的"所$_2$"與"之"

語助詞"所$_2$"的虛化程度更高。相比於轉指標記的"所"，"所$_2$"所在的"所VP"在語義上不表示轉指，在句法上沒有空位；而相比於自指標記的"所$_1$"，"所$_2$"並不與VP結合成爲一個名詞性的小句，VP的謂詞性似乎並不受影響。因此，不論是按照轉指還是自指去理解都會遇到困難，而如果將其忽略，反而更加通順。例如：

(36) 嗚呼！君子所其無逸。（《書·無逸》）①

(37) 其官，馬師也，獲戾而逃，唯執政所置之。（《左傳·昭公七年》）

(38) 夫姦，病也，故勞之。唯君所病之，何也？（《莊子·徐無鬼》）

(39) 世有掩寡人之邪，救寡人之過，非君心所望之？（《戰國策·燕策

---

① 在《經傳釋詞》"所，語助也"下面舉出的例句中，除了《書·無逸》"君子所其無逸"一條外，都是"無所"的情況，如"能進不能退，君無所辱命。"（《左傳·成公二年》）因爲涉及到與其他功能性較強的詞（"有"或"無"）的組合，可能會涉及到"構式"（Construction）的特殊意義。因此我們在考察"語助詞"的"所"時，暫時不討論"有（無）所"這一類現象。

（40）王所舍新大廄以竆莒之田。（《包山·文書》）

（41）夢見項者，有親道遠所來者。（《岳麓·占夢書》）

（42）富毋嬌，安樂之所必戒。（《岳麓·爲吏治官及黔首》）

首先來看傳世文獻中的證據。這類意義空靈的"所₂"，王引之將其稱爲"語助"，楊樹達（1978）稱爲"無義"的"語中助詞"，劉文正（2023）稱爲"虛義助詞"，將其特征歸納爲"無語法地位、無詞彙意義並且可以刪除"——這確實符合語助詞"所₂"的特征。（36）中，王引之刪去"所"，將其解釋爲"言君子其無逸也"；（37）"唯執政所置之"相當於"唯執政置之"，即"希望您處置這件事"；（38）"唯君所病之"相當於"唯君病之"，即"祇有您患這種病"；（39）"非君心所望之"相當於"非君心望之"，即"難道您内心不期望如此嗎"。正如徐江勝（2017）指出，"所₂"不再與動詞結合爲名詞性結構，失去了句法層面的功能，在句法上可刪略。再來看出土文獻中的證據。（40）"王所舍新大廄以竆莒之田"即"王舍新大廄以竆莒之田"（"新大廄"爲地名），（41）"有親道遠所來者"即"有親道遠來者"。"所"刪除而文意不變，甚至刪去才符合主流的表達習慣，這一點與傳世文獻的特征以及前人的解讀思路是一致的。最後來看（42）"安樂之所必戒"，《睡虎地·爲吏之道》作"安樂必戒"，可以説明"之所"也是在句法上可以刪略的成分。嘗試比較（42）與以下幾個句子：

（43）子曰："予之不仁也！"（《論語·陽貨》）

（44）賈大夫曰："才之不可以已！我不能射，女遂不言不笑夫！"（《左傳·昭公二十八年》）

（45）勝聞之，曰："令尹之狂也！得死，乃非我。"（《左傳·哀公十六年》）

可以發現，（42）中的"之所"與以上三句中的"之"功能是相通的，從句法上來説是在一個獨立小句（感歎或祈使句）中，嵌入一個"之（所）"形成"NP+之（所）+VP"結構，它們没有語法意義，祇是在語用上有强調、增强語氣的效果。再看（36），"君子所其無逸"，王引之解釋爲"君子其無逸"，這裏的"其"一般認爲是語氣副詞，也接近"語助詞"的用法，没有實詞義而祇有一種增强語氣的作用。從這一點來説，（36）中的"其"與"所"在語用功能上是相似的，"所"與（43）—（45）中的"之"的功能也是一致的（而且"其"與"之"的語助詞功能都是從代詞功能虛化而來），傳世文獻《無逸》中的"君子所其無逸"與出土文獻《爲吏治官及黔首》中的"安樂之所必戒"的結構關係也是相同的。

（二）語助詞"所"的歷史來源

以往研究在探求語助詞"所$_2$"的來源時，祇能聯繫到"所"的轉指功能上，所以在解釋"所"的語義虛化（韓立秋，2019）或者指代功能的喪失（薛宏武，2009）時，缺少重要的中間環節。我們認爲，這個中間環節，就是"所$_1$"，即自指標記的"所"。"所"從結構助詞到語助詞的過程，是語法功能弱化的過程，也是語用功能逐漸凸顯的過程。請看下表：

"（NP）所 VP"結構中不同功能"所"的比較

		句法強制性	語法意義	語用意義	"（NP）所 VP"的語義特徵①
結構助詞	轉指	＋	＋	＋	事物性 ↓ 時間性
	自指	－	＋	＋	
語助詞		－	－	＋	

從語義上看，"所"的語助功能與自指功能更加接近。轉指的"（NP）所 VP"結構指向一個具體的論元，事物性得到凸顯；自指的"所 VP"結構則指向 VP 這個事件本身，儘管在語用上指稱化了，但依然具有很高的謂詞性，因此兼具事物性與時間性；而語助詞的"所"則接近一個羨餘成分，幾乎不影響 VP 的謂詞性，因此"（NP）所 VP"祇有時間性得到凸顯。

從語用上看，獨立成句的"所 VP"具有的強調性語氣，來源於結構的指稱化，這一點可以從"之"看出。梁銀峰（2010）認爲，名詞性結構"主之謂"中有強調的語用功能，在其蛻變爲獨立句的時候，雖然不再與其他句子成分組合，語法上的名詞性得不到體現，但是語用上的強調性却保留下來，成爲了結構的顯赫特徵。徐江勝（2017）指出"所"在表示轉指時，具有強調"所"前面成分的語用功能，而（37）（38）（39）中的"所"也保留了這一點。徐文還指出"主所謂"與"主之謂"都是強調助詞前面的成分②，因此將"之"和"所"都看作在句法層面不起作用的"焦點標記"。

五、結論和餘論

基於相當數量的出土與傳世文獻材料，我們已經從共時分布、歷時交替以及演

---

① 曹道根（2019）指出，"自指性轉指"的"者"字結構內部在"時間性"和"事物性"上存在程度差異。我們也使用這一對概念來描述"（NP）所 VP"的語義特徵。

② 我們同意這一看法。值得進一步指出的是，"所"標記的焦點位置上不一定是名詞性的成分。例如曹操墓中器物上"魏武王常所用挌虎短矛石牌""魏武王常所用挌虎大刀石牌""魏武王常所用慰項石"等銘文，都是"常所用"這種表述。按照一般的語法，當爲"所常用"，這裏把"常"提到"所"前，實質上是將其置於語用焦點的位置，強調是"經常"用的而非偶然一用。也就是說，因爲該器物有特殊的意義，才獲得了隨墓主人下葬的資格。

化趨勢三方面討論了虛詞"之"與"所"在轉指功能、自指功能以及語用功能上的一致性，具體來說有以下 5 點：①

1. $所_s = 之_s$
2. $(之所)_s = 之_s$
3. $之_t = 所_t$
4. $所_v = 之_v$
5. $(之所)_v = 之_v$

朱德熙（1983）曾構建起一個名詞化標記的分工模式，即轉指的"所"與自指的"之"。而根據先秦出土文獻與傳世文獻，我們認爲春秋戰國時期的名詞化標記分工模式可以具體展開如下："所"主要承擔轉指功能，但也可以表示"自指"；"之"主要承擔"自指"功能，但也可以表示"轉指"；"之""所"的分工是逐漸形成的，從古漢語實際情況看，兩者的功能有部分的重疊。可以通過下圖理解兩種分工模式的差別②：

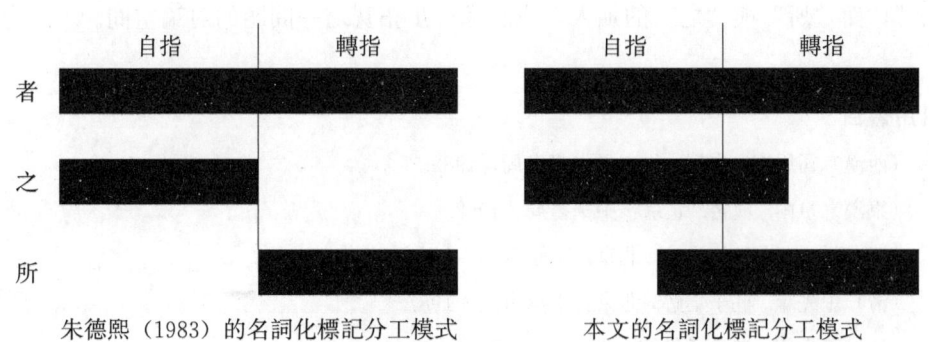

朱德熙（1983）的名詞化標記分工模式　　　本文的名詞化標記分工模式

從語言的系統性出發，不僅"所"的功能及其歷史來源可以得到更好的解釋，我們對上古漢語中"之""所"的分工模式的認識得以刷新，同時對文獻的解讀，尤其對接近上古漢語活語言面貌的出土文獻的解讀也有參考意義。例如郭店簡《語叢三》："所不行，益；必行，損。"李零（1995/2007：195）認爲"'所不行'，疑上脱'有'字。"然而，正如上文所說，自指的"所₁VP"小句本身就可以在話題結構中表示假設義，不需要補成"有所"。再如上博簡（四）《昭王與龔之脽》："楚邦之良臣所暴骨，吾未有以憂其子。"陳劍（2005）將其譯爲："那些楚國的忠良之

---

① s 表示自指，t 表示轉指，v 表示語助詞；暫時將"之所"看成一個整體；五條中的等號"="表示語法功能相同，並非指兩者是同一個東西。

② 相較於朱德熙（1983），我們做出的改動是基於少部分用法，並非普遍的情況。可以這樣理解，朱先生的分工模式是一種共時研究的成果，旨在建立一套普遍的、能產的漢語名詞化標記系統，而我們則提供一種歷時研究的角度，嘗試建立一套基於上古漢語的活語言的，而且盡可能對更多材料有解釋力的名詞化標記分工體系。

臣在這場國難中捐軀，屍骨曝露於中野的，我還没有什麽行動來表示我的關切。"將"楚邦之良臣所暴骨"理解爲"楚邦之良臣之暴骨者"，似乎"所"轉指"暴骨"的施事，即"楚邦之良臣"，這種理解既不準確又欠通順。這裏的"所"應爲自指的"所₁"，即"楚邦之良臣之暴骨，吾未有以憂其子"，是一個表示順承關係的複句，意思爲"楚國的良臣蒙難捐軀，曝屍荒野，我還没有什麽行動來表示我的關切"，這樣才是既符合語法又適切的理解。

印歐語與漢藏語在語用層面都有"VP指稱化"的現象，從語義層面看指稱化又都有自指與轉指的區别，而在語法層面，印歐語的自指、轉指的區别是有形式特徵的（如英語的"working"和"worker"），而漢藏語中自指轉指的對立，則更多體現爲一種分布特徵——"者、所、之"三個兼具自指和轉指語義功能的助詞都是如此。目前學界對於自指和轉指關係的討論集中於"者"字上，統一自指與轉指的嘗試開始於袁毓林（2003），目前已經形成了兩派觀點：一是"轉指包含自指"，代表爲袁毓林（2003）和曹道根（2019）；另一派"自指包括轉指"，代表爲吴懷成和沈家煊（2017）。以往的認識中，兼具自指和轉指兩種語義功能的助詞陣營中祇有"者"，而"所"與"之"的加入，或將進一步拓寬這一問題的討論空間。

引用書目

（西漢）司馬遷. 史記. 北京：中華書局，1982.

（東漢）班固. 漢書. 北京：中華書局，1962.

（清）阮元. 十三經注疏. 北京：中華書局，2009.

（清）王先謙. 莊子集解. 北京：中華書局，1987.

（清）王先慎. 韓非子集解. 北京：中華書局，1998.

陳偉. 楚地出土戰國簡册［十四種］. 北京，經濟科學出版社，2009.

睡虎地秦墓竹簡整理小組. 睡虎地秦墓竹簡. 北京：文物出版社，1990.

吴鎮烽. 商周青銅器銘文暨圖像集成. 上海：上海古籍出版社，2016.

武漢大學簡帛中心，荆州博物館，陳偉. 秦簡牘合集（叁）. 武漢：武漢大學出版社，2014.

徐元誥. 國語集解. 北京：中華書局，2002.

許維遹. 吕氏春秋集釋. 北京：中華書局，2009.

參考文獻

曹道根. 事物化和事態——再論自指和轉指. 中國語文，2019（4）.

鄧盾. 上古漢語含"所"假設義片段中虚詞"所"的定性及相關問題. 語言學論叢，2020（2）.

董秀芳. 從話題結構到複句結構：以"者"和"所"的功能演變爲例//漢語詞彙化和語法化的現象與規律. 上海：學林出版社，2004/2017（186－200）. 原刊於 Takashima, K. & Jiang

Shaoyu (eds.). *Meaning and Form: Essays in Pre-Modern Chinese Grammar*(《意義與形式——古代漢語語法論文集》). 291-304. Muenchen: Lincom Europa.

高華平等. 韓非子. 北京:中華書局,2015.

龔波. "所"表假設來源考. 重慶文理學院學報(社會科學版),2011(6).

韓立秋. 凝固結構"有所"的構式化. 遼寧師範大學學報(社會科學版),2019(1).

郝維平. 上古漢語的"所"字新探. 古漢語研究,1996(2).

何樂士.《左傳》的[主·"之"·謂]式//左傳虛詞研究. 北京:商務印書館,1989.

何琳儀. 戰國文字通論. 南京:江蘇教育出版社,1989.

賈則復. "所"(附"攸"字)者研究(上). 陝西師大學報(哲學社會科學版),1982(3).

——"所"(附"攸"字)者研究(下). 陝西師大學報(哲學社會科學版),1982(4).

李零. 郭店楚簡校讀記(增訂本). 北京:中國人民大學出版社,1995/2007.

梁銀峰. 古漢語[主語+之+謂語]s的修辭色彩及其成因. 當代修辭學,2010(3).

——上古漢語時間從句"主語+之+謂語(+也)"探索. 語言研究集刊(第十二輯),2014.

劉文正. 關於"所V"之"所"的來源和進一步發展. 南京師範大學文學院學報,2023(2).

呂叔湘,王海棻.《馬氏文通》讀本. 上海:上海教育出版社,2019.

梅廣. 上古漢語語法綱要. 臺北:三民書局,2015.

邵靄吉.《馬氏文通》和"語法八大家"的"所"字結構研究及啟示. 鹽城師範學院學報(人文社會科學版),2007(1).

邵永海.《韓非子》中的"NP之所VP"結構. 文獻語言學,2015(1).

沈家煊,吳懷成. 古漢語"者":自指和轉指如何統一. 中國語文,2017(3).

宋曦. 古漢語"所"字結構的類型學考察. 學術交流,2016(12).

[日]太田辰夫,蔣紹愚,許昌華. 中國語歷史文法. 北京:北京大學出版社,1987.

王克仲. 關於先秦"所"字詞性的調查報告//古漢語研究論文集. 北京:北京出版社,1982.

吳鎮烽. 商周青銅器銘文暨圖像集成. 上海:上海古籍出版社,2016.

徐江勝. 論焦點標記"所". 語言研究,2017(1).

薛宏武. "有所"的語法化及其表量功能的形成. 古漢語研究,2009(3).

姚振武. 關於自指和轉指. 古漢語研究,1994(3).

——漢語謂詞性成分名詞化的原因及規律. 中國語文,1996(1).

殷國光. "所"字結構的轉指對象與動詞配價——《莊子》"所"字結構的考察. 語言研究,2006(3).

袁毓林. "者"的語法功能及其歷史演變. 中國社會科學,1997(3).

——漢語中的概念轉喻及其語法學後果. 語言教學與研究,2003(1).

張覺. "恣君之所使之"中"所"字之我見. 淮北煤師院學報(社會科學版),1991(3).

張玉金. 出土文獻虛詞研究. 北京:人民出版社,2011.

——出土戰國文獻中的"主之謂". 華南師範大學學報(社會科學版),2011(4).

朱德熙. 自指和轉指——漢語名詞化標記 "的、者、所、之"的語法功能和語義功能. 方言, 1983（3）.

Anne O. Yue. *Zhi（之）in Pre-Qin Chinese*. T'oung Pao LXXX IV, 1998.

Haiman, John. *Conditionals are topics*. Language 54（3）, 1978.

A Re-study of the Function of the Old Chinese Auxiliary "Suo（所）"
—A Study Based on the Mutual Evidence of "Zhi（之）" and "Suo（所）"

Bai Yulong, Pan Yukun

Abstract：From the perspective of nominalization marking system, this paper explains the function of the particle "Suo（所）" in the so-called "hypothetical conjunction" and "grammatical particle" in excavated and transmitted literature. It examines the consistency of the functions of the particles "Suo（所）" and "Zhi（之）" in terms of their synchronic distribution, diachronic substitution, and evolutionary trends. that "Suo（所）" primarily serves as a marker of metonymy but can also indicate self-reference, while "Zhi（之）" primarily serves as a marker of self-reference but can also indicate metonymy. The division of labor between "Suo（所）" and "Zhi（之）" was reached in a progressive manner.

Keywords："Zhi（之）"; "Suo（所）"; metonymy; self-reference; excavated literature

（白宇龍，華東師範大學中國文字研究與應用中心；
潘玉坤，華東師範大學中國文字研究與應用中心）

中古漢語通用個體量詞"枚""個"的比較研究[*]

蔣林芝　劉瑞茵

提　要：中古時期"枚""個"都主要用來稱量物類，但二者在語義和語法兩方面有明顯的差異。從語義方面來説，"個"除了稱量物類，還可以稱量人、數目、抽象事物等範疇，這是此時期"枚""個"語義上最重要的差别。語法方面，組成數量短語修飾名詞時，"枚"主要用於"名數量"結構而"個"的前置後置比例趨於一致。相較於中土文獻，佛典文獻中"枚""個"用於"數量名"結構的比例更高，尤其是"個"，全部用於"數量名"結構，這體現了佛典文獻語言更突出的口語性。

關鍵詞：通用個體量詞；"枚"；"個"；定量統計；分布比較

一、引言

關於中古時期[①]的通用個體量詞"枚"和"個"，前賢多有論述。劉世儒（1965：76—85）、王紹新（1989）、張萬起（1998）、洪藝芳（2000：244—259）、陳絨（2002）、吴福祥（2007）、李建平，張顯成（2009）等學者主要探討並釐清了量詞"枚""個"的來源、中古時期的用法、使用範圍及其興替等問題。中古時期是個體量詞"枚""個"發展的關鍵階段，其後"枚"逐漸衰落而"個"逐漸興起，並最終替代了前者。這種變化不是一蹴而就的，關於中古時期的一些演變細節有待進一步揭露。本文在學界已有的研究成果基礎上，認爲仍有兩個方面的問題需要進一步討論。一是定量問題，以往討論"枚""個"的研究，大多衹列舉了一些用例，並没有一個全面的定量統計研究。若没有詳細的數據統計，就無法深入分析二者的差異。二是語料範圍，以往研究多使用中土文獻，較少注意到同時期的佛典文獻，尤其是中土人士的佛教撰述。個體量詞"枚""個"在佛典文獻中的使用情況如何，

---

[*] 基金項目：國家社科基金重大項目"佛典語言的中國化"（20&ZD304），中國人民大學科學研究基金項目"中古時期漢譯佛經與中土材料詞彙語法對比研究"（22XNQT40）階段性成果。

[①] 本文的"中古時期"指東漢—隋這一時期。

是否和中土文獻有所不同，這也是我們重點關注的問題。本文基於這兩點考慮，全面定量考察中古時期中土文獻和佛典文獻①中的個體量詞"枚"和"個"，對其進行統計的同時對二者的語義和句法分布進行對比。研究發現：（一）中古時期"枚""個"都主要用來稱量物類②，但是"個"還可以稱量人、數目、抽象事物等範疇；"個"的稱量範圍比"枚"更廣，這是這一時期"枚""個"語義上最重要的差別，爲"個"替代"枚"奠定了語義基礎。（二）中古時期，數量短語修飾名詞時，"枚"的優勢語序仍然是"名數量"；但"個"出現在"名數量"和"數量名"語序中的占比基本趨於一致。（三）佛典文獻和中土文獻"枚""個"前置比例差別較大，佛典文獻"枚""個"用於"數量名"語序的頻率高於中土文獻，尤以"個"最爲顯著，其在佛典文獻中已全部用於"數量名"語序。

二、"枚""個"所稱量名詞的語義類別比較

本文對中古時期通用個體量詞"枚"和"個"組配的名詞類別進行了統計分析，其用例頻率及占比如下表：

表1　中古時期通用個體量詞"枚""個"所搭配的名詞語義類別表

名詞語義類別③		枚		個	
		用例	占比	用例	占比
動物		29	4%	3	6%
植物		89	12%	6	12%
其他物類④	藥物	253	34%	20	38%
	一般物類及建築物（包括建築器材）	24	3%	1	2%
	衣食	41	6%	3	6%
	器皿及日用物什	100	14%	2	4%
	生產工具、交通工具、貨幣	61	8%	0	0
	文具、武器	43	6%	1	2%
	首飾、儀仗及樂器	54	7%	0	0
	其他物體⑤	21	3%	1	2%

---

① 本文共使用中古29部中土文獻和58部佛典文獻，中土文獻書目見後文"引用書目"，佛典文獻包括漢譯佛經和中土人士佛教撰述兩個部分，具體概念參照朱慶之（1992：3—4；2001：6），佛典考察材料見附錄。

② 劉世儒（1965：82）指出南北朝"枚"可以稱量特殊的"人"，如"銅人"等，但"一般的'人'它總還不能適用"，"銅人是人造的，也可以説就是一種物。"我們認同這一觀點，將調查材料中的"銅人"歸入"其他物體"類。

③ 此處名詞語義類別參照王紹新（1989），本文調查的語料未出現稱量文字、詞語等語言單位的用例，故省。另"自然景物及處所"類中未出現"處所"用例，故略爲"自然景物"。

④ 此處"其他物類"分類參照劉世儒（1965：77—81），在其基礎上新增"藥物"一類，且個別類別有所調整。

⑤ "其他物體"指一些人造物品和其他無法歸入前幾類的物體，如石麒麟、銅人、坑子等。

續表 1

名詞語義類別	枚 用例	枚 占比	個 用例	個 占比
人（鬼神）	0	0	8	15%
人或動物的肢體、器官	6	1%	1	2%
自然景物	15	2%	1	2%
數目、時間	0	0	2	4%
抽象事物	0	0	3	6%
總計	736	100%	52	100%

根據上表信息可知，總體上中古時期通用量詞以"枚"爲主，"枚"的用例遠高於"個"（736∶52）。以下對中古時期通用個體量詞"枚"和"個"所稱量的名詞語義範圍進行對比：

(一) 相同之處

1. 中古時期"枚""個"最主要的用法是稱量物類

"枚""個"稱量"其他物類"的用例占比最高，其中尤以稱量"藥物"占比最高，本文將"藥物"[①] 單列出來的原因在於它具有特殊性，藥物通常是植物的根塊、果實或種子，或是動物的屍體（無生命物），它們不再具有水分和生命力[②]，區別於正常的動植物[③]。正如劉世儒（1965：82）指出"銅人"和"人"並不相同，前者是人造的，也可以說是一種物，具有物性。從這個角度來看，用作藥物的植物和動物也具有物性，它們和物品更加類似，所以本文將其歸爲藥物類，以區別於植物、動物和其他物類。其次，"枚""個"稱量一般器皿和日用物什、衣食等名詞比例也較高。這一時期"枚""個"語義上的最大共同之處爲稱量物類。

2. "枚""個"稱量物類時，使用範疇基本一致

在我們的調查語料中，除了稱量"生產工具、交通工具、貨幣""首飾、儀仗及樂器"兩類没有"個"的用例，其他 6 類表示物體的名詞皆有"個"稱量的用例，如：

[①] 藥物類的名詞有時候和食物類有交叉，如"棗"（乾棗）同時用作藥物和食物，本文將上下文明確用作藥材的歸入"藥物"類，用作食材（如煲湯）的歸入"衣食"類。

[②] 偶爾也會有活的動物用作藥物，如"以蝸牛一百箇活者（《肘後備急方》卷五，97 頁）"，但是這是極爲少見的用例，一般都會在上下文説明。

[③] 我們調查的語料中，用作藥物的動物基本是小型爬行動物或者是昆蟲，如"金鈴子""蜈蚣""水蛭""虻蟲""蜘蛛""大蟾蜍""斑蝥蟲"等。"枚""個"較少稱量體型較大的哺乳動物或家禽，而更多的是稱量小的爬行動物或昆蟲。這一時期稱量"牛""羊""驢""鹿""駝""象""雞""鴨""狼""犬""兔""魚""龜""鳥""雀""鼠"等動物常用"頭"（"雞""鴨"還可用"隻"，"羊"還可用"口"），"馬"常用"匹"。

(1) 大附子一箇①，生薑一斤，細剉煮研。(《肘後備急方》卷三，79頁)

(2) 無生者，眼識等空，本無有物。其中推覓一箇物無，是故不生。以不生故，故空無物。(隋那連提耶舍譯《力莊嚴三昧經》卷三，15/721b②)

(3) 身上唯留一箇單衣，餘衣悉解。(隋闍那崛多譯《佛本行集經》卷十三，3/710b)

(4) 爲市掾人有遺卿母一箇餅者，卿從外來見之。(《後漢紀·孝明皇帝紀》，129頁)

(5) 先用瓶子一個，口大者，內入灰上。(《肘後備急方》卷二，39頁)

(6) 小合子一箇，令乾勿令泥厚，將藥入合子內。(《肘後備急方》卷二，63頁)

(7) 操十二石之弩，負矢五十个，置戈其上。(《漢書》卷二十三，1086頁)

(8) 臍子上陷一個坑子，內入陳醋。(《肘後備急方》卷三，56頁)

例（1）稱量藥物，例（2）稱量一般物類，例（3）（4）分別稱量衣服和食物，例（5）（6）稱量器皿及日用物什，例（7）稱量武器，例（8）稱量其他物體。③這説明中古時期稱量物體時，雖然"個"不及"枚"使用頻率高，但是二者指稱事物的語義範疇大致相同。劉世儒（1965：77）指出這一時期"枚"除了抽象名詞及個別事物它還不習慣陪伴外，幾乎是無所不可適應的。此後學者們基本都觀察到了"枚"稱量各種物體的用法，但大多忽略了"個"的稱量範圍。陳紱（2002）指出"'箇'作爲量詞，在南北朝時期與'枚'同樣流行，其使用範疇也大體相近"。根據本文的統計，雖然這一時期"個"的流行程度與"枚"尚有差距，但其使用範疇確如陳文所述。

（二）不同之處

"枚""個"所稱量名詞語義類別最大的差別在於，後者總體稱量的範圍比"枚"更廣。由表1可知，中古時期"枚"和"個"可稱量的名詞在語義上雖有共同之處，但也有明顯不同："個"可以稱量"人、數字、抽象事物"等，而"枚"不能。如：

---

① 李建平、张顯成（2009）指出"'个'是'介'的變體，産生於先秦；'個'産生於漢代，是'个'的後起字；'箇'源於'竹枚'義；魏晉以後三者合流。"我們調查的材料中大部分字形爲"箇"，偶見"个"。除了具體引用的例句外，本文其他部分均寫作"個"。

② 文中所引的漢文佛典如無特殊説明，均出自臺北新文豐出版公司1985年影印出版的《大正新修大藏經》，例句後的數字依次爲該句所在的冊數、頁碼、欄數。

③ 劉世儒（1965：77—82）列舉了大量中古時期"枚"稱量物類的用例，可參看。

1. 量人

(9) 見已便喚一箇得通比丘尼來。（隋闍那崛多譯《佛本行集經》卷四十七，3/870c）

(10) 忽然雇得一箇婬女，將來與其共相娛樂。（隋闍那崛多譯《佛本行集經》卷三十九，3/837a）

(11) 而我無有一箇兒息，心內願樂，而不稱可。（隋闍那崛多譯《佛本行集經》卷三十五，3/815a）

以上用例中，"個"用來稱量"比丘尼""婬女""兒息"等。

2. 量數目

(12) 十六月者二解：一云十箇六月，即是五歲。二解始經十六月，即是過周四月。（隋灌頂撰《大般涅槃經疏》卷十二，38/117c）

(13)《智度論》云五十七日不說法，或可則是五十七日，或是五十箇七日，計近一年。（隋吉藏撰《法華義疏》卷四，34/508b）

以上用例中的"個"稱量"六月""七日"這樣的數量結構，表示數目。①

3. 量抽象事物

(14) 內外皆不隱沒。若內闇隱沒不識一箇功德法門。而外見光相溢目者。此是魔也。（隋智顗說、灌頂記《摩訶止觀》卷九，46/130a）

(15) 有人難前解云：二乘不見。各得菩提。九住既不見，得何等菩提？進不同佛，退非二乘，應當別得一箇菩提（云云）。（隋灌頂撰《大般涅槃經疏》卷二十四，38/177c）

以上用例中"個"稱量"功德法門""菩提"等，這些佛教術語包含着特定的佛教概念，較爲抽象，主要出現在隋代的一些中土人士佛教撰述中，是這一時期"個"較爲特殊的用法。

此外，王紹新（1989）指出量"自然景物"是量詞"個"在唐代的新發展，根據我們的調查，隋代已經出現了"個"稱量"自然景物"的用例，如：

(16) 如來忽以神通之力，即於其前，化作一箇高峻大山，而彼欲來不能得過。（隋闍那崛多譯《佛本行集經》卷四十一，3/845b）

劉世儒（1965：84）指出個體量詞"個"在唐初才發展出量"抽象名詞"的用例，王紹新（1989）指出量"自然景物""時間""數目""文字、詞語等語言單位"

---

① 《卍新纂大日本續藏經》中也發現了"個"量數目的用法："如前言……十二箇四，則成四十八我見也。……十八箇四，即成七十二我見。"（慧影抄撰《大智度論疏》卷十五，Q4/845b）

"抽象事物"等用法都是量詞"個"在唐代的新發展，洪藝芳（2000：257）也指出"個"量"時間"在唐以前未出現用例。但是從本文的調查情況來看，"個"在中古晚期已出現稱量"自然景物""數目""抽象名詞"等用法，這些用例大多出現在中土人士撰述的佛典材料中，前賢沒有注意到這類材料，將量詞"個"的發展時間推遲了。此外，洪藝芳（2000：259）指出量詞"個"的計量範圍在唐代大致確定，根據本文的調查，隋代"個"的計量範圍就已經基本確立了。

三、中古時期"枚""個"的句法分布比較

關於"數量名"結構成爲主流語序的時間，學界多有討論。[①] 本文對中古時期"枚""個"的句法分布做了詳細的統計分析，所得結果爲：中古時期，通用個體量詞"枚""個"大部分仍然處於"名數量"結構中，"名數量"仍然是這一時期的主流語序。不同的是，"枚"前置的比例較低，而"個"前置的比例和後置比例趨於一致，具體數據見下表：

表2 中古時期個體量詞"枚""個"的使用頻率表

文 獻	枚			個		
	前置	後置	獨用	前置	後置	獨用
東觀漢記	0	8	0	0	0	0
論衡	0	1	0	0	0	0
漢書	0	16	0	0	2	0
太平經	0	1	0	0	0	0
長沙東牌樓東漢簡牘	0	7[②]	0	0	0	0
長沙五一廣場東漢簡牘	0	10[③]	0	0	0	0
華陽國志	0	2	0	0	0	0
搜神記	0	14	4	0	0	0
抱樸子	0	7	8	0	0	0
西京雜記	0	14	2	0	0	0
後漢紀	0	0	0	1	0	0

---

① 劉世儒（1965：45）認爲在南北朝時代，數量詞開始轉向於以前附於中心名詞爲原則，其後柳士鎮（1992：124）、張赬（2010：154）、張延成（2013：62）、劉海平（2014：123）、朱嫣紅（2020）等基本持相同觀點，王力（1990：32）認爲"數量名"這種詞序變爲正常的詞序在南北朝以後，貝羅貝（1998）認爲在公元7到13世紀，吳福祥（2007：254）認爲"數量名"這種新規範形成的時期在唐五代之後，石毓智、李訥（2001：299）則認爲"數量名"語法格式是在宋元時期建立的。

② 《長沙東牌樓東漢簡牘》共出現10例"枚"的用例，其中有3例"枚"前稱量的名詞缺，如："雜帳（一）行㫚等器物帳1□□百枚　□□十枚2□□廿枚　□□一薄"，這類用例不納入本文統計之中。

③ 《長沙五一廣場東漢簡牘》共出現13例"枚"的用例，其中有3例"枚"前稱量的名詞缺，如："削衣2010CWJ1③：71-31☑十枚"，這類用例不納入本文統計之中。

續表2

文　獻	枚 前置	枚 後置	枚 獨用	個 前置	個 後置	個 獨用
肘後備急方	0	237	17	2	20	1
神仙傳	0	5	4	0	0	0
三國志	0	9	1	0	0	0
齊民要術	0	31	10	0	3	2
水經注	0	7	3	0	0	0
後漢書	0	15	1	0	0	0
宋書	0	25	0	0	0	0
世說新語	0	2	0	0	0	0
魏書	0	22	0	0	0	0
南齊書	0	22	3	0	0	0
顏氏家訓	0	0	1	0	0	0
荆楚歲時記	0	4	0	0	0	0
裴注	0	10	1	0	0	0
異苑	1	2	0	0	0	0
拾遺記	0	2	0	0	0	0
金樓子	0	7	0	0	0	0
殷芸小説	0	3	0	0	0	0
南方草木狀	0	1	0	0	0	0
佛典文獻	58	86	52	21	0	0
總計	60	578	108	24	26	5

根據上表資料，我們將中古時期"枚""個"句法分布的比率進行了整理，見表3：

表3　中古時期"枚""個"的句法分布及其比率

	枚 前置		枚 後置		枚 獨用		個 前置		個 後置		個 獨用	
中土文獻	1	0%	484	66%	55	7%	3	6%	25	48%	3	6%
佛典文獻[①]	58	8%	86	12%	52	7%	21	40%	0	0	0	0
總計	59	8%	570	77%	107	15%	24	46%	25	48%	5	6%
	736						52					

[①] 佛典文獻中漢譯佛經和中土人士佛教撰述中的"枚"前後置比例有些差異，漢譯佛經中"枚"前置、後置、獨用的數量爲54、69、43，各自比例爲32%、42%、26%；而中土撰述對應數據爲4、18、10，比例爲13%、56%、31%。與中土撰述相比，漢譯佛經"枚"的前置比例更高。

由上表可知，中古時期"枚""個"在句法分佈上顯現出了一些相同之處和差異：

（一）相同之處

由表 3 可知，"枚""個"在佛典文獻中的前置比例均高於中土文獻。這一現象主要由兩個方面原因造成：一是受語料口語性程度的影響，佛典文獻的口語性更高，中古時期口語中"數量名"結構開始較多地使用，佛典文獻比較真實地記錄了當時的口語情況；二是受文本內容和性質的影響。吳福祥、馮勝利、黃正德（2006）指出用於名詞前後的"數詞＋單位詞"是有區別的，名詞前是描寫性的，主要用來刻畫名詞的某種屬性或泛指名詞的量度特徵，所在的語句大多出現在論證類語域裏；與之相反，名詞後是計量性的，主要用來指稱名詞的實際量度，所在的語句大都見於清單類語域。佛典文獻大多是敘述類的行文，不用過多地對數量進行強調，而中土文獻中"枚""個"出現的上下文環境則多是表示列舉，更傾向將數量後置以強調數量。另外還需指出的是，佛典中"枚""個"的前置比例更高可能受到了佛經原典語言的影響，朱嫣紅（2020）根據 WALS（《世界語言結構地圖集》）指出巴利語、梵語數量表達中以數詞前置爲主，所以原典語言在數名語序上具有傾向性。根據"枚""個"在佛典文獻中的前置傾向和我們的觀察，佛典中"數量名"結構占比更高的確和原典語言的影響有關係。①

（二）不同之處

1. "枚"的前後置比例懸殊，而"個"的前後置比例趨於一致，"個"的前置比例高於"枚"。根據表 3 可知"枚"的前後置比例爲 8%：77%，而"個"的前後置比例爲 46%：48%。②"枚"出現的主流語序仍然是"名數量"，而"個"出現在"名數量"和"數量名"結構中的用例比例趨於一致。另外，無論是中土文獻還是佛典文獻，"個"出現在"數量名"結構中的比例均高於"枚"，這說明"個"作爲這一時期較爲新興的通用個體量詞，在中古時期的發展更爲快速，口語化程度

---

① 朱文所引 WALS 的圖例原文來自 Matthew S. Dryer（1992），原文附錄中交代了所考察的語言，並不包括梵語，朱文根據"巴利語、梵語都是屬印歐系印度－伊朗語族印度（又稱印度－雅利安）語支的古代語言，現代印歐系印度－伊朗語族印度語支諸語言主要分佈在印度北部和中部，以及巴基斯坦和孟加拉國部分地區"來判定巴利文和梵語傾向於數名語序，我們認爲具有一定道理。另外，梵語中數詞和形容詞用來修飾名詞時，可置於名詞之前也可置於其後，法光法師（2015：5）指出 the number, gender and case of adjective must agree with those of the noun it qualifies. It usually precedes the noun.（形容詞的性、數、格必須與所修飾的名詞保持一致，通常位於名詞之前。）梵語數詞的用法與形容詞相當，也應爲更常用於名詞之前。

② 吳福祥（2007：265）附表 10 中統計的中古 60 種文獻中"枚""個"的前後置比例分別爲 5.17%：71.63%和 56.25%：15.62%。本文中"個"的後置比例較高的原因是使用了《肘後備急方》，藥方中的用例基本全部後置，去掉此書後"枚""個"的前後置比例分別爲 12%：69%和 71%：16%，和吳文的數據基本一致。同時需要注意的是，即使是在基本爲清單類語域的《肘後備急方》中，"個"也出現了 2 例前置用例，表明"個"的發展速度更快。

更高。

2. "枚""個"在佛典文獻中的句法分布差異較大。雖然中土文獻中"個"的前置比例也高於"枚",但是佛典文獻中"個"已全部前置。這說明中古時期尚處在發展之中的"個",在口語化程度更高的佛典文獻中發展得更快;而作爲使用頻率更高的通用個體量詞"枚",即使在佛典文獻中,句法位置變化的速度也更爲緩慢。這也說明語言中的新用法會更容易出現在新質成分中,朱冠明(2019)在談到"這"和量詞組合使用時指出"到唐代以後,(個體量詞、動量詞)作爲語言中的新質成分,它們在擴展組合能力時,更青睞同爲新質成分的'這',而老牌的近指代詞'此'和'是'便喪失了機會。""人們把'這'當成了語言中的新成分,所以把新的功能給了它。"與"枚"相比,中古時期"個",是較新的通用量詞,更容易獲得新的用法(前置)。

另外還需指出的是,王紹新(1989)指出出現在"個"之後的成分,魏晉時代基本是單、雙音節的名詞或名詞性詞組,唐代開始出現了其他較爲複雜的結構。本文所調查的佛典文獻中,隋代"個"之後已經出現了較爲複雜的結構。如:

(17)見有一箇放牛婦人,攪酪出酥。(隋闍那崛多譯《佛本行集經》卷三十二,3/804c)

(18)爾時世尊見有一箇雌瞎獼猴在彼群內。(隋闍那崛多譯《佛本行集經》卷五十七,3/915b)

(19)見其四箇所愛之女,各舉兩手。(隋闍那崛多譯《佛本行集經》卷二十六,3/775b)

(20)或是五十箇七日,計近一年。(隋吉藏撰《法華義疏》卷四,34/508b)

這類"個"之後的結構是複雜的名詞性偏正結構,這些偏正詞組是多音節、多層次的,其修飾成分中含有支配關係(放牛)、並列關係(雌瞎)等,中心語還可以是"所字結構"(所愛之女)、數名結構(七日)等,"個"之後的複雜結構在中古晚期的佛典文獻中已經初步產生。

四、結語

本文通過對中古時期通用個體量詞"枚""個"的定量統計分析,發現二者的語義和句法分布有較大區別:語義方面,中古時期個體量詞"枚"與"個"稱量物類時,使用範疇基本相同,並且至遲在隋代"個"已發展出量人、自然景物、數目和抽象事物等用法,這是"個"和"枚"在語義上最大的差異,且"個"的使用範圍在中古晚期就已基本確立。句法分布上,中古時期通用個體量詞"個"前置比例高於"枚",尤其是在佛典文獻中體現得最爲明顯。這一現象的出現,一方面是因爲佛典文獻口語化程度更高、更能反映實際語言的變化,另一方面則是受到文本內容和性質的影響,漢譯佛經多爲敘述類語域,不需要過多強調數量。隋代佛典文獻中"個"之後已經出現了複雜結構,可見這一時期,"個"在佛典文獻中得到了較大的發展。

引用書目

（東漢）于吉. 太平經. 上海：上海古籍出版社，1993.

（東漢）班固撰，（唐）顏師古注. 漢書（點校本二十四史精裝版）. 北京：中華書局，2013.

長沙市文物考古研究所、清華大學出土文獻研究與保護中心、中國文化遺產研究院、湖南大學嶽麓書院編.《長沙五一廣場東漢簡牘（壹）》. 上海：中西書局，2018.

長沙市文物考古研究所、清華大學出土文獻研究與保護中心、中國文化遺產研究院、湖南大學嶽麓書院編.《長沙五一廣場東漢簡牘（貳）》. 上海：中西書局，2018.

長沙市文物考古研究所、清華大學出土文獻研究與保護中心、中國文化遺產研究院、湖南大學嶽麓書院編.《長沙五一廣場東漢簡牘（叁）》. 上海：中西書局，2019.

長沙市文物考古研究所、清華大學出土文獻研究與保護中心、中國文化遺產研究院、湖南大學嶽麓書院編.《長沙五一廣場東漢簡牘（肆）》. 上海：中西書局，2019.

長沙市文物考古研究所、清華大學出土文獻研究與保護中心、中國文化遺產研究院、湖南大學嶽麓書院編.《長沙五一廣場東漢簡牘（伍）》. 上海：中西書局，2020.

長沙市文物考古研究所、清華大學出土文獻研究與保護中心、中國文化遺產研究院、湖南大學嶽麓書院編.《長沙五一廣場東漢簡牘（陸）》. 上海：中西書局，2020.

長沙市文物考古研究所、中國文物研究所編.《長沙東牌樓東漢簡牘》. 北京：文物出版社，2006.

（東漢）劉珍. 東觀漢記（中華再造善本）. 北京：國家圖書館出版社，2012.

（東漢）劉歆撰，（東晉）葛洪輯. 向新陽、劉克任校注. 西京雜記校注. 上海：上海古籍出版社，1991.

（東漢）王充. 論衡. 上海：上海古籍出版社，1990.

（西晉）陳壽撰，（南朝宋）裴松之注. 三國志. 北京：中華書局，2011.

（西晉）陳壽. 三國志. 上海：上海古籍出版社，2011.

（西晉）嵇含. 南方草木狀（及其他三種）. 北京：中華書局，1985.

（西晉）袁宏. 後漢紀. 上海：商務印書館，1937.

（東晉）常璩. 華陽國志. 北京：商務印書館，1958.

（東晉）干寶撰，胡懷琛標點. 搜神記. 北京：商務印書館，1957.

（東晉）葛洪. 抱樸子. 上海：上海古籍出版社，1990.

（東晉）葛洪. 神仙傳. 北京：中華書局，1991.

（東晉）葛洪. 肘後備急方. 北京：人民衛生出版社，1956.

（東晉）陶潛. 陶淵明集. 宋刻遞修本. 北京：中華書局，1979.

（東晉）王嘉撰，（梁）蕭綺錄. 齊治平校注. 拾遺記. 北京：中華書局，1981.

（北魏）賈思勰. 齊民要術. 北京：中華書局，1985.

（北魏）酈道元. 水經注. 北京：商務印書館，1958.

（北齊）魏收. 魏書（點校本二十四史修訂本）. 北京：中華書局，2017.

（北齊）顏之推. 顏氏家訓. 北京：中華書局，1985.

（南朝宋）范曄撰，（唐）李賢等注. 後漢書（點校本二十四史精裝版）. 北京：中華書局，2012.

（南朝宋）劉敬叔撰，范寧校點. 異苑. 北京：中華書局，1996.

（南朝宋）劉義慶撰，徐震堮校箋. 世說新語校箋. 北京：中華書局，1984.

（南朝梁）沈約. 宋書（點校本二十四史修訂本）. 北京：中華書局，2018.

（南朝梁）蕭子顯. 南齊書（點校本二十四史修訂本）. 北京：中華書局，2017.

（南朝梁）蕭繹撰，陳志平、熊清元疏證校注. 金樓子疏證校注. 上海：上海古籍出版社，2014.

（南朝梁）殷芸編纂，周楞伽輯注. 殷芸小說. 上海：上海古籍出版社，1984.

（南朝梁）宗懍. 荊楚歲時記（及其他七種）. 北京：中華書局，1991.

參考文獻

王力. 漢語語法史//王力文集. 第十一卷. 濟南：山東教育出版社，1990.

王紹新. 量詞"個"在唐代前後的發展. 語言教學與研究，1989（2）.

石毓智，李訥. 漢語語法化的歷程. 北京：北京大學出版社，2001.

朱冠明. 再談近指代詞"這"的來源. 中國語文，2019（6）.

朱嫣紅. 漢語名量結構語序變化及其動因. 語言研究，2020（2）.

朱慶之. 佛典與中古漢語詞彙研究. 臺北：文津出版社，1992.

朱慶之. 佛教混合漢語初論//語言學論叢. 第二十四輯. 北京：商務印書館，2001.

吳福祥，馮勝利，黃正德. 漢語"數+量+名"格式的來源. 中國語文，2006（5）.

吳福祥. 魏晉南北朝時期漢語名量詞範疇的語法化程度//語法化與語法研究. 北京：商務印書館，2007.

李建平，張顯成. 泛指性量詞"枚/個"的興替及其動因——以出土文獻爲新材料. 古漢語研究，2009（4）.

汪禕. 中古佛典量詞研究. 南京師範大學博士學位論文，2008.

貝羅貝. 上古、中古漢語量詞的歷史發展//語言學論叢. 第二十一輯. 北京：商務印書館，1998.

周國光. 爲什麼量詞多用"個". 語文建設，1996（1）.

柳士鎮. 魏晉南北朝歷史語法. 南京：南京大學出版社，1992.

洪誠. 略論量詞"個"的語源及其在唐以前的發展情況//洪誠文集·雒誦廬論文集. 南京：江蘇古籍出版社，2000.

洪藝芳. 敦煌吐魯番文書中之量詞研究. 臺北：文津出版社，2000.

張延成. 中古漢語稱數法研究. 武漢：武漢大學出版社，2013.

張萬起. 量詞"枚"的產生及其歷時演變. 中國語文，1998（3）.

張赬. 漢語語序的歷史發展. 北京：北京語言大學出版社，2010.

陳絨. 從"枚"與"個"看漢語泛指性量詞的演變. 語文研究，2002（1）.

劉世儒. 魏晉南北朝量詞研究. 北京：中華書局，1965.

劉海平. 漢代至隋唐漢語語序研究. 北京：中國社會科學出版社，2014.

（馬來）法光法師. 閱讀梵文佛典：基本語法指南. 北京：外語教學與研究出版社，2005.

Matthew S. Dryer. The greenbergian word order correlation. *Language*，vol. 68，Linguistic Society of America，1992.

附錄

佛典考察材料

漢譯佛經（48部）：

東漢（1部）：曇果共康孟詳譯《中本起經》；

魏晉南北朝（42部）：三國吳支謙譯《太子瑞應本起經》《阿彌陀三耶三佛薩樓佛檀過度人道經》，三國吳康僧會譯《六度集經》，三國吳竺律炎支謙共譯《摩登伽經》，西晉竺法護譯《賢劫經》《普曜經》《光贊經》，西晉法立法炬共譯《佛說諸德福田經》《法句譬喻經》，西晉聶道真譯《異出菩薩本起經》，西晉法矩譯《佛說優填王經》，西晉安法欽譯《阿育王傳》，東晉法顯譯《大般涅槃經》《佛說雜藏經》，東晉佛陀跋陀羅共法顯譯《摩訶僧祇律》，東晉僧伽提婆譯《增壹阿含經》，符秦僧伽跋澄譯《鞞婆沙論》，姚秦鳩摩羅什譯《大莊嚴論經》《眾經撰雜譬喻》《大智度論》《佛說華手經》，姚秦竺佛念譯《出曜經》《鼻奈耶》《菩薩從兜術天降神母胎說廣普經》，姚秦佛陀耶舍共竺佛念等譯《四分律》，姚秦弗若多羅共羅什譯《十誦律》，北涼曇無讖譯《金光明經》《大般涅槃經》，北涼法眾譯《大方等陀羅尼經》，劉宋求那跋陀羅譯《雜阿含經》《過去現在因果經》《佛說罪福報應經》，劉宋曇摩蜜多譯《觀虛空藏菩薩經》，蕭齊求那毘地譯《須達經》《百喻經》，梁僧伽婆羅譯《菩薩藏經》《孔雀王呪經》，元魏菩提流支譯《佛說佛名經》，元魏慧覺等譯《賢愚經》，元魏吉迦夜共曇曜譯《雜寶藏經》，高齊那連提耶舍譯《大悲經》，北周闍那耶舍譯《大方等大雲經請雨品第六十四》；

隋（5部）：闍那崛多譯《佛本行集經》《不空羂索呪經》《如來方便善巧呪經》，那連提耶舍譯《大雲輪請雨經》《力莊嚴三昧經》。

中土撰述（10部）：東晉法顯撰《高僧法顯傳》，梁慧皎撰《高僧傳》，梁寶唱等集《經律異相》，梁僧佑撰《出三藏記集》，元魏楊衒之撰《洛陽伽藍記》，隋吉藏撰《大乘玄論》，隋智顗說、灌頂記《摩訶止觀》《仁王護國般若經疏》，隋灌頂撰《大般涅槃經疏》，隋吉藏撰《法華義疏》。

A Comparative Study of Common Individual quantifiers 和 "Mei（枚）" and "Ge（個）" in Middle Chinese

Jiang Linzhi，Liu Ruiyin

Abstract：In the Middle Ages，"Mei（枚）" and "Ge（個）" were mainly used as quantifiers for objects，but there were significant differences in semantics and grammar between the two. From a semantic perspective，"Ge（個）" can not only be used as a quantifier for objects，but also as a quantifier for categories such as men，numbers，and abstract things，which is the most important semantic difference between "Ge（個）" and "Mei（枚）" during this period. From a grammatical perspective，when forming quantitative phrases to modify nouns，"Mei（枚）" is mainly used in the "名＋數＋量" structure，while "Ge（個）" has a relatively balanced distribution ratio in the "名＋數＋量" structure and the "數＋量＋名" structure. Compared with contemporary Chinese literature，the proportion of "Mei（枚）" and "Ge（個）" used in the "數＋量＋名" structure in Buddhist scriptures is higher，especially "Ge（個）"，all of which are used in the "數＋量＋名" structure，reflecting the higher oral characteristics of Buddhist scripture language.

Keywords：universal individual quantifier；"Mei（枚）"；"Ge（個）"；quantitative statistics；comparison of distribution

（蔣林芝、劉瑞茵，中國人民大學文學院）

《北京官話全編》北京話口語特徵[*]

張美蘭

提　要：《北京官話全編》是民國初年日本人深澤暹在中國任職期間編著的一本北京官話口語教科書。全書以詞彙構成的句子爲單位，采取對話形式，組織句子和課文，共有課文378章（篇）。2017年該書在日本影印出版，讀者得以閱讀。從詞彙和句子的總體面貌看，該書反映的是清末民初北京官話的面貌。本文立足於口語表達這一特點，介紹該書所反映的晚清民國早期北京話口語特徵。

關鍵詞：《北京官話全編》；深澤暹；北京官話；口語教科書；口語特徵

一、引言

1896年5月，日本留學生深澤暹（1876—1944）通過日本外務省留學生選拔，被派往北京留學。此後，他在在華領事館工作，直到1936年辭職歸國，在華長達40年。在華期間，他編撰了北京官話教科書《北京官話全編》。整個教材體量較大，由378章課文組成。這也是一本專門爲外國人學習北京官話而編的教材。內田慶市先生于2017年將該書編輯並在關西大學出版社影印再版。雖然目前本人沒有看到關於該書寫作年代的相關信息，但從深澤暹1896年至1936年在華工作的時間來看，可以大致推測爲清末至民國初期。

《北京官話全編》378章課文，均以詞彙構成的句子爲單位，采取對話形式。課文中的詞彙按音序排列法，將同一個聲母下的詞依照詞條，組織句子和課文，形成以生詞爲中心的漢語教材。立足於教材中的詞彙和句式表達，可以説這是一本反映晚清民國早期北京話口語特色的文獻。日本學界較早開始了對該書的研究，例如齊燦（2015）以《北京官話全編》中前100章課文爲對象，對其中的方所時間介詞及對象介詞進行了考察。內田慶市（2018）主編《北京官話全編の研究》下卷，

---

[*] 基金項目：國家社科基金重大項目"近代北方漢語語言接觸演變研究"（23&ZD315）。

收錄了内田慶市、奧村佳代子、佐藤晴彦、渡部洋、竹越孝、塩山正純、山田忠司、陳曉、稻垣智惠、西村英希、二ノ宮聰、余雅婷、齊燦、水野善寬16位學者專題研究《北京官話全編》中"您"等人稱代詞，語氣詞，副詞，"VP＋去"等語言現象的文章，並發表了全書的語彙索引。其中日本學者多以日文發表。樊洁（2018）結合張美蘭（2007）關於日本明治時期北京官話教科書中的口語詞特點的研究，對《北京官話全編》中80多個北京官話口語詞做了相關的統計整理。因篇幅限制，本文擬從口語詞彙和口語句式特點兩方面簡單介紹這本書在早期北京話研究中的價值。

二、大量的北京官話口語詞

《北京官話全編》記載了大量的北京話口語詞。根據晚清民國其他北京官話口語教材的口語詞面貌并對照幾部北京話詞典進行收錄，參照張美蘭（2011：111－156）對日本明治時期北京官話教科書詞彙的統計法，先按名詞、動詞、形容詞、副詞、代詞、介詞、助詞的序列排序，再按音序排列，僅對其中部分詞義用括注的形式加注。如下：

阿哥、阿媽、挨、按、骯髒、暗含着、巴結、罷咧、白（副詞）、搬指兒、半憨子、伴宿、拌嘴、背、背過去、筆帖式（書記員）、波棱蓋兒（膝蓋）、脖頸子、不差甚麽、不咖、不濟、不理會、不是玩兒的、不自在、布（夾菜）、磕兒、插關兒、岔（聲嘶，嘎咽）、岔兒、抄近兒、吵吵、抽風、抽冷子、瞅、從先、慘（難以忍受）、產業、成衣鋪、成天家、吃兒、吃食、磁實、出分子、出閣、出萌兒、出息兒、出脱、戳子、錯縫子、吹嘘、串門子、湊趣兒、攛掇、村、敞快、伏、搭着、搭拉、打（介詞，從）、打把式、打盹兒、打扮、打發、打哈息、打精神、打頭、打圍、打眼、大發、大平西、大夫（醫生）、叨叨、道兒、道乏、到底、到了兒、倒座、當兒、東家、動身、得了、得、得樣兒、多兒、多咱、多喒、底根兒、丟、頂、動不動兒的、對面、門牌（玩牌、打牌）、短（少）、斷乎、對勁、二五眼、發怵、發送（料理喪事）、乏、翻（惱怒，發火）、犯擰兒（不服勸導，倔強）、方兒、分兒、奉懇、浮餘、該、趕（介詞）、敢則、敢/敢自/敢情、趕緊、擱、擱不住、擱着你、各人、胳星兒、哥兒倆、給（介詞，助詞）、跟班的、工夫、公母倆、估量着、估衣鋪、姑奶奶、故典、拐躺（碰倒）、怪、管保、過逾、逛、歸着、光景、過道兒、哈喇、含磣、寒暑表、汗褟兒、號頭（號碼）、耗（拖延、延遲）、耗子、豪横、合（連詞）、合式、河沿、黑墨糊眼的、横、横三豎四、横豎、齁鹹、回來（回頭，一會兒）、猴兒、胡同兒、胡哩嗎哩（雜亂無章貌）、囫圇、幌幌兒、黑下、會子、後兒、話條子、活計、行市、候（等）、胡吹混謗、换帖、激（用言語刺激，促使）、擠對、忌（煙）、家去、架不住、架弄、揀窮（揀破爛兒）、簡簡決決、講究（談論，議論，品評）、較真兒、解悶兒、舍弟、解、借光、撅（拗）、覺著、觭角、夾道子、家當、傢伙、架式、交情、矯情、嬌客（女婿，新姑爺）、緊要、近便、嚼過兒、教習、街坊、竟、盡溜頭兒、進項、精氣命脉（精氣神兒）、幾幾乎、僅自（總是，老是）、精、簡直、見天、將（恰好）、將才、將將、脚下、就許、儘自、舊年、就地、就結了、就手兒（順手兒）、就是了、就完了、就許、局面（規矩，體面）、幾兒、幾幾乎、今兒、康健、可惜了的、渴想、刻薄、刻下（當下）、苦力、來着（語氣詞）、老媽兒、老媽媽論兒、老米、倆、兩下裏、摟（貪婪地攫取）、勞動、了手、溜達、累贅、歷練、零碎、論兒、毛、滿、沒準兒、目下（眼前，當前）、末了兒、末尾、明兒（個）、你老/你呢/您納、拿（因有挾制人的意圖，而不予以協助，不給以便利，或比喻消極地阻撓、破壞）、那兒（哪裏）、難纏、膩煩、娘兒們、年成兒、女孩兒、齊（介詞）、齊截、起（介詞）、起根兒、起頭兒、起先、饒、慍/慍氣、盤纏/盤川、撲虎兒、偏過了、沏茶、瞧見、瞧瞧、去處、取燈兒、前兒（個）、俏皮、勤謹、讓（請）、熱湯兒面、惹翻（使人動怒，翻臉）、哨（鳥兒叫）、撒開了（盡情，無拘無束）、閃（傾斜）、折（折本）、色（shai³或shê⁴，顏色）、剩下、拾掇、使、收拾、受不得、舍親、數落、說合（調解）、耍錢、晌覺、晌午、身量兒、俗套子、水煙袋、四下兒鐘、四下裏、堂官、隨手、所（副詞）、索性、輕省、喪氣、折（斷）、生分、實誠、使喚、順當、通共、頭裏、堂客、濕（浸濕）、抬杠、提留、挑斥、挑眼、添補、淘氣、盪（趟）、宛轉（多方周折，設法尋求）、窩心、望看、希希罕兒、稀鬆、玩意/玩藝兒、下巴頦兒、下夜、下欠、下剩、下餘、消停、先頭裏、新近、信局子、行九、尋、鄉勇、響動、想頭、小的、邪道、兄弟、靴掖兒、學房、眼面前兒、爺兒倆、胰子、言語、由着性兒、約摸、雲山霧罩、一半天（近一兩天）、一檔子、一程子、一塊兒、一黑早、昨兒、昨兒（個）、油炸果、宅門子、章京（有職掌的文武官員）、掌櫃的、賬/帳目、照相片、職名（名片）、煮餑餑、着兒（同招兒，計謀）、着落、字眼兒、左脾氣、喳、紮掙、扎猛子、摘、摘脫、張羅、掌燈、找尋（故意挑毛病，尋釁）、診脉、知會、指着（指望，依靠）、重落（舊病復發）、周旋（應酬招待）、住家（居住）、抓撓、轉文/撰文（說話作文好用文雅艱深的字眼兒）、早晚、嘴硬、左（與常情、常理、常規相違）、作臉、眨巴、照/照舊、照例、至不濟、這程子、這兒、這麼着，等等。

其中與晚清教科書《官話指南》（1881）中相同的詞條有：巴結、背、布、成衣鋪、磁實、抽冷子、出閣、打圍、大夫、到底、道乏、得了、定規、短、多兒、多嗜、對勁、擱、估衣鋪、趕、歸着、敢情、逛、黑下、耗子、脚下、解、見天、簡直、街坊、就手兒、康健、苦力、了手、兩下裏、溜達、您納、娘兒們、嘮、行、沏茶、齊截、晌覺、所、拾掇、實誠、收拾、盪、先頭裏、望看、下剩、下餘、新近、學房、晌午、胰子、言語、約摸、雲山霧罩、喳、紮挣、摘、宅門子、掌櫃的、掌燈、這程子、重落、左脾氣、嘴硬等。①

與民國初年教科書《京語會話》②中相同的詞條有：暗含着、巴結、拌嘴、不差什麼、磕兒、抄近兒、從先、成衣鋪、攛掇、抽冷子、瞅、出閣、串門子、吹噓、打、大發、道乏、到了兒、檔、得、定規、短、對勁、浮餘、哥兒倆、攔、攔不住、敢情、公母倆、管保、合式、進項、幾兒、擠對、忌（煙）、架弄、傢伙、嚼過兒、教習、見天、簡直、街坊、借光、僅自、今兒個、就是了、就結了、就手兒、覺着、老媽兒、勞動、來着、摟、溜達、老媽媽論兒、滿、膩煩、您納、娘兒們、慪氣、盤川、偏過了、齊截、俏皮、喪氣、讓、索性、拾掇、身量兒、甚麼、抬杠、堂客、盪、頭裏、挑眼、望看、玩意兒、稀鬆、下夜、消停、學房、爺兒倆、言語、由、紮挣、摘、找尋、張羅、掌櫃的、指着、至不濟、宗、作臉、昨兒個。

其中有一些很有北京口語特徵的詞。因篇幅所限，略舉數例。如：

(1) 哨（鳥兒叫）：我今兒早起，正睡的很香，忽然聽見鳥兒哨，把我哨醒了。一瞧，天已大亮了。（第二百四十一章）

(2) 照房（是四合院建築中正房後面和正房平行的一排房屋）："就是正房没漏，此外廂房、照房、耳房全漏了，頂漏的利害，就是西廂房所不能住了。"（第二百八十五章）

(3) 轉文（指説話時不用口語，而用文言的字眼兒，以顯示自己有學問）："他的醫學很好，無論甚麼病，一經他治，没有疾病不瘳的。您又轉文。這個"瘳"字兒，是瘳愈，就是病好了。"（第二百十三章）

(4) 曠外（同"框外"。多指規矩之外的事情）："這老弟兄兩個，都是按部就班的當差，一點兒曠外的事也不敢作，家裏的人也都是按著規矩過日子。"（第六章）

(5) 半憨子（笨人，低能的人，謔稱"二百五"）："他没告訴我説您找我。我這個底下人糊塗極了，簡直的是個半憨子。"（第三百十五章）

(6) 行貨（貨物之下等者）："我瞧著筒子却不是行貨兒，不過是面子有點兒黑暗，您是在那兒買的。"（第三百二十三章）

(7) 一半天（近一兩天）："大哥説得是。那麼一半天見罷。您別送。"（第三百七十一章）

由上可見，《北京官話全編》因其篇幅大，口語強，記載了大量的口語詞，遠比早期的《語言自邇集》《官話指南》《京語會話》等書豐富。

---

① 參見張美蘭（2011：197—200）
② 參見張美蘭（2011：159—193）

三、北京官話口語新句式

（一）表示誇張語氣情狀的"A形容詞＋着呢/哪"

由動態助詞"着"＋語氣詞"哩"語法化爲語氣助詞"着哩""着呢/哪"[①]，位於動詞或形容詞後，主要表示動作的進行或持續。由此引申到表示某種狀態或程度，再到強調誇張的語氣時，新的"A形容詞＋着呢/哪"句式產生了。這種"A＋着呢/哪"新句式早見於明清之間，較爲常見是在清末民初北京口語文獻中，可以看作是清代北方口語的新句式，且現在還在北方口語中廣泛使用。《北京官話全編》中有"A着呢"和"A着哪"用例。

（8）除了大關節目的日子得去，此外竟是閑着呢。（第一百四十三章）

（9）所以爲人不論文武，總是念過書的得便宜，還往往兒的因爲不認得字於錢財上吃啞巴虧的多着哪。（第一百八十五章）

（10）您慮的很是，您要是不説，我心裏所昏暗着哪。（第三百四十一章）

由句末助詞爲"着的呢"構成"A着的哪"，也是清末產生的一種強調程度的表達。如：

（11）你這位公公呵，告訴你，討人嫌着的呢！《兒女英雄傳》第二十九回）

（12）您姥爺穿鞋省着的哪，您一雙鞋且穿哪，那兒就穿壞了。（《燕京婦語》）

（13）您兄弟他們穿的費着的哪，差不多兒一個月就得一雙鞋。（《燕京婦語》）

《北京官話全編》只有一例"A着的呢"的用法。如：

（14）不但買賣的事情十分曉暢，別的本事還多着的呢。（第三百六十九章）

"着呢"作爲漢語口語比較常見的句末助詞，主要功能是強調肯定句中的句末形容詞性成分，它所附綴的形容詞主要是謂語形容詞和動補語形容詞。

（二）表示祈請的"且情態副詞＋VP"句式

情態副詞"且"字用於祈使句最早見於魏晉南北朝時期，表建議是其主要的語用功能。直到元明清這種功能沒變。如：

（15）悦子以告宣武，宣武云："且爲用半。"（《世説新語·賞譽》）

（16）吴季英有知人之明，卿且勿言。（《後漢書·吴祐傳》）

[①] 按：當"V＋着哩/呢"句式主觀性增強，再到"A＋着哩/呢"句式開始表示強調誇張的語氣，當"着呢"所在句式完全變成説話人用來傳達自己主觀願望的載體時，"着哩""着呢"就變成一個獨立的語氣詞。

一般情況下，以"且"爲標記的祈使句多表示建議和勸誡，情態副詞"且"字在句中更能緩和原本的祈使語氣。《北京官話全編》除去"而且""並且""暫且"雙音連詞用法外，單音節詞"且"9例，都用於"且"做情態副詞的祈使句。如：

(17) 你且説説，是怎麼個緣故？（第九十四章）

(18) 您説的也是，且看他認罪不認罪再説罷。（第一百四十九章）

(19) 姓甚名誰，我且先不必説，我就把他的性情和他的爲人行事一説，您就知道了。（第三百七十八章）

句中的動詞局限在"看""説"。盧惠惠、王凱萌（2020）以《西游記》《水滸傳》《紅樓夢》《兒女英雄傳》四部文獻爲對象，調查指出："且"字祈使句明清時期更是活躍，但晚清以後，隨着中國傳統小説的現代轉型，"且説""且聽"這類具有祈使功能的"且＋VP"用法也跟傳統小説的其他敘事模式一起被淘汰。到現代漢語階段，"且"字祈使句除了在一些書面語殘存外，不再被繼續使用。的確，作爲傳統章回小説中的元話語標記"且説""且聽"在現代被淘汰了，但在清代北方話中用於表建議、商量類的"且＋看/説"祈使句用法還很豐富。《北京官話全編》就表現了這種特點。

（三）表列舉句式 1"甚麼 A，（甚麼）B……"和句式 2"A、B ……甚麼的"

有一種以表非疑問且非指代的"甚麼"構成的句式₁："甚麼 A，（甚麼）B……"和句式₂："A、B……**甚麼的**"的並列列舉句式。其中句式₁在明代萌芽，句式₂在清代才開始使用。句式₁與句式₂是清代開始北京話口語中多見的一種表列舉的句式。

《北京官話全編》中句式₁與句式₂兩者均用。兩者有兩個不同特點：一是，句式₁有86例，句式₂只有28例，前者多於後者；充當句式成分時，前者角色多樣，多充當主語、賓語（含介詞賓語）、謂語，尤其以陳述話題[①]爲多。後者多作謂語、判斷句表語等，前者比後者複雜。二是，句式₁有 28 例在並列項後帶有語氣詞"咧₁₉、咯₈、了₁"[②]，而句式₂均不帶句末語氣詞。

1. 句式₁："甚麼 A（咧/咯/了），（甚麼）B……（咧/咯）"

常見的句式有："甚麼 A（＋B）""甚麼 A，甚麼 B，（甚麼 C）"和"甚麼 A（BC）的"三種形式。

1) 並列項是簡單名詞

這一類最多。如：

[①] 如：(1) 南邊的花樣兒也多極了，**甚麼梔子、茉莉、蘭芝**都算是平常的花兒，不大值錢。(2) **甚麼雞雜兒咧、甚麼鍋燒小雞兒咧、甚麼黃悶小雞兒咧、甚麼雞血湯咧**，除了雞爪子不能吃，別的都是好的。

[②] 樊潔（2018）統計指出：《北京官話全編》在 86 例列舉式 1"甚麼 A，（甚麼）B……"和"A、B……甚麼的"結構中，有 28 例是在並列項後帶有語氣詞"咧 19、咯 8、了 1"。本文依據了這個數據。

(20) 一切**甚麼**車輞子咯、車輻條咯，都不過那麼件事情。所仗着的是車圍子、車帳子、車褥子，這些個架弄的好看，其實不是結實東西，然而還可以將就着坐。（第四十五章）

(21) 那廟裏大殿配殿都很寬大壯麗，**甚麼**禪堂了、禪房了，都有。（第三十一章）

2) 並列項是名詞短語

(22) 就以日用的東西論罷，沒有太貴的，各樣兒都賤，可是那時候兒的錢也好，**甚麼**砂片兒錢咧，水上飄咧，全沒有。（第一百六十八章）

(23) **甚麼**照妖鏡咧、混元金鬥咧、金蛟剪咧，還有許多的，我都記不清楚了。（第四十章）

3) 並列項是動詞短語

(24) 您瞧我昨兒，在街上，看見各處貼着好幾張匿名揭帖，全是說地方官的不好，上頭的話實在是利害，又是**甚麼**接受陋規咧，又是**甚麼**受了賄賂不給人結案咧，又是**甚麼**再不正經辦案，百姓就要揭告咧，都是這些話。（第一百四十章）

(25) 至於**甚麼**吃大餐、坐馬車、跑堂子，以及一切作閙的氣習，我更是一概不染的了。（第八十九章）

4) 列舉式標記不對稱

有的並列分句不用"甚麼的"，有的却用。如：

(26) 至於如今的用處，如請帖上寫的"恭候駕臨"咯，**甚麼**"光駕"咯，又兵部的"車駕司"咯，也都常用這個字。（第一百七章）

有的並列分句又分用"甚麼/什麼 A""甚麼/什麼 B""甚麼/什麼 C"句式，中間有語氣詞來表停頓，增強了句子輕微強調的感覺。如：

(27) 聽見你們幾個人說笑。又是**甚麼**細皮白肉兒的真好看咧，又是**甚麼**細腰兒咧，又是**甚麼**細高躭兒的身材，不那麼希矮的難看咧。這些話，不是你們才在下邊兒說的麼。（第三百五十八章）

5) 列舉式充當句子成分

主要充當句子的話題主語。如：

(28) **甚麼**賑捐咧、海防捐咧、鄭工捐咧，捐輸的樣數太多了。（第二百三十五章）

(29) 他說念過書，因爲學而未成，後來就跟官出外了。**甚麼**鳳凰城咧、

鳳陽府咧、山東曲阜縣咧、府衙門、縣衙門，他都跟過。（第三百七章）

可以爲介詞的賓語。如：

（30）把**甚麼**酒壺、酒卮**咧**全摔了，飯菜洒（撒）了一地，剛要來的炒韭黃兒，也沒吃，全潑了。（第二百十三章）

可以充當句子的賓語。如：

（31）還有**甚麼**《擊掌》**咧**、《打金枝》**咧**、《二進宮》**咧**，我就記得這幾個，別的都記不清楚了。（第七十章）

2. 句式$_2$："A、B……甚麼的"

1) 並列項是簡單名詞

（32）好在丟的不過是些個鋪蓋卷兒、虎皮、桌圍、椅披**甚麼的**。（第一百四十一章）

（33）又要了些個蝦仁兒、魚片兒，**還有小炒兒甚麼的**，吃喝都很盡興。（第三百六十一章）

（34）那山上橡樹極多，所有俗們城裏顏料鋪賣的橡椀子和染坊用的橡椀子，都是從那兒來的。還出產栗子、柿子、山裏紅**甚麼的**。（第三百六十二章）

（35）那可費事了，並且這些貨，都是鐘錶、洋燈**甚麼的**，極其嬌嫩，若是起早，在車上豈不都碰壞了麼？（第九十一章）

2) 並列項是名詞短語

（36）甜的他那兒有玫瑰棗兒，糖核桃蜜餞，杏乾兒**甚麼的**，隨便**甚麼**都有。（第三百七十七章）

（37）至於奇書古畫，以及奇異的器物**甚麼的**，他都肯買。（第八十一章）

3) 並列項是動詞短語

（38）他們家前兒個祭天，我幫着他們擦祭器、買辦祭物**甚麼的**，所以忙了兩三天。（第七十七章）

3. 列舉式$_1$與列舉式$_2$的語義特點

1) 與句式$_1$相比，句式$_2$"A、B……甚麼的"一般不使用語氣詞。

用不用語氣詞看似簡單，但一旦使用，就有語氣停頓，更有語義強調。我們先來看表列舉句式$_1$，該句式有時存在省略不用"甚麼的"，祇在列舉項間用語氣詞的情況，從中可以體會到必須加語氣詞的作用。如：

（39）我從昨兒瞧着他們**蒸饅頭咧**、**蒸肉咧**，不料該蒸的沒蒸，把個蒸籠給弄壞了。（第五十八章）

(40) 像偺們常用的**紅單帖咧，紅白帖套咧**，沒有一樣兒不好的。（第三百五十章）

(41) 就因他素來好交朋友，不顧身分，**甚麼娼優隸卒這些下賤人**，他全不擇，是人就交。（第三十五章）

(42) 聽他講究**甚麼紅茶咧，綠茶咧**，又是甚麼茶獲利甚麼茶無利。（第三百四十八章）

沒有用"甚麼的"，通過語氣詞"咧"，例（39）傳遞一種表否定的態度①。例（40），加上語氣詞，傳遞了一種表肯定的態度。如果再加上"甚麼"，句式的主觀性將更強。例（41）中"甚麼"表示對不確定事情的推測，更包含着說話人的主觀看法。例（42）加上"甚麼……咧"，整個句子的主觀性更強。從以上幾句中可以看出表列舉句式₁用語氣詞之後，整個句式的主觀性增強，與不用語氣詞的表列舉句式₂在表義上有區別。从上文例（32）－（38）看来，基本都是对客观现象的罗列。句式₁："甚麼的……AB"句末另有語氣詞，含有某種主觀情感，偏向於主觀列舉，而句式₂："AB……甚麼的"以列舉助詞"什麼的"煞句，側重於客觀列舉。兩個句式句末語氣詞的有無，似乎透露出句式的主客觀表達的差別。

同時，句式₂："AB……甚麼的"中的"甚麼的"是"的字結構"，是一個帶有明顯口語色彩的列舉助詞，從助詞本身的組合功能來看，"甚麼的"具有一定的粘著性，它通常都要後附在它所列舉的內容後面。助詞"甚麼的"位于句末，在讀音上已弱化輕聲，不能重讀。這是它與句式₁："甚麼的……AB"不同之處。

2) 在《北京官話全編》中，與句式₂相近的語義，可以通過詞彙式"等類"（2例），"等等"（1例）來表達。如：

(43)《西游記》上孫悟空使的金箍棒，婦女戴的金釵，金扁方兒，金耳挖子，金鉗子，金戒指兒，金六子，又是**甚麼金表咧，佛經裏的金剛經咧**，花卉裏的金錢菊，金盞花，吃的裏頭金針菜，地名裏有金山廟，有金山寺，天上有金星，顏色有金黃色，還有**甚麼金銀花**，金雞納，金絲荷葉**等等**各名目，這些個都是有金字兒的。（第一百九十三章）

(44) 葷菜帶的是熏雞、香腸兒、火腿、燒鴨子**甚麼的**，再者就是炒醬瓜兒、晾肉鯗斤以及松花鴨子兒**等類**。（第三百四十四章）

"等等""等類②"是列舉句式中表達省略列舉的常見詞彙形式，但是《北京官話全編》中僅有三例，相對而言，"等等"見於較莊重、正式敘述的場合，書面語

---

① 類似的例子，再如：(1) 甚麼張三李四的，都來了，站了一屋子。（第三十一章）(2) 就因他素來好交朋友，不顧身分，甚麼娼優隸卒這些下賤人，他全不擇，是人就交。（第三十五章）

② 《北京官話全編》"等類"爲列舉句式，還有一例。如："凡這毒瘡，以及疥癬等類，都要潔净。"（第一百四十二章）

味道較深。而"AB甚麼的"列舉式則是口語的，多用於較隨意的場合。這也從側面説明了《北京官話全編》具有口語教材的特性。

4. "甚麼AB＋AB甚麼的"

該式可以看成是"甚麼AB"式和"AB甚麼的"式的雜糅，僅有少數。如：

（45）有《金水橋》，有《牧羊圈》，還有**甚麼**《八蠟廟》《祭塔》《打金枝》**甚麼的**，這都是我聽見的。（第一百二十九章）

總之，《北京官話全編》爲我們展現了列舉式"甚麼AB"與"AB甚麼的"在早期北京官話口語中的各種用法。

（四）"所_{副詞}＋VP"式

清代北京口語中副詞"所"[①]是一個特殊的副詞，《語言自邇集》有關於"我好些天總没看書，《通鑒》是差不多忘了，那《漢書》所全忘了。"中"所"的註解："所全忘了，幾乎全忘記了。所以，在這裏用作如'全'（全部、全都）那樣的加强語意的詞；這種表達方式是北京話特有的，外地人幾乎弄不懂。"可以説是清末民初北京口語的一個特徵詞。主要見於清末外國人編的漢語教材，以及清末民初反映日常生活的京味小説中。我們驚奇地發現《北京官話全編》"所＋VP"句式是目前所見文獻中最爲集中的一部作品。全書約有107例。

1. 用于肯定句，多用"所V（O）＋了"

1）"所＋V＋O＋了/咯"（6例）

（46）如今更好了，**所邪心了**，又添上逃學了。（第三百七十章）

（47）我告訴您，我近來**所成了小孩子**咯。（第三百六十三章）

（48）他**所成了個極不可近的壞人了**。（第三百三十二章）

2）"所＋V＋C"或"所＋V的C"（12例）

（49）遇見偺們一個舊朋友，没想到，他如今**所闊了**。（第二百九十三章）

（50）這如今他解外頭發財了回來咯，**所狂的了不得**。（第二百七十七章）

（51）這兩天雨**所下的利害**。（第三百五十六章）

2. 主要用于否定句中，否定詞有"不""没"

1）"所V不C"/"所V不CO"

（52）他現在還病着呢，看那樣兒是**所扎挣不住**。（第十一章）

（53）還是照舊，不能多添，鬧的現在**所輾轉不開**。（第二十三章）

[①] 金紅梅（2015）把清末民初北京話的"所"分成三個：所₁，程度副詞；所₂，範圍副詞；所₃，語氣副詞。魏兆惠（2014）、王文穎（2018）持語氣副詞説；陳曉（2018）持兼具程度副詞、語氣副詞兩類説。

(54) 躺在炕上翻來覆去，**所**睡不着，竟算這筆賬了。(第四十六章)

2)"所 V 不 CO"(30 例)

(55) 要是這麼**所轄**管不住你們，我全不要你們。(第三百五十八章)
(56) 刮的塵沙利害極了，叫人**所睁**不開眼。(第五十七章)
(57) 一瞧，我們家伯喘的**所接**不上氣兒。(第一百十二章)

3)"所不 V"(28 例)，含"所不 VO"(14 例)

(58) 趕到躺下睡覺痔瘡又犯了，疼的**所**不能睡。(第一百八十二章)
(59) 滿院子裏飛騰跳躍，鬧得**所**不成事體。(第二百九十二章)
(60) 近起來**所**不像樣兒了，簡直的竟瘋鬧。(第八十六章)

4)"所没 VO"/"所没 V"(連……也没有/全……/一點兒……，21 例)

(61) 除了您之外，**所没**交著一個真正的豪傑。(第三百二十章)
(62) 自他父親去世之後，本鄉中**所没**人敢惹他了。(第三百六十三章)

以上，《北京官話全編》"所＋V"句式的各種用法，副詞"所"在句中起強調、加强語氣的作用，去掉後對句意並沒有特別大的影響。關于"所"的副詞特點，有楊杏紅(2012)、陳曉(2013)的程度副詞説，魏兆惠(2014)、孔祥卿(2020)等的語氣副詞説，金紅梅(2015)的範圍副詞説。孔祥卿(2020)論證了早期北京話副詞"所"，既不是範圍副詞，也不是程度副詞，而是表示終極確認的語氣副詞。其功能是對後面的 VP 進行確認和强化，用于肯定就是完全肯定，用于否定就是徹底否定。本文傾向于孔祥卿(2020)的這一觀點。"所"是一個地道的口語詞。《北京官話全編》"所＋V"句式是目前發現用得最多的一個文獻，這也從側面説明該文獻是口語性很强的教材。

(五)"這麼一 V"式

"這麼一 V"句式，是由指示代詞"這麼"、數詞"一"以及可變的"V"動詞組成，經常在語篇的中間位置出現，起到銜接上下文的作用。《北京官話全編》中"這麼一 V"有 66 例。

首先，需要説明的是指示代詞用"**這麼**"，不用"**這樣**"，這也是北京官話的一個特點，"這樣"是南京官話的指示代詞。因此，在《北京官話全編》中没有"這樣一 V"的句式。

在"這麼一 V"句式中，指代詞"這麼"起連接作用，連接前後句子，凸顯前一分句與後續句之間的邏輯關係，"這麼一 V"分句導引某一動作、行爲或事件，導引出基於前一動作或事件造成的情狀或結果後續分句。因此，"這麼一 V"雖在句中充當一定的句法成分，但從整個分句表達語義並不完整，非自足的，因此它常以小句或分句的形式出現，依賴一定的語境和邏輯關係，需要後續語句補出，表達完整語義。後續句往往表示的是這一動作導致的情狀或結果，也可以是說話人的主觀推論等。動詞"V"的類別有光杆形式的動詞"說""來"，有複合動詞或動賓結構等。

1. "這麼一＋動詞"中的光杆形式動詞

"這麼一 V"中動詞有：說$_{21}$、來$_7$、講$_3$、想$_1$、恨$_1$、打$_2$、吃$_1$、耍$_1$、搶$_1$、瞧$_1$、辦$_1$、嚇$_1$、勒$_1$、曬$_1$、晴$_1$。其中用得最多的是"說"，其次是"來"，也有心理動詞"想""恨""嚇"。"這麼一 V"中的"V"有音節偏少的要求，這是"這麼一 V"在韻律上的特點。"這麼一＋動詞"中動詞以光杆形式動詞居多。

(63) 沒想到**這麼一來**，那醉鬼的酒也醒了。（第四十七章）

(64) 是了，我今兒聽您**這麼一解說**，這才明白了。（第一百三十七章）

後續句"酒也醒了""這才明白了""我想起來了"，說明了後續事件是因受先行句"這麼一來""這麼一解說"的影響，達到了某種程度。《北京官話全編》中"這麼一說"動詞"說"用例最多，其後續分句反映的大都是說話人的主觀理解"（我）明白了"。

(65) 他**這麼一恨**，就抓這錯兒出頭，把我們街坊告下來了。（第二百五十章）
(66) 他**這麼一嚇**，到家就病了。（第一百四十二章）

後續句"就……"，連接先行句"這樣一恨/嚇"，前因後果自然銜接，使前後分句語義連貫。

(67) 上前來就**這麼一搶**，把他們的銀子衣服搶了個罄凈。（第二百五章）

後續句"搶了個罄凈"，使用充當補語的成分，強調了前一分句"這麼一搶"所導致的結果。

2. "這麼一＋動詞"中的複合動詞

這類複合動詞，有 4 例。如：

(68) 他就**這麼一胡嫖混賭**，鬧的有好幾千銀子的賬，逐日賬主兒屯門。（第二百四十五章）

(69) 見了酒肉就放開了量兒，**這麼一吃一喝**，前半路兒和我說了好些衷腸肺腑的話。（第二百九十四章）

3. "這麼一＋動詞"中動詞為帶賓語的動賓成分

共 18 例，其中"把 O 這麼一 V" 1 例。**動賓成分有**：駛船、說話兒、加刑訊、趕路、撒酒狂、瞅見我、打官司、沒進項、發狠、發虎威、傳名、叫好兒、喝酒賞月、評理、孝敬上司、用功。受"這麼一 V"動詞音節長度偏短的韻律影響，這個動賓成分的音節長度也偏短，最多是雙音節的，沒有看到三音節的。如：

(70) 看着水手們把蓬扯起來，趁風這麽一駛船，實在暢快。(第五十四章)

(71) 我們倆人這麽一説話兒，直説到三更多天，他才走。(第一百六章)

(72) 這麽一趕路，越走越黑，所没有個住宿的地方。(第二百五章)

(73) 把煤這麽一約，誰知道送煤的見不用他的秤，他就不願意了。(第二百六十七章)

4. 情態强調式："這麽一V，(……) 就……"

邢福義 (1987) 稱這種"這麽一V，(……) 就……"爲情態强調式。該式在《北京官話全編》中用例較多。它也突顯了"這麽一V"作爲先行分句的非自足特點。如：

(74) 並且給他這麽一傳名，於是他的名聲就大了。(第三百二十九章)

(75) 誰知道解這天這麽一發狠，慢慢兒的也就不犯癮了。(第二百七十九章)

(76) 這麽一來，就多走了四五里，您説可笑不可笑？(第四十四章)

(77) 他就打發人給送了來了，我這麽一瞧，不由的我就笑了。(第一百六十五章)

(78) 到一個飯舖兒裏，這麽一吃一喝就喝醉了。(第一百六十六章)

(79) 他這麽一瞅見我，就仇深似海。(第二百二十四章)

"這麽一V"概括總結上文的原因事件，强調、突出導致下文結果。所以邢福義 (1987) 認爲"這麽一P"，一般有先行句，重在對情態的指示和統括，"這麽一P，就Q"是情態强調式，"P對Q具有使成性"。

附帶説明一下，"那麽一V"在《北京官話全編》中僅有三例。如：

(80) 冬天天冷，没有臭蟲，打那麽一睡，直睡到天亮。(第二百十三章)

(81) 而且又得回家换衣裳，那麽一鬧，可就更晚了。(第三百三十五章)

(82) 那麽一辦，還能在限内起身麽？(第三百七十一章)

似乎在這個句式中，"這麽""那麽"的角色不一。"那麽一V"與"這麽一V"使用比例不對稱的，表義上也似乎更强調非預期或不期望的一種動作的實現。

(六) "很+NP$_{名詞}$"句式

"很+N名詞"是清代北京話中的口語句式。《北京官話全編》也有幾例。

(83) 五：我的地在西山。六：聽説西山一帶今年很收成。(第一百二十二章)

(84) 聽説今年蕎麥很收成，我就不大吃這樣兒。(第一百二十六章)

(85) 那珠江一帶，花船極多。船上許多的娼妓，大半都很佳麗。(第一百章)

其他北京話教材也有少數幾例。如：

(86) 家裏也不算很財主。(《北京官話今古奇觀》)

（87）說話作事，都很光棍。（《官話類編》）

四、結語

民國時期，日本人深澤暹在北京任職，其間編撰了北京官話口語教科書《北京官話全編》，從該書的詞彙和句子的總體面貌看，它較爲全面地反映了清末民國期間北京官話的面貌。大量的北京官話口語詞，豐富的早期北京官話口語新句式，如表示誇張語氣情狀的"A 形容詞＋着呢/哪"句、表示祈請的"且 V"句、表列舉的"甚麼 A，（甚麼）B……"和"A、B……甚麼的"句、表強調的"所$_{副詞}$＋VP"句、表情態強調的"這麼一 V"句，還有特殊的"很＋NP$_{名詞}$"句式，雖然它們的使用頻率略有差異，但都存在於早期北京話口語中。除"所$_{副詞}$＋VP"句已經退出歷史舞臺，"很＋NP$_{名詞}$"句很少使用外，其他的句子大都在今天口語中，尤其是北方地區的口語中使用。

《北京官話全編》爲我們研究早期北京官話口語特徵提供了豐富的綫索，擴展北京官話口語句式和語法研究的範圍以及深度，此外，還可以爲我們推論《北京官話全編》編寫的大致年份提供相關的證據。早期北京官話口語語法特徵還有很多研究的空間，《北京官話全編》展現的基本特徵，爲以後的研究提供了參照。

參考文獻

陳曉. 清末民初北京話裏的程度副詞"所". 中國語文，2013（2）.

曹丹. 列舉式"X 什麼的"分析研究//第六屆東亞漢語教學研究生論壇暨第九屆北京地區對外漢語教學研究生學術論壇論文集（國際會議論文集）. 2016.

董曉敏. 說"X 什麼的". 漢語學習，1998（3）.

樊潔.《北京官話全編》北京話特徵研究. 清華大學本科學位論文，2018.

金紅梅. 清末民初北京話特殊副詞研究. 浙江師範大學碩士學位論文，2015.

孔祥卿. 早期北京話副詞"所"的用法、意義及來源. 漢字漢語研究，2020（4）.

李勁榮. 列舉形式"什麼 X"與"X 什麼的"的語義偏向. 漢語學習，2015（5）.

盧惠惠. 列舉義構式"什麼 X"與"X 什麼的"來源考察//語言研究集刊. 第九輯. 上海：上海辭書出版社，2012.

盧惠惠、王凱萌. 明清時期"且"字祈使句研究. 福建江夏學院學報，2020（5）.

邢福義. 前加特定形式詞的"一 X，就 Y"句式. 中國語文，1987（6）.

楊杏紅，張娜. 清末域外北京官話課本中的特殊成分"所"//第五屆現代漢語虛詞研究與對外漢語教學學術研究討論會論文集. 上海：學林出版社，2012.

王文穎. 清末民初北京話中副詞"所"的性質和功能//語言學論叢. 第五十八輯. 北京：商務印書館，2018.

魏兆惠. 試論清末北京官話特殊的"所"及其來源. 湖南師範大學學報，2014（2）.

張美蘭. 明清域外官話文獻語言研究. 長春：東北師範大學出版社，2011.

［日］深澤遄著、［日］内田慶市主編. 北京官話全編の研究（影印，全三册）. 大阪：關西大學出版社，2017.

［日］齊燦.《北京官話全編》方所時間介詞及對象介詞考察//或問. 第二十八號. 大阪：日本關西大學，2015.

［日］齊燦.《北京官話全編》所涉及北京地名及店鋪分類整理//内田慶市主編. 北京官話全編の研究（下卷）. 大阪：日本關西大學，2018.

［日］内田慶市主編. 北京官話全編の研究（下卷）. 大阪：日本關西大學，2018.

Colloquial Features of Beijing Mandarin in *A Complete Compendium of Beijing Mandarin*

Zhang Meilan

Abstract：*A Complete Compendium of Beijing Mandarin*（《北京官話全編》）is a colloquial textbook of Beijing Mandarin compiled by the Japanese scholar Fukazawa Susumu（深澤遄）during his tenure in China in the early Republican period. Structured around vocabulary-based sentences and organized in a dialogic format，the book comprises 378 lessons. Published in Japan as a facsimile edition in 2017，it has since become accessible to readers. Lexical and syntactic analyses reveal that the text reflects the characteristics of Beijing Mandarin during the late Qing and early Republican periods. This paper focuses on the features of oral expression，offering an introduction to the colloquial peculiarities of early Beijing Mandarin as documented in the book during the late Qing and early Republican eras.

Keywords：*A Complete Compendium of Beijing Mandarin*（《北京官話全編》）；Fukazawa Susumu（深澤遄）；Beijing Mandarin；colloquial textbook；colloquial features

（張美蘭，香港浸會大學中文系）

附記

2017年10月，筆者應邀前往日本關西大學訪學，内田慶市教授贈給我由他主編的《北京官話全編》。該書是日本鱒澤彰夫教授將他收藏的《北京官話全編》捐獻給關西大學後，内田慶市教授再將它編輯影印出版的。特别感謝這兩位教授接力棒式的薪火相傳，使得這一寶貴新穎的材料得以公開出版，惠澤學界。

《寧波方言字語彙解》方言語法現象的價值

崔山佳

提　要：清末西洋傳教士文獻數量衆多，從南到北，分布範圍較廣。關於傳教士文獻的價值，語言學界一直存在褒貶不一的評價。現在研究成果越來越多，且充分肯定了它們的重要價值。本文從（美）睦禮遜的《寧波方言字語彙解》入手，試圖證明清末美國傳教士文獻在寧波方言語法研究方面有重要價值，是本土文獻所不能替代的。

關鍵詞：清末；寧波；西洋傳教士文獻；方言；語法；價值

一、引言

清末傳教士文獻數量衆多，從南到北，分布範圍較廣。游汝杰爲阮詠梅（2019）所作的序中指出，單是吳語的方言聖經就多達 158 種。關於西洋傳教士文獻的價值，語言學界一直存在褒貶不一的評價。隨着研究成果越來越多，人們充分肯定了它們的重要價值。本文從（美）睦禮遜（William T. Morrison）《寧波方言字語彙解》（1876/2016，以下簡稱"《彙解》"）入手，試圖證明清末美國傳教士文獻在研究寧波方言語法方面有重要價值，好多是本土文獻所不能替代的。《彙解》的"出版説明"中指出："本書記録了 19 世紀中後期寧波方言的語音、詞彙、語法和大量自然口語語料，用於幫助當時初到寧波的外國人瞭解和學習寧波話，同時也對後人研究寧波方言歷史面貌和演變有重大參考價值。"確實如此，《彙解》雖然是語音、詞彙方面的，但也有不少内容涉及語法現象。本文所説的寧波方言語法現象有：量詞重疊"A 打 A""VV＋相""VV＋動""數量＋生"、述補結構組合式"A 得緊"、黏合式"V 湊"等。

---

* 基金項目：國家社科基金重大項目"晚明以來吳語白話文獻語法研究及數據庫建設"（21&ZD301）、浙江省哲學社會科學規劃課題"晚清傳教士編寧波方言文獻的語言文化接觸研究"（23NDJC440YBM）。

二、量打量

《彙解》中有"量打量"重疊式現象。如"切得片打片炙一炙"。（第 55 頁）"斷得刀打刀"。（第 105 頁）"點打點滯落"。（第 136 頁）"層夾層"。（第 268 頁）但"夾"注音爲"tang'"，前面"片打片"等的"打"注音就是"tang'"，故"夾"應是"打"。"切得片打片"。（第 435 頁）"號打號分開了"。（第 441 頁）"步打步"。（第 451 頁）有的明顯地顯示"量打量"能作狀語，如"點打點滯落""號打號分開了"，能作補語，如"切得片打片炙一炙""斷得刀打刀""切得片打片"，有的未顯示語言環境，如"層夾層""步打步"。

另有"一打一""一打一都好個"，前後還有"一個一個""逐一""每個""一併""通統"等。（第 321 頁）可見，這裏的"一打一"是"個打個"義。用"一"較特殊。

現在寧波方言中"量打量"重疊式很常見，可參看朱彰年（1981）、阮桂君（2009）。

據目前所掌握的材料來看，明代白話小説已有"C 打 C"，例如：

（1）衆人説道："是。"一齊兒**步打步**的捱下橋去。（明·羅懋登《三寶太監西洋記通俗演義》第 46 回）

（2）[鹿皮大仙]取出一條白綾手帕來，吹上一口氣，即時間變做無數的白雲，**堆打堆**的。（《三寶太監西洋記通俗演義》第 68 回）

相比之下，《三寶太監西洋記通俗演義》只有"步""堆"2 個量詞，而《彙解》却有"片""刀""點""層""號""步"6 個量詞。可見，到清末，寧波的"量打量"重疊式已經比較成熟。

漢語方言中，"量 X 量"形式衆多，有 30 餘種，"量打量"語法現象的分布範圍是 30 餘種形式中最廣的，涉及浙江、廣西、江西、廣東、四川、重慶、貴州、雲南、湖南、陝西、甘肅等省市，方言有吴語、平話、客家話、贛語、西南官話、湘語、畲話、中原官話等，尤以西南官話、贛語形式多樣。具體可參看崔山佳（2018：333－359，374－376）。

三、VV 相

《彙解》中"VV 看"語法現象，表示嘗試，如"問問看""探探看"。（第 28 頁）"試試看""做做看"。"試試看"後面有"試一試"。（第 31 頁）"定定看"。（第 32 頁）"比比看""對對看"。（第 84 頁）"派派看"。（第 86 頁）"數數看"。（第 98 頁）"數數看""檢檢看"。（第 151 頁）"試試看"，後面有"試一試"。（第 153 頁）

"估估看"。（第154頁）"摸摸看"。（第171頁）"猜猜看"。（第209頁）"望望看""尋尋看""查查看"。（第280頁）"數數看"，後面有"數一數"。（第314頁）"睒睒看"。（第339頁）"問問看"（第377頁）"派派看""數數看""算算看"。（第384頁）"查查看"。（第415頁）"喚喚看"。（第431頁）"齅齅看"。注釋說："聞聞看。"（第436頁）"齅"其實就是"嗅"。"庹庹看"。（第442頁）"肚皮角落頭尋尋看"。（第458頁）"試試看"。（第476頁）"試試看""嘗嘗看"。"試試看"前面有"試試"，後面有"試一試"。（第492頁）"稱稱看"。（第525頁）從上可見，寧波方言用"VV看"表示嘗試的使用頻率較高。

頗感奇怪的是，《彙解》中還有"VV相"。第280頁既有"看看相"，也有"望望看"，這可能是為了避免單調。第384頁有"忖忖相""捱捱相"。

當然，在寧波方言中，"VV看"是典型用法，而"VV相"是非典型用法。

在現代吳語中，台州方言等還說"VV相"。顏逸明（1995：224）認為台州話用"VV相"，體現了方言特色。戴昭銘（2003：147）說天台方言有如下例子：問問相、講講相、寫寫相、吃吃相、讀讀相、走走相、討論討論相、活動活動相。既有單音節動詞，也有雙音節動詞。阮詠梅（2013：281）指出，溫嶺方言有"VV相"的說法。這種格式中的動詞如果是個單一動詞，則無論音節單雙為重疊後再跟"相"組合。如：望望相_看看看_｜喫喫相_吃吃看_｜嘗嘗相_嘗嘗看_｜著著相_穿穿看_｜睏睏相_睡睡看_｜商量商量相｜討論討論相｜計畫計畫相。還有"VVO＋相"，如：問問渠相、問問他看。王文勝（2012：242）說浙江麗水的雲和方言說"VV相"。王文勝（2015：178—179）說法同。據曹志耘（2008：91），說"問問相"的有浙江的寧海、天台、三門、臨海、仙居、黃岩、溫嶺、樂清台、玉環、雲和，屬吳語，有10個點。

寧海雖然現在屬寧波，但以前屬台州，所以就方言來說屬台州。雲和較特殊，它屬麗水，地域上不如寧海與台州毗鄰，與最近的台州仙居隔了麗水的縉雲、麗水市區，表嘗試卻與台州相同，是移民還是其他原因，尚待進一步調查。

以上說明，在《彙解》時代吳語說"VV相"的範圍可能比現在要廣一些，即寧波也說。

明清時期，表示嘗試的主要是"VV看"，自清代《紅樓夢》起，也有一些作品用"VV瞧"，見李珊（2003）、崔山佳（2019），《彙解》的例子至少可以證明在19世紀中後期寧波方言就有"VV相"。這是"五四"前關於"VV相"最早的記載，其為漢語中表示嘗試提供了新的形式，具有類型學價值。

四、VV動

《彙解》中有"VV動"，如"心懍懍動"。注釋說："懍懍動：形容驚慌、害怕的樣子。"（第14頁）"宕宕動"。（第107頁）"頭暈暈動"。（第132頁）"聲響隱隱動"。(第 166 頁)"隱隱動"。(第 242 頁)"叫得碎碎動"。注釋説:"碎碎動:形容心上不安。叫聲讓人心裏七上八下的。"(第 217 頁)"胸膛頭膈膈動"。注釋説:"形容因心跳而胸部起伏的樣子。"(第 218 頁)"怔怔動"。(第 257 頁)"辮辮動個"。注釋説:"感覺不適,有異物感。"(第 317 頁)"憛憛動"。(第 333 頁)"震震動"。(第 378 頁)"怔怔動""驚驚動"。(第 422 頁)"碎碎動"。(第 425 頁)"潭潭動"。(第 433 頁)"飄飄動雪"。(第 438 頁)"衝衝動"。(第 448 頁)"餓得吸吸動"。注釋説:"形容非常餓,饑腸轆轆。"(第 449 頁)"衝衝動""牆搖搖動"。(第 486 頁)"星光透透動"。(第 496 頁)"怔怔動""宕宕動"。注釋説:"形容心跳不正常或因驚慌而心悸。""宕:晃動。搖來擺去的。"(第 515 頁)

現在寧波方言常用。下面是朱彰年等(2016)的例子,如:

(1) 黏饢絞絞動。(第 44 頁)

(2) 胃裏疲疲動。

(3) 吃勒抬抬動。(第 137 頁)

(4) 走路蹱蹱動。(第 163 頁)

(5) 我心臟勿咋好,時格有眼代代動個。

(6) 大人身體勿咋好,嘸没工夫去看,心裏一直惛惛動個。

(7) 兒子過兩日要高考嚸,我人時格戚戚動個,睏也睏勿熟。

(8) 乘勒一日長途汽車,到該晌頭還有眼暈暈動個。

(9) 羊毛衫貼肉穿仔戳戳動個。(第 220 頁)

(10) 腦子裏隱隱動個好像有格貌一句寧波老話,一時三刻忖勿起來。(第 220—221 頁)

(11) 糖炒年糕糖安忒多嚸,吃仔移移動。(第 221 頁)

(12) 該晗便秘嚸,屁眼急急動,屎末屎勿出。(第 222 頁)

(13) 該人投投動個,領導當勿來個。(第 242 頁)

(14) 同學裏頭其比人家混勒好眼,旺旺動個,交關難相。(第 243 頁)

(15) 老大鴻壽京班,攏攏動生三。(第 349 頁)

(16) 江橋紿紿動,彎轉灰街弄。(第 463 頁)

明清白話文獻中就有"VV 動",西周生的《醒世姻緣傳》例子最多,有 9 例,都是"表示……的樣子"(崔山佳,2016,2018)。現在寧波方言中,"VV 動"既有"表示……的樣子",又有"表示……的感覺"。如《彙解》中的"頭暈暈動"應該不是"表示……的樣子",而是"表示……的感覺",因爲頭"暈"只能是"感覺",而不是別人能看到的"樣子"。其他如"胸膛頭膈膈動""餓得吸吸動""怔怔動""宕宕動"等也是"表示……的感覺"。所以"憛憛動"《彙解》解釋爲"形容驚慌、害怕的樣子"不如解釋爲"表示驚慌、害怕的感覺"更準確,因爲"憛憛動"表示的是内在的心理感受，不是外在的表現。

上面衆多的"VV動"，有的寧波方言口語中已經不説，有的仍在運用。現在還有如"六十橫橫動""五百斤上落/五百斤橫橫動""下半日下午3點鐘橫橫動"等説法，此"動"也是後綴，其語義比"表示……的感覺"的"動"更虛。

浙江其他吴語也有，如舟山、紹興、台州、温州、麗水、金華、杭州等，江西吴語也有，如廣豐方言。福建、江西的客家話等也有一些方言點有"VV動"，都是"表示……的樣子"。但我們未見這些方言有歷史文獻資料，也未見"表示……的感覺"的説法，更未見"八十歲橫橫動"這種更虛的説法。據現有的材料可見，寧波方言中的"VV動"語法化程度是最高的，也最有價值。

五、數量＋生

《彙解》中有"數量＋生"。如"十樣生"。（第261頁）"兩接生"。（第334頁）"一股生""三股生"。另有"獨股頭"。（第455頁）"弗是一班生"。（第499頁）"一班生""一體樣式"。注釋説："統一樣式。"（第501頁）

《彙解》第455頁對"一股生"作了注釋："繩、線之類的一股。後置的'生'意爲'存在，在哪兒'。"大錯。原因是不知"數量＋生"是一種特殊的用法，吴語不少地方至今仍在運用，如紹興、寧波、杭州、金華、台州、温州、麗水等。據我們目前所掌握的材料來看，基本在吴語區運用。而且，這種特殊的"生"的用法，近代漢語已有運用。我們認爲這種用法的"生"是後綴。可參看崔山佳（2021a）。

《彙解》第467頁對"一種"作了注釋："一群。據注音應爲'一種生'。"看注音是："ih-tsong'-sang。""sang"就是"生"。同頁還有"一種蜜蜂"，其注音是："ih-tsong'-sangmih-fong'。"中間也有"sang"（生），"一種蜜蜂"應是"一種生蜜蜂"。"一種生"也是"數量＋生"。

朱彰年等（1996：61）收"生"，義項有二，其二是："〈後綴〉多用在數量詞後面。"如"兩副生""兩隔生""一排生""三股生"。湯珍珠等（1997：208）收"生"："後綴成分，用在量詞後面，構成'數＋量＋生'或'指代＋量＋生'的三字格式。"如"兩隔生""四股生""做堆生擺的""西瓜切勒四瓜生"。湯珍珠等（1997：214）收"兩瓜生""兩樣生""兩隔生"。《彙解》參考文獻中有湯珍珠等（1997），可惜的是，校注者未注意到湯珍珠等（1997）有"生"的特殊用法。

奉化方言也説，例如：

（1）子丑寅卯辰未降，東方發白天大亮，百鳥做窠**百樣生**，老鷹做窠高得猛。……百鳥百獸百蟲長，各自做窠**百樣生**。（《動物做窠》，陳峰，2017：89）

周志鋒（2012：227）説到"AB生"：AB爲數量詞。表示與數量有關的某種狀態。例如：一排生、三股生、兩架生（屁股跌勒兩架生）。兩隔生（新婦搭阿婆總歸有眼兩隔生個）。明清作品有用例，如：

  （2）這樓却與婦人的房同梁合柱，<u>三間生</u>。這間在右首，架梁上是空的，可以扒得。（明·陸人龍《型世言》第 6 回）

  （3）紅大道："怎的叫石女兒？等我摸。"便一摸去，如個光燒餅，<u>一片生</u>的。（《一片情》第 6 回）

  （4）春暖百花香，腰骨<u>兩禿生</u>。（清·范寅《越諺》卷上）

  總體上看，近代漢語中"數量生"用例不多，我們祇搜集到 25 處，而《彙解》竟有 8 處，可見那時的寧波方言"數量生"的使用頻率是較高的。

  現在，寧波方言中有的"數量生"已經詞彙化，如湯珍珠等（1997：214）把"兩瓜生""兩樣生""兩隔生"當作詞條收入詞典。

六、表程度的述補結構組合式"A 得緊"

  《彙解》有"A 得緊"。如"多得緊"。注釋説："得：據讀音疑爲'勒'。緊：形容程度深。很多。"（第 5 頁）"火鐘大得緊"。注釋説："火鐘：火情。緊：形容程度深。"（第 89 頁）"這一年大小事體繁得緊"（第 155 頁），"遭着水災地方廣闊得緊"（第 163 頁），"多得緊個樣式"（第 187 頁），"大得緊"有好幾處（第 206 頁、第 233 頁、第 266 頁），"錯處多得緊"（第 297－298 頁），"多得緊"（第 314 頁），"遠得緊"（第 318 頁），"靈得緊個"（第 445 頁），以上中心語都是形容詞，"緊"是程度副詞。

  《彙解》有"V 得緊"。"逼得緊""催得急"。（第 361 頁）中心語爲動詞，但這裏的"緊"應該是形容詞，"催得急"中的"急"也是形容詞，不是程度補語，而是結果補語，而"A 得緊"是程度補語。

  以上可見，當時的寧波方言裏，"A 得緊"中的"A"以單音節形容詞爲主，也有雙音節形容詞，如"廣闊"。大多作謂語，也有作定語，如"多得緊個樣式"，"個"是定語標記。

  明清白話文獻中有不少"A 得緊"。白維國（2010）"緊"義項有八，其八是："用在動詞或形容詞加助詞'得'（的）後面充當補語。"分 3 小點：

  a）表示急迫、迅速。例如：

    （14）只是那書辦<u>催得緊</u>。（《醒世姻緣傳》第 98 回）

    （15）你魘醒轉來就害頭疼，怎便這等<u>有顯應得緊</u>？（《醒世姻緣傳》第 3 回）

  b）表示程度深；很。例如：

(16) 大奶奶却是**利害得緊**。(《水滸傳》第 103 回)

(17) 只要有一個，也就**勾得緊**了，怎敢做那貪得無厭之事？(《肉蒲團》第 6 回)

(18) 聽起安老爺這幾句話，説得來也平淡無奇，**瑣碎得緊**。(《兒女英雄傳》第 19 回)

c) 表示嚴密、牢固。例如：

(19) 昨夜賊兵過河來劫營，吃軍師**防備得緊**，只傷了些伏路兵。(《蕩寇志》第 94 回)

對照《彙解》的例子，所有"A 得緊"中的"緊"是程度副詞，都是"表示程度深；很"的意思，"逼得緊"中的"緊"是形容詞，是"表示急迫、迅速"的意思。

明清白話文獻等中有大量的"A 得緊"。(崔山佳，2022b)《彙解》也是繼承明清白話文獻，是當時寧波方言的真實記録。

"A 得緊"的説法在普通話中基本不用，寧波方言在 19 世紀中後期仍有"A 得緊"，只是現在已消失。但據曹志耘等（2016：598），"A 得緊"在浙江金華方言中僅見于浦江話，如"香得緊、暖得緊、大得緊"等。又據曹志耘（2008：22），除浦江外，義烏、分水舊、淳安、遂昌也有"A 得緊"。衢州也有（王洪鐘，2019：126，136）。湖南道縣梅花土話也有（沈明等，2019：194）。

七、表"追加"的述補結構黏合式"V 湊"

朱德熙（1982）根據組合形式的差異，把漢語的述補結構分爲組合式和黏合式兩種，組合式述補結構中有結構助詞"得"，黏合式述補結構中則没有"得"。

"V 湊"是表示"追加"的述補結構黏合式。據現有的材料可見，"V 湊"首見於《彙解》，如"加煤炭湊"（第 9 頁），"加香湊"（第 179 頁），"加湊"（注釋説"添上"）（第 241 頁），"嵌一個字湊"（第 248 頁），"續湊"（第 251 頁），"加一點湊"（注釋説"稍微再加一點"）（第 277 頁），"加鹽湊"（第 408 頁），"加二°倍湊"（注釋説"再加兩倍"）（第 479 頁），"加兩倍湊三倍"（第 489 頁）。第 277 頁把"加°一點湊"注釋爲"稍微再加一點"，不確，應去掉"稍微"。

"V 湊"有一定的分布範圍，如台州的天台、温嶺、臨海、三門等，寧波的奉化等，温州的永嘉也有。其他方言也有"V 湊"，如贛語、徽語、畲話。也有既説"V 湊"，又説"V 添"的，如浙江開化、常山、江西玉山。(參見崔山佳，2022b)

此外，《彙解》還有以下語法現象：1. VVR；2. AA 個/ABB 個；3. 數量+頭；4. AB 算帳；5. V 打/帶；6. A 勢勢；7. AB 三千；8. V 綻；9. 野氣；

10. 大家；11. V 快；12. 來的/來東/來幹；13. AB 不刺；14. VV 其。筆者另文續論，此不贅。

八、《彙解》的方言語法價值

（一）關於傳教士文獻價值的認識有一個過程

關於傳教士文獻的價值，語言學界有一個觀點不一的過程。王力（1981：8）指出："在此以前，有些外國傳教士也曾爲了傳教的目的，甚至爲了侵略的目的，調查過我國的方言和少數民族語言。他們多數沒有經過嚴格的語言學訓練，他們的著作，可信程度是不高的。"但進入 21 世紀以後，不少學者逐漸認識到傳教士文獻的重要研究價值。如游汝杰（2002）、陳澤平（2010）、錢乃榮（2014）、林素娥（2015）、石汝杰（2016）、阮詠梅（2019）、游汝杰（2021）等。

游汝杰（2002：5）指出："19 世紀下半期至 20 世紀上半期來華的西洋傳教士，翻譯、編寫、出版了各類繁多的漢語方言《聖經》譯本（其中有一部分爲羅馬字本）和方言學著作（有羅馬字對音），這些文獻記錄、描寫並研究了當時各地漢語方言口語，在廣度、深度和科學性方面遠遠超過清儒的方言學著作，也是同時代的其他文獻，如地方志和方言文學作品所望塵莫及的。它們對於研究近代中西學術交流、中國基督教史、漢語方言學和方言學史都有相當高的價值。"游汝杰（2021：11）同。

陳澤平（2010：21）認爲，"傳教士在 100 多年前對福州方言觀察之深入、描寫之精細、搜羅之宏富往往令人驚歎"。

蔣紹愚（2012：17）指出："又如，明清時期韓國、日本的一些漢語教科書，19 世紀西方傳教士的一些漢語教科書和漢語翻譯著作，都反映當時漢語的面貌。現在有一些學者已經或正在做相關的研究。可見，域外資料對漢語史研究也很重要。"

石汝杰（2016：376）指出："這些文獻中，值得注意、值得高度評價的是外國人的研究，理由是：19 世紀中葉，現代意義上的語言學和語音學已經進入初創時期，來中國的這些歐美人應該接受過相關的教育或者説受到影響，他們的記錄重視語音（包括對語音的描寫、分析），對詞彙、語法現象的記錄也有相當的系統性，所以可信程度相當高。雖然具體的文獻跟著者個人的學養有關係，還與那些教他們漢語的中國人的水準有關（雖然我們對此所知甚少）。跟中國人自己祇使用漢字的記錄相比，其利用價值之高是無可置疑的。"

當然，傳教士文獻也存在一些問題。阮詠梅（2019：40－41）指出："當然他們也都認識到傳教士漢語方言文獻的局限性，傳教士對漢語方言的認識、記錄和解釋難免有偏頗和疏漏之處。因爲這些傳教士畢竟不是語言學家，其語言學學養良莠不齊，也並非純粹是爲了研究漢語和漢語方言而出版漢語方言詞典、著作和中文

《聖經》譯本。除了傳教士自身的語言和文化樊籬外，還受到當時漢語研究水準及其中國漢語老師的語言水準的限制。但是'通過仔細的梳理分析，去粗取精、去僞存真。從這些文獻中還原出福州方言在 19 世紀的真實面貌，是我們的責任'（陳澤平，2010：21），這種認識和做法同樣適用於我們對其他傳教士漢語方言文獻的研究。"

（二）《彙解》的方言語法價值

比較現代漢語與漢語方言，初步歸納一下《彙解》在寧波方言語法方面具有如下價值：

1. 有的爲《彙解》首見

如"VV 相"爲"五四"以前漢語第 3 種動詞重疊表示嘗試用法，於《彙解》首見。表示"追加"的述補結構黏合式"V 湊"，也首見於《彙解》。

《彙解》收有擬聲詞"㗒㗗"，其注音爲"inŋ'-anŋ"，與奉化方言音差不多。又收有"門㗒㗗響"。（第 100 頁）可見，這裏的"㗒㗗"是指"開門、關門聲"。而《彙解》應該是當時（1876 年）寧波方言的口語的實際記録，是非常可信的。但"[iŋ⁴⁴⁵ ā⁴⁴⁵]"這個音所反映的物件狹窄，只是"開門、關門聲"，而明清白話文獻的例子所比擬的聲音要複雜得多。（參見崔山佳（2017，2021b））我們以爲，這是其詞義的縮小。原來吳語用"㗒""㗗"是擬聲詞的泛指，現在專指"開門、關門聲"，其詞義所指物件減少，其聲音也變化，用擬"開門、關門聲"而定爲"[iŋ⁴⁴⁵ ā⁴⁴⁵]"，應該是比較準確的。浙江師範大學吳宗輝博士告訴我們：在新昌縣檔案館藏調腔抄本當中見到過這兩個擬聲詞，意義也是開門、關門聲，出自調腔《西廂記·游寺》，如：

（1）（丑）徒弟嚇，大殿鑰匙在那裏？（内白）洞中懸。（小生）長老，何爲洞中懸？（丑）懸，那（乃）是掛也。待我來開之大殿門。雪索，雪索。㗒……㗗……。（小生）長老，一樣門兒，爲何兩樣聲音？（丑）當初魯班先師所造，名喚左金雞，右鳳凰。金雞勿曾破聲，所以"㗒……"聲，個個鳳凰破之聲哉，好像我法聰喉嚨介一般，"㗗……"個聲來哉。

新昌與奉化相鄰，"㗒""㗗"的讀音與奉化也相似。

另外，德國人穆麟德（Paul Geong Von Mollendörff）《寧波方言音節》中也有"㗗"，但那是 1901 年出版的，時間要遲得多。這也說明《彙解》的珍貴。

2. 有的是一脉相承，承上啓下

"數量+生"近代漢語只找到 20 餘個例子，但是《彙解》有 6 例，數目不少，現吳語仍常用。又如"大家"一詞，從（明）馮夢龍的《警世通言》開始就有副詞用法，一直到清代的《彙解》，又延續到現在的寧波方言。

3. 有繼承又有發展變化

"數量+生"至少現在有以下演變：(1) 數量+名+生；(2) 數+名+生；(3) 量+生；(4) 量打/加量+生；(5) 量量+生/相；(6) 數量+生/相；(7) 動/形+量+生；(8) 指示代詞+量+生；(9) 量詞爲動量詞與時量詞。(10) "數量+生"的詞彙化；(11) 方言分布範圍縮小。(崔山佳，2021a) "VV 動"的説法明末才有，只有 14 例，都是 "表示……的樣子"的意思，《彙解》有 23 例，好多是 "表示……的感覺"，這説明清末的寧波方言口語中，"VV 動"已經有兩種意思了，既有 "表示……的樣子"，又有 "表示……的感覺"，前者實一點，視覺可見，後者表示心理感覺，虛一些，現在寧波方言更有 "六十橫橫動"這樣更虛的用法，"動"的語法化程度更高，這在《彙解》中未見。

4. 有的《彙解》有，現在消失，但其他方言仍有

"VV 相"的説法，現代方言中，主要運用於台州方言，麗水雲和也有（麗水的景甯、青田作一般動詞用 "相"，但作嘗試助詞時，景甯用 "望"，青田用 "□ [no⁰]"），但雲和如動詞爲 "看"，則要説成 "看看望"（王文勝，2015：217）。但清末傳教士文獻中，不但聖經台州土白中有 "VV 相"，《彙解》時期寧波方言也有，雖然是 "VV 看"用得多，是典型用法，"VV 相"是非典型用法，但至少説明寧波方言在 19 世紀中後期使用過。寧波與台州相連，台州又有是南部吳語與北部吳語的過渡地帶的説法，所以，寧波方言有 "VV 相"的説法也屬正常。又如 "A 得緊"，相當於普通話的 "A 得很"，明清白話文獻常用，《彙解》也有，現在寧波方言已經不用，但其他方言仍有，據曹志耘等（2016：598），這種用法在浙江金華浦江方言有。又據曹志耘（2008：22），除浦江外，還有義烏、分水舊、淳安、遂昌，顯然，浦江、義烏、分水舊、淳安、遂昌方言的 "A 得緊"與近代漢語的 "A 得緊"是一脉相承的。

5. 有的明清白話文獻數量很少，但《彙解》用例較多

如量詞 "A 打 A"重疊式，明清白話文獻只有《三寶太監西洋記通俗演義》2例，但《彙解》却有 7 例，説明，至少在《彙解》時期，寧波方言中已經常用了。另有 "一打一"，更特殊，寧波方言現在有 "百打百""千打千""萬打萬"，但不説 "一打一""十打十"。《彙解》中的 "VV 動""數量+生"也如此。

6. 有的結構《彙解》已見詞彙化

吳語中有些方言的 "V 快"已詞彙化，如 "夜快"，寧波（肖萍等，2019：62）、定海（徐波，2019：67）、海鹽（張薇，2019：59）等已成爲時間名詞。長興有 "夜快邊"（趙翠陽等，2019：59）、余杭有 "夜快邊兒"（徐越等，2019：85），"夜快"也已經詞彙化。其實，《彙解》中的 "夜快"已經詞彙化。又如 "數詞+生"，現在寧波方言至少有 3 個已經詞彙化。

7.《彙解》與"歐化"語法現象

趙曉陽（2015）在"摘要"中指出："通過對1870年出版的北京官話本《新約全書》與英文欽定本《聖經》的對比分析，可以發現，在19世紀60年代的北京官話聖經譯本中，已經出現了這種漢語歐化的現象，遠早於學術界一直認爲的漢語歐化始于20世紀初的觀點。"趙曉陽（2016）在"摘要"中指出："作爲印歐語和漢語的雙語者，傳教士在將印歐語言譯成漢語白話的過程中，印歐母語中的語言形式不斷地向漢語'遷移'，最終形成了有歐化元素的現代白話。在現代白話的創建過程中，歐化因素使'語'向'文'提升，'語'（口語、白話）向'文'靠近，促進語句更嚴密、邏輯。通過使語句'歐化'的方式，中國現代民族共同語言的產生，走過了一條以恢復地方語言而形成歐洲現代語言的完全不同道路。"趙曉陽（2018）持相同看法。

宋雪（2017）在"摘要"中指出："晚清西學東漸帶來的異質語言接觸，引起漢語的歐化。在'五四'之前，來華傳教士的翻譯、出版、教育等活動，已經對漢語的面貌產生影響。來華西人所用的白話，是一種不用典、接近口語、摻雜淺近文言，又有外來語法的特殊語體，在翻譯文本和漢語教材中都有具體體現。"

其實，傳教士爲了傳教，面對廣大文化水平不高，甚至是文盲的傳教對象，他們不大可能用其母語來傳教，所謂"入鄉隨俗"，應該是忠實地記錄當時、當地的口語，而不是"歐化"語法。

我們已經在《彙解》中找到不少寧波方言的語法現象，其實台州、溫州的傳教士文獻中也能找到不少吳語語法現象，甚至在北京官話傳教士文獻中也找到一些特殊語法現象，如雙音節動詞"VP了VP"重疊式，於明代的《醒世姻緣傳》首見，後來《姑妄言》《兒女英雄傳》《文明小史》等都有（崔山佳，2011：114－121），傳教士文獻北京官話《官話指南》、九江書會《官話指南》中也有"VP了VP"重疊。（張美蘭，2017：114）還有概數用法"五七"，王力（1985：240）認爲"五七"不成話，吕叔湘（1984：21）指出："王先生這個話是按現代北京話的語法説的，事實上確是這樣。可是在早期的白話裏曾經有過'五七'的説法，幾乎和'三五'一樣的普通。"吕叔湘（1984：21）説，《兒女英雄傳》裏也有一例"五七"："那幾個跟班兒的跑了倒有五七蕩。"（32.12）但是就着現代口語裏已廢這一點來推測，《兒女英雄傳》這個例子怕是作者不知不覺的仿了一下古。崔山佳（2022a）找到了《兒女英雄傳》後不少"五七"用例，就是英國外交官威妥瑪的《語言自邇集》中也有幾處"五七"的記載。例如：

（2）王公府裏、大約背面都有樓、上下兩層、各分**五七間**不等。人要是在樓外分其間數、説是**五七間**房子、要在樓裏頭、就説是**五七間**屋子。（宋桔，2014：99）

由此可見，就是外國人威妥瑪都記載"五七間房子""五七間屋子"，説明當時的漢語口語裏確實有"五七"的説法，而且是常用的，並非罕見用法。

退一步説，即使傳教士文獻中有"歐化"語法現象，但所占比例不可能很大，説會影響到漢語語法，甚至"語言革新"，有誇大其詞之嫌。殊不知，語言三要素中，語法是最"頑固"的。

九、結語

以上可見，《彙解》不但在寧波方言語法研究中具有比較重要的價值，就是在吳語，甚至整個漢語方言研究中也是有較高的地位。如"VV 相"，現在主要存在台州方言中，麗水雲和也有，但至少在《彙解》時代，寧波方言表示嘗試除有"VV 看"外，還有"VV 相"，即在《彙解》時代，"VV 相"的分布範圍要比現在廣，同時，到目前爲止的研究中，《彙解》是最早報導"VV 相"的。以前認爲，近代漢語中，"VV+嘗試助詞"除"看"外，只有"瞧"，現在看來，至少在清末，"相"從實義動詞已經語法化爲嘗試助詞。

引用書目

（明）羅懋登. 三寶太監西洋記通俗演義. 上海：上海古籍出版社，1985.

（明）陸人龍. 型世言//明代小説輯刊（第一輯第 2 册）. 成都：巴蜀書社，1993.

（明）無名氏. 一片情//中國古代珍稀本小説（第 4 册）. 沈陽：春風文藝出版社，1995.

（清）范寅. 越諺.《越諺》點注. 侯友蘭等點注. 北京：人民出版社，2006.

（美）睦禮遜（William T. Morrison）. 寧波方言字語彙解. 朱音爾，姚喜明，楊文波校注. 游汝杰審訂. 上海：上海大學出版社出版，1876/2016.

陳峰主編. 奉化民間文藝·歌謠卷. 寧波：寧波出版社，2017.

參考文獻

曹志耘主編. 漢語方言地圖集（語法卷）. 北京：商務印書館，2008.

曹志耘，秋谷裕幸主編. 吳語婺州方言研究. 北京：商務印書館，2016.

陳澤平. 19 世紀以來的福州方言——傳教士福州土白文獻之語言學研究. 福州：福建人民出版社，2010.

崔山佳. 近代漢語動詞重疊專題研究. 成都：巴蜀書社，2011.

崔山佳. 後綴"動"歷時與共時比較研究. 方言語法論叢（第 7 輯）. 劉丹青，邢向東，沈明主編. 北京：商務印書館，2016.

崔山佳. 吳語語法歷時與共時研究. 杭州：浙江大學出版社，2018.

崔山佳. "VV 瞧"中"瞧"的語法化. 語法化與語法研究（九）. 吳福祥，吳早生主編. 北京：商務印書館，2019.

崔山佳. 吳語後綴"生"的演變. 方言, 2021a (2).

崔山佳. 再說擬聲詞"㕂""㕛". 漢字漢語研究, 2021b (2).

崔山佳. 漢語方言數詞和量詞特殊用法研究. 北京：語文出版社, 2022a.

崔山佳. 類型學視角下吳語"形容詞＋得＋程度副詞"考察（上篇）. 通化師範學院學報, 2022b (3).

戴昭銘. 天台方言研究. 北京：中華書局, 2006.

胡松柏, 胡德榮. 鉛山太源畲話研究. 北京：中國社會科學出版社, 文化藝術出版社, 2013.

蔣紹愚. 談談博士生的培養. 中國大學教學, 2012 (1).

李榮主編. 現代漢語方言大詞典. 南京：江蘇教育出版社, 2002.

林素娥. 一百多年來吳語句法類型演變研究——基於西儒吳方言文獻的考察. 北京：中國社會科學出版社, 2015.

呂叔湘. 五七//語文雜記. 呂叔湘著. 上海：上海教育出版社, 1984.

錢乃榮. 西方傳教士上海方言著作研究（1847—1950年的上海話）. 上海：上海大學出版社, 2014.

阮桂君. 寧波方言語法研究. 武漢：華中師範大學出版社, 2009.

阮詠梅. 溫嶺方言研究. 北京：中國社會科學出版社, 2013.

阮詠梅. 從西洋傳教士文獻看台州方言百餘年來的演變. 北京：中國社會科學出版社, 2019.

沈明, 周建芳. 湖南道縣梅花土話. 北京：商務印書館, 2019.

石汝杰. 近代上海方言歷史研究的新課題. 吳語研究（第8輯, 第8屆國際吳方言學術研討會論文集）. 陳忠敏主編. 上海：上海教育出版社, 2016.

宋桔.《馬氏文通》前西人的漢語量詞研究——以《語言自邇集》爲核心. 語言研究, 2014 (4).

宋雪. 語言接觸與歐化語法——西方來華傳教士和晚清語言革新. 漢語言文學研究, 2017 (1).

王洪鐘. 浙江方言資源典藏·衢州. 杭州：浙江大學出版社, 2019.

王力. 中國現代語法. 北京：商務印書館, 1943/1985.

王力. 漢語描寫語言學的興起及其發展. 語文研究, 1981 (1).

王文勝. 吳語處州方言的地理比較. 杭州：浙江大學出版社, 2012.

王文勝. 吳語處州方言的歷史比較. 北京：中國社會科學出版社, 2015.

肖萍, 汪陽杰. 浙江方言資源典藏·寧波. 杭州：浙江大學出版社, 2019.

徐波. 浙江方言資源典藏·定海. 杭州：浙江大學出版社, 2019.

徐越, 周汪融. 浙江方言資源典藏·余杭. 杭州：浙江大學出版社, 2019.

許寶華, [日] 宮田一郎主編. 漢語方言大詞典（修訂本）. 北京：中華書局, 2020.

游汝杰. 西洋傳教士漢語方言學著作書目考述. 哈爾濱：黑龍江教育出版社, 2002.

游汝杰. 西洋傳教士漢語方言學著作書目考述（增訂本）. 上海：上海教育出版社, 2021.

張美蘭.《官話指南》彙校與語言研究——《官話指南》（六種）彙校. 上海：上海教育出

版社，2017.

張薇. 浙江方言資源典藏·海鹽. 杭州：浙江大學出版社，2019.

趙翠陽，葉晗. 浙江方言資源典藏·長興. 杭州：浙江大學出版社，2019.

趙曉陽. 晚清歐化白話：現代白話起源新論. 晉陽學刊，2015（2）.

趙曉陽. 歐化白話與中國現代民族共同語的開始：以聖經官話譯本爲中心的思想解讀. 晉陽學刊，2016（6）.

趙曉陽. 域外資源與晚清語言運動：以《聖經》中譯本爲中心. 北京：商務印書館，2018.

朱德熙. 語法講義. 北京：中華書局，1982.

朱彰年. 寧波方言量詞的重疊式. 中國語文，1981（3）.

朱彰年，薛恭穆，汪維輝，周志鋒編著. 寧波方言詞典. 上海：漢語大詞典出版社，1996.

朱彰年，薛恭穆，周志鋒，汪維輝原著，周志鋒，汪維輝修訂. 阿拉寧波話（修訂本）. 寧波：寧波出版社，2016.

On Value of Dialect Grammatical Phenomenon in *An Anglo-Chinese Vocabulary of Ningbo Dialect*

Cui Shanjia

Abstract：In the late Qing Dynasty, there were a large number of Chinese dialects documents written by Western missionaries and they were widely distributed from the south to the north. Regarding the value of these documents, linguistics has a mixed process of praise and criticism. Now there are more and more related researches, which fully affirm the important value of these documents. Starting with William T. Morrison's *An Anglo-Chinese Vocabulary of Ningbo Dialect*, this article tries to prove the important value in the documents written by American Missionaries on Ningbo dialect grammar, which are irreplaceable by local literature.

Keywords：late Qing Dynasty；Ningbo；Chinese dialects documents written by Western missionaries；dialect；grammar；value

（崔山佳，浙江財經大學人文與傳播學院）

中古近代漢語雙音節詞語類同演變研究

——基於聚合類推視角的分析*

張福通

提　要：類同演變包括平行演變與聚合類推，它們是漢語史中兩類重要的演變現象。本文通過分析"大抵""一概"類詞語等的語法化情況探討虛詞的類同演變現象。對於結構關係相同、意義相同或相近的雙音節詞語來說，當它們存在類似的語法化路徑時，更可能是聚合類推現象。這可以從結構語義關聯、文本關聯和演變關聯等方面加以證明。

關鍵詞：聚合類推；平行演變；雙音節詞語

一、引言

古漢語研究者很早就注意到聚合型詞語意義功能的類同演變現象[①]。對於這類現象，有兩種主要的研究觀點。第一種觀點是置於平行演變的視角下，認爲聚合型詞語是分別按照相似的軌迹發生功能變化的。洪波（2000）在考察虛詞的演變時關注到這類現象，稱之爲"平行虛化"。第二種觀點是置於聚合類推的視角下，認爲發生類同演變的詞語之間存在互相影響，並非各自獨立演變。孫雍長（1985）稱爲"詞義滲透"、許嘉璐（1987）稱爲"同步引申"、蔣紹愚（1989）稱爲"相因生義"、李宗江（1999/2016）稱爲"聚合類推"、李明（2012）稱爲"實詞内部詞義演變中的類推"。這些觀點主要針對實詞的意義演變，順帶涉及虛詞的功能演變，都注意到聚合型詞語中某個詞語具有"帶動"作用。

此外，有些學者的觀點則並未顯化或偏於調和式處理。馮利（1986）討論過類

---

*　基金項目：國家社會科學基金重大項目"佛典語言的中國化"（20&ZD304）。感謝《漢語史研究集刊》編輯部及匿名審稿專家的寶貴意見。

①　"聚合型詞語"指形式、意義相同或相近，具有聚合關係的詞語。"類同演變"指演變路徑相同（包括相近）。

似現象，稱爲"同律引申"。該文未言明發生同律引申的詞語之間是否存在相互影響，結合分析來看可能更近於第一種觀點。江藍生（1993/2000）提出"類同引申"："兩個或兩個以上的同義（包括近義）或反義（包括意義相對）詞互相影響，在各自原有意義的基礎上進行類同方向的引申，產生出相同或相反的引申義。"不過，該文又把"類同引申"與"詞義沾染"區分開。根據該文分析，江先生應是認爲雖然二者都發生類同演變，但發生"類同引申"的詞語本身可以自行引申出新義，詞語的相互影響迎合了這一進程；發生"詞義沾染"的詞語並不能自行引申出新義，只能通過互相影響促使演變發生。如此，"類同引申"則兼具了平行演變和聚合類推兩種視角。

總的來看，這兩類研究觀點的應用情況並不相同。就實詞意義演變而言，平行演變和聚合類推的觀點都有學者響應，而以後者爲主。就虛詞功能演變而言，平行演變（尤其是平行語法化）的觀點占據主流，僅有個別學者會從聚合類推的角度來考察聚合型詞語的類同演變問題。

同時，不管是平行演變視角，還是聚合類推視角，已有論著所考察的對象多以單音詞爲主，而對複音詞或雙音節組合的考察相對少些。順著前輩學者的研究思路，本文試圖以結構相似、且具有同義或近義關係的雙音節詞語爲主要考察對象，來觀察它們的類同演變現象，並據此討論聚合類推在虛詞演變中的作用。

二、聚合類推的個案

以下結合幾組詞語的演變來觀察聚合類推的作用，包括：（一）"大抵"類詞語；（二）"一概"類詞語；（三）其他，如西班牙語 *altamente* 等（Aaron 2016），終竟義雙音詞（張秀松，2018），反義複合情態副詞（彭睿，2021）。

（一）"大抵"類詞語

"大抵"類詞語都有"基本情況或主要內容"的意思，包括大抵、大端、大分、大概、大較、大略、大率、大體、大約、大致等。結合歷史文獻來看，它們都存在大致相似的語法化過程，主要演變路徑如下：

$$名詞性成分 > 範圍副詞 \begin{matrix} > 程度副詞 \\ \\ > 情態副詞 \end{matrix}$$

1. 大抵

名詞性成分"大抵"（詞形又作"大氐""大底"等）在秦末漢初發展爲範圍副詞；魏晉時期演變爲程度副詞；晚唐五代時，又演變爲情態副詞。如：

（1）攝提鎮星，日月東行，而人謂星辰日月西移者，以<u>大氐</u>爲本。（《淮南子·修務》）

(2) 民之所食，**大抵**豆飯藿羹。(《戰國策·韓策一》)

　　(3) 言語法俗**大抵**與句麗同，衣服有異。(《三國志·魏志·東夷傳·濊國傳》)

　　(4) **大底**曲中皆有恨，滿樓人自不知君。([唐]羅隱《羅隱集·甲乙集·聽琵琶》)

例(1)，"大氐"意爲"基本情况"，用作名詞性成分。例(2)，意思是民衆所吃的(食物)基本是豆飯、藿羹這些東西。"大抵"用作範圍副詞。例(3)，"大抵"用作程度副詞。例(4)，詩題爲"聽琵琶"，"大底曲中皆有恨，滿樓人自不知君"句，對比極爲强烈。就詩人而言，他覺得曲中都有恨意，只有他聽了出來，其他滿樓的人都不能理解彈出的這種恨意。"曲中皆有恨"用"皆"字表示全稱量化，屬於詩人根據個體經驗進行的總結，還有歸納意味。但由於這是評判他人行爲(彈琵琶者的個人想法)，而且還與大家的共識相悖("滿樓人自不知君")，句子就帶有極强的主觀性。因此，該句的"大底"趨向於表示對情况的推測，"大底"近於情態副詞。

2. 大端

明清時期，名詞性成分"大端"演變爲情態副詞。如：

　　(5) 天下昭然，所共聞見。今略舉**大端**，以喻吏民。(《後漢書·隗囂傳》)

　　(6) 那怪雖也能騰雲駕霧，不過是些法術，**大端**是凡胎未脱，到於寶貝裏就化了。(《西游記》第35回)

例(5)，"略舉大端"就是簡要説明基本情况。"大端"爲形名短語。例(6)，"大端"表示蓋然性，用作情態副詞。結合歷史文獻和字典辭書看，未見"大端"用作範圍副詞和程度副詞的典型用例。

3. 大分

唐五代時期，名詞性成分"大分"演變爲範圍副詞和程度副詞；宋金時期，它還演變爲情態副詞。如：

　　(7) 故略表舉**大分**，以通古今，備温故知新之義云。(《漢書·百官公卿表上》)

　　(8) **大分**煩惱有其二門：一異小乘門，二同小乘門。([唐]智儼集《華嚴經内章門等雜孔目章》卷3，T45/569c)

　　(9) 果中得二十種身，前十與《十行》及《離世間》**大分**相似，然通相多從德用立名，可以意得。([唐]澄觀撰《大方廣佛華嚴經疏》卷46，T35/857b)

　　(10) 只争一脚地，**大分**與那畜生效了連理。([金]董解元《西廂記諸宫

調》卷8）

例（7），"表舉大分"就是舉出主要內容。例（8），"大分"用於總括一般的情況，用作範圍副詞。例（9），"大分相似"的"大分"限定相似度，用作程度副詞。例（10），此句是蓋然性的推測，"大分"是情態副詞。

4. 大概

唐五代時期，"大概"演變爲範圍副詞和程度副詞；宋代時也演變爲情態副詞。如：

(11) 若細分四聖，節節有異，今取大概，故通釋耳。（[隋] 智顗說《妙法蓮華經玄義》卷3，T33/705c）

(12) 大概吳風巧，其失也浮；虜俗愚，其失也鄙滯。（《全唐文》卷712李渤《上封事表》）

(13) 此文既依法華經意，而釋名等大概准彼。（[唐] 湛然述《止觀輔行傳弘決》卷3，T46/217b）

(14) 然"中"字大概因過不及而立名，如"六藝折衷於夫子"，蓋是折兩頭而取其中之義。（《朱子語類》卷18《大學五》）

例（11），"大概"用作名詞性成分，意爲"主要內容"。例（12），"大概"用作範圍副詞，總括一般的情況。例（13），"大概"用作程度副詞。例（14），對"中"字立名的原由極具推測性，與下文"蓋"對應，"大概"用作情態副詞。

5. 大較

魏晉時期，"大較"演變爲範圍副詞；唐代又演變爲程度副詞；明代演變爲情態副詞。如：

(15) 夫山西饒材、竹、穀、纑、旄、玉石；山東多魚、鹽、漆、絲、聲色；江南出枏、梓……此其大較也。（《史記·貨殖列傳》）

(16) 許靖夙有名譽，既以篤厚爲稱，又以人物爲意，雖行事舉動，未悉允當，蔣濟以爲"大較廊廟器"也。（《三國志·蜀志·許靖傳》）

(17) 其國輪廣三千餘里，土地洿下而平博，氣候風俗大較與林邑同。（《梁書·諸夷列傳·扶南國傳》）

(18) 大較公不欲極才之所蔇，又不欲驚世之所趨。（[明] 梅鼎祚《鹿裘石室集》卷37《石門公暨劉太君六秩序》）

例（15），"大較"用作名詞性成分，意爲"基本情況"。例（16），"大較"搭配名詞短語，表示總結歸納，用作範圍副詞。例（17），"大較"作程度副詞。例（18），"大較"作情態副詞。

6. 大略

南北朝時期，"大略"演變爲範圍副詞；唐五代時，它又演變爲程度副詞；明清時期，它才演變爲情態副詞。相關用例如：

(19) 此其**大略**也，若夫潤澤之，則在君與子矣。(《孟子·滕文公上》)

(20) 角抵、像形、雜伎，歷代相承有也。其增損源起，事不可詳，**大略**漢世張衡《西京賦》是其始也。(《南齊書·樂志》)

(21) 其他州縣，**大略**相似。(《全唐文》卷712李渤《請免渭南攤征逃户賦稅疏》)

(22) 這等看起來，**大略**也值些東西，我家老爺才肯寫名字在上面。(《二刻拍案驚奇》卷1)

例(19)，"大略"用作名詞性成分，意爲"基本情況"。例(20)，"大略"搭配小句，表示總結歸納，用作範圍副詞。例(21)，"大略"作程度副詞。例(22)，指嚴都管翻看僧人所攜《金剛經》後，發現有不少士紳題字，推測是件珍品。"大略"作情態副詞。

7. 大率①

"大率"在西漢時期演變爲範圍副詞；南北朝時演變爲程度副詞；宋代又演變爲情態副詞。如：

(23) 故曰：兵**大律**在謹。(《商君書·戰法》)

(24) 於是商賈中家以上**大率**破，民偷甘食好衣，不事畜藏之産業。(《史記·平準書》)

(25) 寸數者，**大率**言耳，亦不可要。(《齊民要術·作魚鮓》)

(26) **大率**諸公雖親見伊川，皆不得其師之説。(《朱子語類》卷101《程子門人》)

例(23)，"兵大律在謹"指兵法的要旨是謹慎。例(24)，"大率"用作範圍副詞。例(25)，"大率言耳"即粗略地説，"大率"作程度副詞。例(26)，此句是對程子門人師承情況的推測性評斷，用作情態副詞。

8. 大體

魏晉南北朝時期，"大體"演變爲範圍副詞和程度副詞。如：

(27) 此守城之**大體**也。(《墨子·號令》)

(28) 以此准之，見伏之驗，尋效可知，將來永用，**大體**無失。(《魏書·

---

① 關於"大率"與"大律"的關係，限於篇幅，我們將專文討論，此處略作説明。"律""率"之間存在假借字關係。章太炎等(2008：551)言："朱₁：'大率乃大律之借。《説文》："律，均布也。"律音轉爲類，大率如云大類矣。'"也就是説，"大率"本應作"大律"，其副詞用法固化爲"大率"這一詞形。

(29) 其居喪，男女皆純白，婦人着布面衣，去環佩，**大體**與中國相彷彿也。(《三國志·魏志·東夷傳》裴松之注引《魏略》)

例 (27)，"大體"意爲"基本情況"，用作名詞性成分。例 (28)，"大體無失"就是基本没有差錯。"大體"用作範圍副詞。例 (29)，意思是夫餘和華夏禮俗類似。"大體"用作程度副詞。

9. 大約[①]

東漢時期，"大約"演變爲範圍副詞；魏晉南北朝時期，演變爲程度副詞；明末清初，又演變爲情態副詞。如：

(30) 人君有術……**大要**在乎先正名分。(《尹文子·大道上》)

(31) 若夫大變之應，**大約**以權决塞，因宜而行，不可豫形。(《新書·匈奴》)

(32) 又有七氣方，**大約**與此大同小别耳。(《肘後備急方》卷 4《治胸膈上痰癖諸方》)

(33) **大約**天明才來，我今等也無益。……客官**大約**明早結伴同走，我這裹自有乾净床鋪。([清] 青蓮室主人《後水滸傳》第 13 回)

例 (30)，"大要"是名詞性成分。例 (31)，"大約"用作範圍副詞。例 (32)，"大約"用作程度副詞。例 (33)，"大約"用作情態副詞。

10. 大致

"大致"在南北朝時期發展爲範圍副詞；宋代演變爲程度副詞；民國才演變爲情態副詞。如：

(34) 陳平多陰謀，而知其後必廢；邴吉有陰德，夏侯勝識其當封及子孫。終陳掌不侯，而邴昌紹國，雖有不類，未可致詰，其**大致**歸然矣。(《後漢書·袁安傳》論)

(35) 天命符驗，可得而見，未可得而言也。然**大致**受大福者，歸於信順乎！(《後漢書·袁術傳》論)

(36) 出處平生**大致**同，中間得失等雞蟲。(《劉克莊集箋校》卷 22《余除鑄錢使者，居厚除尚書郎，俄皆銷印，即事二首呈居厚》其一)

(37) 她就和着麽媽，帶起這幾個傭人勤勤懇懇的操勞，**大致**不會缺少什

[①] "大要"與"大約"類似於"大率"與"大律"的關係。章太炎等 (2008：122)："朱一：'引申爲要約之要，當作約，簡要亦當作約。'朱二：'……引申爲久要＝約也。約有期會意，要之意亦有期望。'錢一：'要、約同部，故要約、簡要、體要之要均約字之借 (引申爲久要，約也，約有期會意，要之意亦有期望)。欲與人索物曰要者，亦謂我指約此物而定之也，故亦即約字。'""要"是"約"的假借字，故"大要"即"大約"。與"大率"不同的是，"大約"最終是本字通用，而"大要"反而少見了。

麽的，而且大家都會快樂。（丁玲《母親》一）

例（34），指陳掌（陳平的曾孫）沒能封侯，而邴昌（邴吉的孫子）繼承藩國，雖然情況並不相同，無法窮究，但事情的主要趨向是歸於這樣的。"大致"是名詞性成分。例（35），意思是基本上受大福的人，都能做到誠信不欺、順應物理吧。"大致"用作範圍副詞。例（36），"大致"修飾形容詞"同"，用作程度副詞。例（37），"大致"用作情態副詞。

"大抵"等的功能演變節點大致可以歸納爲表 1①：

表 1 "大抵"類詞語功能演變時間表

	先秦	秦漢	三國—隋	唐五代	宋	元明清	民國
大抵		［名］〈範〉	〈程〉	〈情〉			
大端			［名］	——	——	——	［情］
大分		［名］	——	［範］［程］	［情］		
大概			［名］	［範］［程］	［情］		
大較		［名］	［範］	［程］		［情］	
大略	［名］	——	［範］	［程］		［情］	
大率	［名］	［範］	［程］		［情］		
大體	［名］	——	［範］［程］				
大約		［名］［範］	［程］		［情］		
大致			［名］［範］		［程］	——	［情］

注："{X}"表示該組詞語中最先出現這一用法。"[X]"表示某時期出現此類用法。"——"表示情況大致承襲前一階段。名＝名詞性成分，範＝範圍副詞，程＝程度副詞，情＝情態副詞。

可以看出，上古漢語時期，"大抵"最先發展出範圍副詞用法，此後"大率""大約"等也有了範圍副詞用法；中古漢語時期，"大抵"又最先發展出程度副詞用法，此後"大率""大體""大約"等也有了這類用法；近代漢語時期，"大抵"再次最先發展出情態副詞用法，此後"大分""大概""大率"等才有了這類用法。"大分""大概""大較""大略""大率""大約""大致"都經歷了範圍副詞、程度副詞、情態副詞三個演變階段，但演變時間相對滯後於"大抵"。"大端"只經歷了名詞性成分到情態副詞的演變，"大體"經歷了名詞性成分到範圍副詞及程度副詞的演變，時間也都相對滯後。更進一層來看，聚合中的某個成員發生了某種變化，其他成員也發生類似變化，足可看出它們之間演變的關聯性。

綜之，這組詞語應是由"大抵"先完成演變，然後通過聚合類推，影響到其他詞語的演變路徑。

（二）"一概"類詞語

作爲名詞或名詞短語的"一概"類詞語往往帶有同一種基準（質量、樣式，等

---

① 謝曉明、陳晨（2022）也關注到這組詞語的演變，他們將之歸爲"平行虛化"。

等）的意思，它們在歷史文獻中也都經歷了相似的演變過程，即：

名詞性成分＞形容詞＞範圍副詞

1. 一概

名詞"一概"表示"（同）一個方面，（同）一種標準"；魏晉時期，演變爲形容詞；南北朝時，演變爲範圍副詞。相關用例如：

(38) 當其未覺，可謂有善質，而未可謂善，與目之瞑而覺，一概之比也。（《春秋繁露·深察名號》）

(39) 夫瞻視不能接物，則袞龍與素褐同價矣；聰鑒不足相涉，則俊民與庸夫一概矣。（《抱朴子·擢才》）

(40) 由自知情深，在物無競，身名之外，一概可蔑。（《南齊書·劉瓛傳》）

例（38），"一概"是名詞。指"當其未覺"與"目之瞑而覺"是同一方面的類型。例（39），"一概"是形容詞。指鑒別能力不足以應對的話，才俊和平庸的人就沒有區別了。例（40），"一概"是副詞。指身名之外（的事）全都可以蔑棄。

2. 一例

魏晉時期，名詞性成分"一例"發展爲"相同"義形容詞；唐代時，"一例"演變爲範圍副詞。相關用例如：

(41) 諸侯藩輔，臣子一例，古今之制也。（《史記·禮書》）

(42) 今若遐邇一例，明考課試，則必多負笈千里，以尋師友，轉其禮賂之費，以買記籍者，不俟終日矣。（《抱朴子·審舉》）

(43) 以諸道每年合送口臘及尺，既非厚賜，未足伸恩，以方鎮勞煩，道路爲敝，一例停罷，貴適便宜，以示臣者。（《權德輿詩文集》卷46《謝停賜口臘表》）

例（41），"一例"是名詞短語。此處用作謂語，指大臣與皇子一個標準。例（42），"一例"是形容詞。"今若遐邇一例"指的是各地的制度同類。例（43），"一例"是範圍副詞。"一例停罷"即全部停罷。

3. 一律

宋代時，名詞性成分"一律"演變爲形容詞；明清時，演變爲範圍副詞。相關用例如：

(44) 後皆指前公相襲，從漢迄今用一律。（《昌黎先生文集》卷34《南陽樊紹述墓誌銘》）

(45) 近世學者，雷同一律，發言盈庭，豈善學前輩者哉。（《陸九淵集》

卷 19《荆國王文公祠堂記》）

（46）商功父賦性慷慨，將著賈家之物作爲已財，<u>一律</u>揮霍。（《二刻拍案驚奇》卷 20）

例（44），"一律"用作名詞，即"同一種格套、標準"。指後人都會參照前人而公然相互因襲，從漢朝到唐朝都是用一種格套。例（45），"雷同""一律"連用，一律是形容詞。例（46），"一律"是範圍副詞。指商功父比較慷慨大方，把賈家的財物當作自己的，全都揮霍掉了。

"一概"等的功能演變節點大致可以歸納爲表 2：

表 2 "一概"類詞語功能演變時間表

	兩漢三國	兩晉	六朝隋	唐五代	宋元	明清
一概	［名］	｛形｝	｛範｝	——	——	——
一例	［名］	｛形｝	——	［範］	——	——
一律				［名］	［形］	［範］

注："｛X｝"表示該組詞語中最先出現這一用法。"［X］"表示某時期出現此類用法。"——"表示情況大致承襲前一階段。名＝名詞性成分，形＝形容詞，範＝範圍副詞。

東晉時期，"一概""一例"都發展出形容詞用法；六朝時期，"一概"最先發展出範圍副詞用法；唐五代時期，"一例"才演變爲範圍副詞。"一律"則明顯晚於"一概""一例"，它完整經歷了"一概"的三個發展階段。

要之，這組詞語應是"一概"先完成演變，然後通過聚合類推，影響到"一例""一律"。

（三）其他

1. 西班牙語 *altamente* 等（Aaron，2016）

Aaron（2016）指出，"類推"不止存在於同一結構的不同語境中，還存在於不同形式或結構之間。該文梳理了西班牙語四組詞語 *altamente*（"highly"），*enormemente*（"enormously"），*extraordinariamente*（"extraordinarily"），*extremadamente*（"extremely"）的歷史演變情況，總結得出：*altamente* 的使用早於其他詞語，且最早完成由程度附加語（degree adjunct）到程度修飾語（degree modifier）的演變，演變脉絡最爲清晰。*enormemente* 和 *extraordinariamente* 也完成了這類演變，但在具體環節上有"跳躍性"。*extremadamente* 還停留在程度附加語階段，尚未完成這類演變。Aaron 認爲，*enormemente*、*extraordinariamente* 等的演變受到 *altamente* 演變路徑的類推作用。

2. 終竟義雙音詞（張秀松，2018）

現代漢語方言中有一組終竟義詞語。其中，官話方言中的"到了"早期只有"到終了/到最後"義，後發展出"最後，終於/終究"義、"畢竟"義和"究竟"

義。閩語和粵語的"到尾"有"到尾部""到盡頭""到最後"三種意思，後來也可以表示"終究，最終一定"義和"畢竟"義。湖北等地方言的"到老"有"到最後，到頭來"義，東北官話的"到老"有"終於/終究"義、"究竟"義，吳語的"到老"還有"反正"義。據張文觀察，這些詞語應該都是受多功能詞"到頭""到底"的聚合類推所致。

3. 反義複合情態副詞（彭睿，2021）

這些詞語有"多少、好歹、死活、高低、長短、左右、橫豎、早晚、反正"等。歷時地看，這類情態副詞可以分成兩種主要類別，一類表肯定（彭文稱爲"高確信度"），典型例子爲"反正、橫豎、死活"；另一類表將就（稱爲"低滿意值"），典型例子爲"多少"；有的情態副詞兼有兩種用法，如"長短、高低、左右、好歹"等。

這些情態副詞中較早產生的是"早晚"和"多少"，它們一經形成，語法化程度不斷增加，其形成過程、內部反義語素的結合方式等逐漸成爲其他反義形容詞語素結合成情態副詞的模板。

既有研究認爲，它們是平行語法化的結果。彭先生則認爲，兩種類別的情態副詞之間確實不存在源流關係，是獨立發展演變的結果，由不同的語用推理條件驅動。然而，高確信度和低滿意值兩類情態副詞的内部却是聚合類推的結果（彭文稱作"'類推'説"）。它們分別是以"早晚"和"多少"爲模板通過類推機制的推動，演變爲情態副詞。

三、聚合類推的證據

關於一組近義單音詞相似功能的演變是平行演變還是聚合類推，學界爭論還比較激烈，不少例子也確實難以得到確證。

跨語言地看，平行演變（包括平行語法化）是很普遍的現象，Bybee et al. (1994) 就討論了一些具有共性的語法化路徑，如（Bybee et al.，1994：105）：

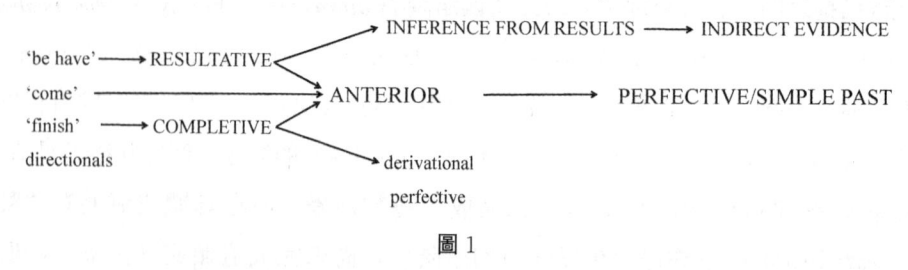

```
'be have' ──→ RESULTATIVE ──→ INFERENCE FROM RESULTS ──→ INDIRECT EVIDENCE
'come'    ──────────────↘
                          ANTERIOR ──→ PERFECTIVE/SIMPLE PAST
'finish'  ──→ COMPLETIVE ↗
directionals ──────────→ derivational perfective
```

圖 1

由於這些演變路徑是通過總結 76 種語言（有些語言存在功能缺失的現象）而得出的，因此，即使存在個別語言間的接觸影響，也很難改變它們獨立演變的總趨勢。

不過，如果將關注重點聚焦到漢語中結構相似、且具有近義或類義關係的雙音節詞語的話，情況可能會有所不同。相對於處理成平行演變，它們更可能是聚合類推。其證據主要是"結構語義關聯""文本關聯"和"演變關聯"。

(一) 結構語義關聯和文本關聯

"大抵"類詞語中的大抵、大端、大分、大概、大較、大略、大率、大體、大約、大致等結構類似，基本都是"大+名"的組合形式。而且，用作名詞或名詞短語時，意義上也都表示"基本情況或主要内容"。這是它們結構語義方面的關聯。而且，同一文獻往往會使用其中的多個詞語。如果認爲它們之間不存在互相影響，可能性反而很低。

以《史記》《三國志》爲例，同一部書中會使用多個"大抵"類詞語，涉及它們的不同用法。

《史記》例如：

(47) 三晉多權變之士，夫言從衡强秦者**大抵**皆三晉之人也。(《史記·張儀列傳》)

(48) 相國、將軍、當户、都尉六十三人，師**大率**減什三，益封去病五千户。(《史記·衛將軍驃騎列傳》)

(49) 夫山西饒材、竹、穀、纑、旄、玉石；山東多魚、鹽、漆、絲、聲色；江南出枬、梓……此其**大較**也。(《史記·貨殖列傳》)

(50) 山東食海鹽，山西食鹽鹵，領南、沙北固往往出鹽，**大體**如此矣。(《史記·貨殖列傳》)

例(47)(48) 是"大抵""大率"的範圍副詞用法，例(49)(50) 是"大較""大體"的名詞短語用法。

《三國志》例如：

(51) 言語法俗**大抵**與句麗同，衣服有異。(《三國志·魏志·東夷傳·濊國傳》)

(52) 許靖夙有名譽，既以篤厚爲稱，又以人物爲意，雖行事舉動，未悉允當，蔣濟以爲"**大較**廊廟器"也。(《三國志·蜀志·許靖傳》)

(53) 性度恢廓，**大率**爲得人，惟與程普不睦。(《三國志·吴志·周瑜傳》)

(54) 斯乃**大略**，其外較耳，其餘屈曲，難以辭極也。(《三國志·蜀志·法正傳》)

(55) 所在操綱領，舉**大體**，能使群下自盡。(《三國志·魏志·陳矯傳》)

例(51) 是"大抵"的程度副詞用法，例(52)(53) 是"大較""大率"的範圍副詞用法，例（54）（55）是"大略""大體"的名詞短語用法。

《史記》《三國志》使用了多個"大抵"類詞語，它們分別是司馬遷、陳壽所著，同一作者[①]在其著作中使用這些詞語，自然存在互相影響的可能。

（二）演變關聯

演變關聯體現爲兩點，一是某些詞語的功能演變難以找出重新分析等的證據（演變的突發性），二是某些詞語演變節點上具有跳躍性（功能的跳躍性）。

1. 演變的突發性

"大分""大概""大體"在由名詞性成分演變爲範圍副詞、程度副詞的過程中，演變時代過於接近，基本缺乏重新分析的可能。分別可參例（8）（9），例（12）（13），例（28）（29）。"大分"的範圍副詞和程度副詞用例較早見於唐代智儼集《華嚴經內章門等雜孔目章》、唐代澄觀撰《大方廣佛華嚴經疏》，"大概"的範圍副詞和程度副詞用例較早見於唐代李渤《上封事表》、唐代湛然述《止觀輔行傳弘決》，"大體"的範圍副詞和程度副詞用例較早見於北齊魏收《魏書》、南朝宋裴松之《三國志》注所引《魏略》。"大分""大概"範圍副詞、程度副詞功能的出現時代基本接近，很難梳理獨立演變的證據（可能也無法梳理）。而"大體"的程度副詞用法出現的時間反而略早於範圍副詞用法，但也找不出由其程度副詞用法演變爲範圍副詞用法的證據。因此，更可能的解釋就是它們是通過"大抵"演變路徑這一範本的類推而分別發展出相關功能。

2. 功能的跳躍性

Aaron（2016）在討論西班牙語 *altamente*，*enormemente*，*extraordinariamente*，*extremadamente* 的歷史演變情況時就指出，*altamente* 是最早完成由程度附加語到程度修飾語的演變的，而 *enormemente* 和 *extraordinariamente* 此後也完成了這類演變，但在具體環節上有"跳躍性"。"大抵"類詞語中，"大端"直接由名詞短語演變爲情態副詞，並沒有經歷範圍副詞、程度副詞等階段，名詞短語用法與情態副詞用法也不存在重新分析等推動機制。綜合考量這種情況，把它們處理成聚合類推就更爲合適。

四、結語

平行演變和聚合類推都得到漢語研究者的重點關注，而所涉內容主要是同義或反義的單音節詞，偶爾會涉及雙音節詞語。當被觀察者是實詞意義的演變時，學者

[①] 據張大可（1985：162—187），除司馬遷所著內容外，《史記》還有續史、補缺、增竄等內容。（一）褚少孫續補。（二）好事者補亡。（三）他人增竄。不過，由於增補內容並不多，爲了不使分析顯得瑣碎，本文還是統一處理爲同一作者的作品。

普遍接受聚合類推的觀點；而被觀察者是虛詞意義的演變時，平行演變的觀點占據主流。

　　本文結合已有成果歸納了"大抵""一概"類詞語、西班牙語 *altamente* 等、終竟義雙音詞、反義複合情態副詞等的演變情況，並分析指出，它們都屬於聚合類推現象。

　　漢語中結構相似、且具有同義或近義關係的聚合型雙音節詞語很難視爲平行演變的例證。這是因爲：1. 它們結構關係相同，意義相同或相近。2. 它們往往見於同一文獻，存在互相影響的可能性。3. 同一組中的某些詞語演變具有突發性，相關功能也具有跳躍性，無法歸納出獨立演變的軌跡；這種情況反而更可能是受到其他詞語類推影響所致。

　　由於類推機制的作用，同一小類的功能範疇往往同時存在多個結構類似的詞語，它們内部的競爭又會促使新的演變出現。

參考文獻

　　馮利（馮勝利）．"同律引申"與語文詞典的釋義．辭書研究，1986（2）．

　　洪波．論平行虛化//漢語史研究集刊（第2輯）．成都：巴蜀書社，2000．

　　蔣紹愚．論詞的"相因生義"//吕叔湘等．語言文字學術論文集——慶祝王力先生學術活動五十周年．上海：知識出版社，1989．

　　蔣紹愚．近代漢語研究概要．北京：北京大學出版社，2005．

　　李宗江．漢語常用詞演變研究．上海：漢語大詞典出版社，1999．

　　李宗江．漢語常用詞演變研究（第2版）．上海：上海教育出版社，2016．

　　李明．試談"類推"在語義演變中的地位//漢語史學報（第12輯）．上海：上海教育出版社，2012．

　　彭睿．2021 反義複合情態副詞的形成模式．第十二屆中古漢語國際學術研討會．

　　孫雍長．古漢語的詞義滲透．中國語文，1985（3）．

　　許嘉璐．論同步引申．中國語文，1987（1）．

　　張大可．史記研究．蘭州：甘肅人民出版社，1985．

　　張秀松．跨方言視角下終竟義詞的共時多義性及其歷史溯源研究//語言研究集刊（第22輯）．上海：上海辭書出版社，2018．

　　章太炎等．章太炎説文解字授課筆記．北京：中華書局，2008．

　　Aaron, Jessi Elana. The road already traveled: Constructional analogy in lexico-syntactic change, *Studies in Language*, 40 (1): 26—62. 2016.

　　Jiang, Lansheng. Analogous extention of word meaning. In Shun-chiu Yau (ed.), *Essays on the Chinese Language by Contemporary Chinese Scholars*, 39—63. Paris: Editions Langages Croises. Centre de Recherches Linguistiques sur l'asie Orientale, Ecole des Hautes Etudes en

Sciences Sociales. 1993. （又見江藍生. 相關語詞的類同引申//江藍生. 近代漢語探源. 北京：商務印書館，2000.）

Study on the Similar Evolution of Disyllabic Words in Medieval and Modern Chinese
—An analysis based on the perspective of paradigmatic analogy

Zhang Futong

Abstract：Similar evolution includes parallel evolution and paradigmatic, both of which are two important evolutionary phenomena in the history of Chinese language. This paper explores the phenomenon of similar evolution of function words through the analysis of the grammaticalization of words such as "dadi（大抵）" and "yigai（一概）". For disyllabic words with same or similar structural and semantic relationships, when they share similar paths of grammaticalization, they are more likely to exhibit paradigmatic analogy. This can be demonstrated through structural-semantic correlation，textual correlation，and evolutionary correlation.

Keywords：paradigmatic analogy；parallel evolution；disyllabic words

（張福通，南京大學文學院/漢語史研究所）

詞彙類型學視域下漢語温度概念的範疇化和詞彙化*

賈燕子

提　要：本研究借鑒詞彙類型學的分析框架和參數，利用語料庫、字典辭書等工具，從定名學的視角對漢語中的基本温度詞系統及其非基本温度詞的編碼機制進行了深入探討。文章不僅追溯了這些温度詞在漢語歷史語言中的演變過程，而且通過與超過50種具有不同語系和地域特徵的語言進行對比分析，揭示了漢語中温度概念的範疇化和詞彙化過程所展現出的普遍性與特異性。研究結果表明，儘管存在一定的跨語言共性，漢語在温度概念的表達上展現了其獨特的範疇化和詞彙化策略，這些發現對理解語言如何通過詞彙對世界進行編碼和分類提供了新的視角。此外，本研究的發現也爲進一步探索語言普遍性與語言特異性提供了寶貴的實證基礎。

關鍵詞：詞彙類型學；温度詞；範疇化；詞彙化；跨語言比較

一、研究背景

（一）定名學視角的詞彙類型學研究

詞彙類型學是語言類型學一個較新的領域，近十多年來才興起，其研究主要聚焦於三個方面：定名學視角（onomasiological perspective）、符意學視角（semasiological perspective）和詞彙－語法互動視角（lexicon-grammar interaction perspective）。（Koch，2001；Koptjevskaja-Tamm et al.，2007；Evans，2010；Koptjevskaja-Tamm，2012 等）定名學視角的研究旨在比較不同語言編碼特定概念範疇化

---

* 基金項目：國家社科基金一般項目"詞彙類型學視域下的漢語常用詞歷史演變研究"（21BYY136）。

（categorization）①和詞彙化（lexicalisations）②方式的異同，即主要考察在不同的語言中，某個概念分別被編碼成了什麼樣的詞彙形式？該概念域在不同語言被切分的方式有何不同？

自索緒爾以來，學界對範疇化和詞彙化比較一致的看法是，符號（語音）和意義的結合是任意的，不同自然語言對特定概念域的切分方式和詞彙編碼方式都是不相同的。例如 Lyons（1968：429）指出，"不同語言中各類語義場的調查結果證明了結構主義語義學的觀點，也證明了早期學者如洪堡特、索緒爾和薩丕爾宣稱的'不同語言中的詞彙是不同構（non-isopmorphic）'的觀點：即在一種語言中做的語義區分在另一種語言中沒有，而且特定語義場被不同語言範疇化的方式也完全不一樣。"伍鐵平（1989）也曾舉例說明，"不同語言對客觀中的溫度這一連續統的切分方法是不同的""不同語言所反映出的人對同一事物的溫度的感受也是不同的"。但近年來詞彙類型學的系列研究成果對這一共識提出了挑戰，跨語言比較的結果表明：儘管不同語言對特定概念的範疇化方式不同，但各語言"詞彙的多樣性在一定程度上是可以解釋和預測的"；（Rakhilina，Kholkina，2019）人類自然語言的詞彙系統對於特定語義域（semantic domain）的表徵不僅存在共性，而且是有規律和邊界的，存在一些普遍使用的編碼模式。（Koch，2001）詞彙類型學的主要研究目的就是揭示人類不同語言的詞彙系統差異、差異所受的嚴格制約及差異中隱含的系統性。（賈燕子，吳福祥，2017）

（二）詞彙類型學視域下的溫度詞研究

溫度的普遍性、重要性、體驗性，以及在被概念化時所具有的文化特殊性和主觀性，使得溫度詞在特定語言或跨語言研究中均受到較多的關注。2015 年，由斯德哥爾摩大學語言學系教授 Maria Koptjevskaja-Tamm 主編的論文集《溫度的語言學》出版。該書共收錄 30 篇文章，分別由來自 17 個國家的 40 位語言學家撰寫而成。研究者采用基於"溫度調查指南"③進行誘導、集體討論、觀察語言使用情況、資料庫檢索等多種手段相結合的方法，從詞彙類型學角度對 50 多種譜系、地

---

① 範疇化指人類將經驗和感知組織成各種一般概念及相關語言符號的整體過程，或者是說如何用語言形式來包裝概念的過程，是人類運用語言對世界進行分類從而達到認識世界的一種手段。人類的認知始於範疇化，然後獲得範疇，形成概念，概念系統是根據範疇組織起來的。（趙豔芳，2001：55；張莉，2023：39）

② 詞彙化有兩種不同的涵義：①指共時現象，即概念編碼成語言中的詞來進行表達；②指歷時現象，即原來的句法組合後來成爲詞彙單位，或不再具有句法能產性。詞彙類型學研究的是共時角度的詞彙化。

③ "溫度調查指南"的全名爲"收集溫度概念語言表達的指南"，由 Koptjevskaja-Tamm 編制並於 2007 年發布。

域、類型不同的語言的溫度概念進行了綜合性考察①，以發現溫度詞的跨語言共性和個性。其中從定名學視角對各語言溫度概念範疇化和詞彙化方式的考察是其研究的焦點之一。

已有研究發現，語言的溫度系統根植於人類的溫度體驗，溫度屬性是由幾個重要且凸顯的參數決定的，強烈受制於以人爲中心（anthropocentricity）的思維方式。（Koptjevskaja-Tamm，Rakhilina，2006）溫度的範疇化涉及外部現實、身體體驗和對實體溫度屬性進行評價之間複雜的相互作用。在對溫度概念進行範疇化時，很多語言都是采用三個主要參數來完成的，即溫度值（temperature value）、溫度評價種類（kinds of temperature evaluation）和實體（entities）。（Koptjevskaja-Tamm，2007）

溫度值最基本的區分是暖的溫度（warming temperatures）、涼的溫度（cooling temperatures）和中間溫度（neutral temperatures）。其中暖的溫度和涼的溫度可能有進一步區分，中間溫度則可能沒有被詞彙化。（Koptjevskaja-Tamm，2007）如表1所示。

（1）暖的溫度指任何感覺暖或熱的溫度。在暖的溫度範圍內可做進一步的區分，例如：對應於或不顯著高於人體溫度的、令人愉快的溫度（如俄語的 teplyj）；高於宜人溫度、但不一定危險的溫度（如俄語的 gorjachij、zharkij，英語的 hot）；讓人不舒服的、危險的熱（如瑞典語的 het）；來自太陽的熱（如俄語的 znojnyj）；與令人愉快的、可接受的或標準的（對於特定實體或環境）溫度相比不夠暖的溫度（如拉脱維亞語 remdens），等等。

（2）中間溫度指沒有感覺到暖或涼的、適中的溫度。例如英語的 lukewarm，瑞典語的 ljum。

（3）涼的溫度，指低於標準或低於人體正常溫度的溫度。在涼的溫度範圍內可做進一步的區分，例如：微冷（如俄語的 proxladnyj，瑞典語的 sval 和 kylig）；"微冷，積極評估"與"微冷，消極評價"（如瑞典語的 sval 與 kylig）；令人愉快

---

① 該項目調查的語言及其所隷屬的語族/語系如下：①印歐語系：日耳曼語族：英語、德語、瑞典語；斯拉夫語族：塞爾維亞語、烏克蘭語、俄語；波羅的語族：拉脱維亞語 Latvian；亞美尼亞語族：亞美尼亞語 Armenian；羅曼語族：意大利語、法語、拉丁語；希臘語族：希臘語；印度-雅利安語族：Palula 語、馬拉地語 Marathi；②尼日爾-科爾多凡語系尼日爾-剛果語族：埃維語 Ewe、Likpe 語、古爾馬語 Gurenɛ、塞雷爾語 Selɛɛ、格巴亞語 Gbaya、沃洛夫語 Wolof、斯瓦希里語 Swahili、伊格博語 Igbo；③南島語系：印尼語、北瓦努阿圖語 Vanuatu；④烏拉爾語系：芬蘭語、牙納桑語 Nganasan；⑤高加索語系南部語族：格魯吉亞語 Georgian；⑥阿爾泰語系蒙古語族：喀爾喀蒙古語 Khalkha Mongolian；⑦漢藏語系：漢語族：漢語、藏緬語族臺語支：老撾語、壯侗語系壯傣語支：南壯語；⑧美洲印第安：愛斯基摩-阿留申語系：格陵蘭語 kalaallisut、阿爾岡昆語族：齊佩瓦語 Ojibwe；安第斯赤道語系：Hup 語；佩ržno提亞語系：馬普切語 Mapudungun；瑪雅語系：尤卡坦·瑪雅語 Yucatec Maya；⑨澳大利亞大語群 nyulnyulan 語族：巴迪語 Bardi；⑩巴布亞諸語言：Kamang 語、Abui 語。此外還有系屬不明的日語與韓語。

的、凉爽的温度（如英語的 cool）；過低而令人不舒服的温度（如英語的 chilly）；令人不快、危險的冷（如刺骨、冰冷）；與預期或標準的（對於特定實體或環境）凉/冷相比不够凉/冷，等等。

表1 英語、俄語和瑞典語的主要温度形容詞[①]

語言 温度值	英　語	俄　語	瑞典語
暖的温度	hot	gorjačij，žarkij，znojnyj	het
	warm	teplyj	varm
中間温度	lukewarm	—	ljum
凉的温度	chilly，cool	proxladnyj	sval，kylig
	cold	xolodnyj	kall

编碼温度值的温度詞一般分爲基本温度詞和非基本温度詞兩類。[②] Sutrop（1998；1999）、Plank（2003）、Koptjevskaja-Tamm（2007）提出了判別基本温度詞的具體標準：①在列出温度詞時最先被人們想到；②其意義在整個言語社區被普遍認可；③起源上本土化程度高；④形態（相對）簡單，至少是非組合性的；⑤使用頻率相對較高；⑥專用於温度域，或雖與其他域共用，但主要用於温度域；⑦可以相對自由地應用於不同類別的實體；⑧具有分類獨特性。如英語的基本温度詞僅 cold、hot、cool、warm 四個，其他的像 lukewarm、chilly 等爲非基本温度詞。

依據評價方式和所評價實體的不同，温度評價可分爲以下三類不同的子框架：

（1）基於體驗（experience-based），即實體具有可以從外部驗證的温度。

①觸覺温度（tactile temperature）：指根據皮膚的感知評價其他實體的温度。觸覺温度主要用人的手脚、身體、嘴巴等來判斷，也可用温度計來測量，或者通過觀察得到（如看到湯上有氣體；看到水面結冰）。例如：The floor/The kettle/The soup is COLD.

②環境温度（ambient temperature），指由特定時間、地方或天氣、太陽等參照物決定的某一環境中的温度。它可以區分爲室外温度和室内温度，也可根據進行温度評價時是否有參照物進行分類。例如：The weather/Moscow/Winter/The sun is COLD.

（2）基於體驗者（experiencer-based），即一個實體（如一個生物體）經歷了一種狀態。

③個人感覺温度（personal-feeling temperature），指由内部或外部條件，或兩

[①] 表1改編自 Koptjevskaja-Tamm 和 Rakhilina（2006）。
[②] 由於基本温度詞的判定標準無法適用於像齊佩瓦語那樣的多式綜合語（Lockwood 和 Vejdemo，2015：737），Koptjevskaja-Tamm（2015：27）提出或可將温度詞分爲域中心詞和域邊緣詞兩類。

者結合引起的主觀溫度體驗。例如：我很冷，因爲房間裏没有暖氣 vs. 我很冷，因爲我發燒了。個人感覺溫度最常發生在以自我（即以第一人稱代詞"我"）爲中心的環境中，它還可以發生不同程度的語法化（或規約化）。因此，一種語言可以使用不同的結構（包括不同的詞彙）來描述自我與他人的個人感覺溫度。（Koptjevskaja-Tamm，2007）

實體包括天氣、地方、石頭、人體、食物等各種抽象或具體的事物。實體與溫度評價密切相關。首先，某些類型的實體需要特別詳細的溫度評價子系統，例如人體。其次，不同實體可能具有的溫度值範圍不同（詳參二（三）、三（八）小節）。（Koptjevskaja-Tamm，2015：21、23）

（三）漢語溫度詞的已有研究

從定名學視角對漢語溫度詞進行研究的成果已有不少，代表性的如張永言（1988）對"清""滄""洞""冷"等表寒義詞語源的探求，汪維輝（2017：352—361）對"寒""冷"歷時替換過程的刻畫，王盛婷（2010）對漢語史上"冷類語義場"演變過程的考察，等等。但現有研究還存在諸多不足，表現在以下幾個方面：

其一，關於漢語溫度詞的一些問題，目前學界還存在分歧。例如關於現代漢語有哪些基本溫度詞的問題。少數學者如 Sutrop（1999）認爲僅"冷""熱"兩個，多數學者認爲有四個，但具體是哪四個看法却又不同，如高航和嚴辰松（2008）、唐樹華等（2011）認爲是"熱""暖""冷""涼"，任曉豔（2006）認爲是"冷""熱""溫""涼"，徐家楨（1985）、聶豔婷（2014）則認爲是"熱""暖和"和"冷""涼快"。

其二，由於觀察視角的片面性，已有的研究結論尚需斟酌。例如王鳳陽（2011：918—919）曾辨析過"冷"與"寒"、"溫"與"暖"的區别，認爲"冷"多表人對溫度的感覺，"寒"則多表客觀的溫度；"溫"多表示事物的自身特徵，"暖"則經常表示所得的感受。從這幾個詞所適用的溫度評價框架來看（詳參二（一）1、二（一）2 小節），王文的結論不够全面、準確。

其三，尚缺少利用統一的理論框架對漢語溫度概念的範疇化、詞彙化方式進行全面考察，再以此爲基礎進行跨語言比較的研究成果。因此，對於漢語溫度詞的表現，哪些具有跨語言共性，哪些在其他語言中較爲少見，目前都還不清楚。

本文擬根據詞彙類型學對溫度詞的調查問卷和分析框架，從定名學視角考察漢語溫度概念的範疇化與詞彙化方式，通過與已有其他語言研究成果的比較，揭示漢語溫度詞在人類語言詞彙格局中表現出的普遍性和差異性。

二、漢語溫度概念的範疇化和詞彙化

本節主要利用語料庫、字典辭書等工具①，考察漢語基本溫度詞系統和非基本溫度詞編碼方式的古今變化，以呈現漢語溫度概念的詞彙化情況。

（一）漢語的基本溫度詞

漢語史上出現過的基本溫度詞有"熱""暖""溫""涼""冷""寒"六個，其中"寒""冷"發生過歷時替換、"溫""暖"的基本詞地位古今發生了互換，由此導致基本溫度詞系統由上古、中古的"熱－溫－涼－寒"演變爲近現代的"熱－暖－涼－冷"，但其四詞系統的格局古今没有發生變化。

表 2 漢語不同時期的基本溫度詞系統

類別 時 段	漢語的基本溫度詞系統			
	暖域	中間域	涼域	
先秦－隋唐	熱	溫	—	涼	寒
晚唐五代－現代	熱	暖	—	涼	冷

1. "寒""冷"的歷時替換

漢語史上基本溫度詞最明顯的變化是"冷"與"寒"發生了歷時替換。《説文・宀部》："寒，凍也。从人在宀下，以茻薦覆之，下有仌。"段玉裁注："'凍'當作'冷'。""寒"字金文字形作"🄯"，以人踡曲在室内，以草避寒來表示寒冷之義。上古時期，"寒"可指冬天程度最深的寒冷（如例1、例3），也用於表示一般程度的冷（如例2）；可用於環境溫度（如例3）、觸覺溫度（例1）和個人感覺溫度（如例2）。

(1) 誕寘之寒冰，鳥覆翼之。（《詩・大雅・生民》）

(2) 諺所謂"輔車相依，唇亡齒寒"者，其虞、虢之謂也。（《左傳・僖公五年》）

(3) 會天寒，士卒墮指者什二三，遂至平城。（《史記・高祖本紀》）

《説文・仌部》："冷，寒也。""冷"西漢始見諸文獻，東漢以後用例漸增，可用於環境溫度、觸覺溫度和個人感覺溫度。例如《淮南子・俶真》："是故凍者假兼衣於春，而暍者望冷風於秋。"三國吴支謙譯《佛説八師經》："風去息絶，火滅身冷，風先火次，魂靈去矣。"兩漢時期，"冷"的程度低於"寒"。例如魏文帝曹丕《詔群臣》："當其朱夏涉秋，尚有餘暑，醉酒宿醒，掩露而食，甘而不飴，脆而不

---

① 本文語料調查使用了多種語料庫，包括北京大學 CCL 語料庫、《大正新修大藏經》等公共電子資源庫以及朱冠明、古月等學者研發的個人語料庫，從中選取各個時期的代表性文獻。

酢，冷而不寒，味長汁多，除煩解渴。"(《全三國文·魏》卷六)(轉引自汪維輝，2017：355)南北朝時期，隨着"冷"使用頻率的提高，其義域也逐步擴大，程度上由淺向深發展。例如《抱朴子·外篇·知止》："夫玉之堅也，金之剛也，冰之冷也，火之熱也，豈須自言，然後明哉！"直至隋末，"冷""寒"在表示冷的程度上仍有區別。到唐代，"冷"在口語中已經基本取代了"寒"的主導詞地位。"寒"被取代之後，義域及使用範圍都縮小了，主要用於表示天氣寒冷。[1]（汪維輝，2018：696—699）

2. "温""暖"基本詞地位的變化

現代漢語中，"温"指不冷不熱，處於温度的中間域，而"暖"則比中間值偏高一點，義爲暖和。"温"和"暖"在語義搭配上存在一定的互補性：(李麗虹，2012：75—77)"暖"能與除液體、食物之外的氣象類、地域類、時段類、衣物類、身體類等多種類別的物體搭配，多具有使人感到舒適的積極評價義，可用於三類温度評價框架中；而"温"主要修飾泉、水、湯、咖啡等液體。此外，只有"温室""温床"等少數其他類搭配（且爲承古用法），多呈中性情感色彩，極少用於個人感覺温度。故現代漢語中，"暖"爲基本温度詞，"温"則爲非基本温度詞。

語料調查顯示，晚唐以前，"暖""温"的使用情況與現代漢語有較大不同。"暖"，文獻中亦寫作"煖""烜""昫"。《説文·日部》："暖，温也。"《廣雅·釋詁三》："温，煖也。"《説文·水部》："温，水。出犍爲涪，南入黔水。从水，昷聲。"許慎等皆認爲"温"的本義是水名，温暖義本當作"昷"，"温"行而"昷"廢。據李孝定(1970)，"温""昷"初當本是一字，甲骨文中字形只作 ，會意字，像人浴於容器中，浴則身暖，故本義當爲温暖。後來增加水旁作"温"。"温""暖"在字書中常互訓，晚唐以前的文獻中也常出現二者互文、對文的用例。如北魏酈道元《水經注·延江水》："温水，一曰煖水，出犍爲符縣而南入黔水。"白居易《新沐浴》："裘温裹我足，帽暖覆我頭。"可見晚唐以前兩詞同義，都表温暖義。

從文獻用例來看，先秦西漢時期，"温"的搭配範圍較"暖"略微廣泛。"温"的搭配對象可分爲三類：一是天、氣、風、日、地、室等氣象環境類（如例 4）。二是人身、手足、血、氣等身體類（如例 5）。三是食物類及裘、衣等衣物類（如例 6）。"暖"既可修飾冬、春、氣、風等氣象類，也可與衣、服、帛、席等衣物類以及食物類搭配，其中與衣物的搭配最爲常見，如例(7)—例(9)。

(4) 小暑之日，温風至。(《逸周書·時訓解》)

(5) 飱泄，脉小，手足温，泄易已。(《黄帝靈樞經》卷十一)

---

[1] 關於"冷""寒"的歷時替換過程，張永言、汪維輝(1995)、汪維輝(2018：696—699)、王盛婷(2010)等有詳細的描寫，可參看。

(6) 今家人之治產也，相忍以饑寒，相強以勞苦，雖犯軍旅之難，饑饉之患，溫衣美食者，必是家也。(《韓非子·六反》)

(7) 是歲也，海多大風，冬暖。(《國語·魯語上》)

(8) 人之有道也，飽食暖衣，逸居而無教，則近於禽獸。(《孟子·滕文公上》)

(9) 晏子侍於景公，朝寒，公曰："請進暖食。"(《晏子春秋·內篇雜上》)

東漢至中唐時期，"溫""暖"的搭配對象更加趨同，表現在兩個方面：一是二者修飾水、湯等液體的用例都大增；二是兩詞都可與氣象類、身體類、衣物類、食物類、建築物類等物體搭配，如此期文獻中既有"暖屋"，也有"溫室""溫堂""溫殿"。兩詞的不同之處在於："暖"更多用於修飾湯、汁、酒、水、梨汁、鹽水、漿水等供人飲用或使用的液體，修飾自然狀態的河水、泉水等的用例不多（如例10、例11）；反之，"溫"則多與自然狀態的河水、湖水、池水、泉水等搭配，文獻中出現的組合有溫水、溫泉水、溫泉、溫湯、溫池、溫溪、溫湖等，與其他液體的搭配很少見到（如例12）。

(10) 右五味，搗爲散，以白飲和服方寸，七日三服，多飲暖水，汗出，愈。(《傷寒雜病論·辨厥陰病脉證並治》)

(11) 先用暖湯淨洗，無復腥氣，乃浸之。(《齊民要術》卷八"脯腊第七十五")

(12) 又東南流，與溫泉水合。水出北山溫溪，即溫源也。養疾者不能澡其炎漂，以其過灼故也。《魏土地記》曰：'徐無城東有溫湯'，即此也。(《水經注》卷十四"鮑邱水")

儘管上古、中古時期"溫""暖"語義相同，但"溫"是基本詞而"暖"却不是，原因有幾點：一是"溫"的搭配範圍較"暖"略微廣泛；二是"溫"的引申義及由"溫"構成的複音詞的數量都遠多於"暖"，說明"溫"的使用頻率比"暖"高得多。三是與"涼"對舉時常用"溫"。例如《賢愚經》卷九："即敕爲起三時之殿，冬時居溫殿，春秋居中殿，夏時居涼殿。"四是與其他基本溫度詞連用時，常見"寒熱溫涼"的組合。例如《神農本草經》上卷："藥有酸鹹甘苦辛五味，又有寒熱溫涼四氣及有毒無毒。"①

晚唐五代以來，"暖"的使用頻率顯著提高，搭配範圍也進一步擴大，逐漸取得了基本詞地位，能與氣象類、地域類、時段類、衣物類、身體類、建築物類等多種類別的物體搭配，但其修飾液體和食物類的用例逐漸減少。而"溫"的組合能力

---

① 有意思的是，唐以前表示給酒加熱之義都用"溫酒"，唐以後才出現了"暖酒"，用詞差異明顯。此條材料承汪維輝師告知。

明顯呈萎縮趨勢，最爲常見的是修飾泉水、河水等自然狀態的水和湯水、湯、茶、酒、燒酒等液體，其他的用例如溫風、溫室、溫堂、溫衣、溫爐等多爲承襲前代的固定搭配。可見，隨着使用範圍的縮小，"溫"不僅失去了基本詞的地位，語義上也由溫暖義演變爲了不冷不熱義。①

3. 古今用法相對穩定的"凉"和"熱"

"凉"，或寫作"涼"。②《玉篇·水部》："凉，薄寒貌。"朱駿聲《説文通訓定聲》："冰之性爲寒，水之性爲凉。"《列子·湯問》注："凉是冷之始，寒是冷之極。""凉"指溫度低，其程度比"冷"淺。歷史文獻中與"凉"搭配較多的，一是氣象類詞語，常見的如雨、風、土、氣、秋、夜、氛等；二是鞋帽服飾、家居用品、建築物等避暑用品類詞語，如衫、笠、帽、鞋、枕、席、室、館、棚等，其中的"凉"指這些用品具有納凉避暑的功能；三是飲食類詞語，其中的"凉"可以分成兩類：一類表示加熱後變冷之義；另一類表示在"凉"的狀態下更能體現其風味的食品，如宋代出現的凉糕、凉粉，元代出現的凉漿，明清出現的凉酪、凉菜等。此外，"凉"還可用來描述自我或他人的感覺溫度。例如《太平廣記》卷二百一十"劉褒"："後漢劉褒，桓帝時人。曾畫雲臺閣③，人見之覺熱；又畫北風圖，人見之覺凉。"（出張華《博物志》）

李麗虹（2012：88—92）利用北大語料庫對現代漢語"凉"在溫度域中使用情況的分布統計發現，與"凉"搭配最多的是氣象類詞語，其次多的是飲食類詞語。此外，"凉"還可以指身體的感覺，也可以修飾避暑用品。可見"凉"的用法古今變化不大，都可用於環境溫度、觸覺溫度和個人感覺溫度三類溫度評價框架中。"凉"古今主要的差別在於，古代"凉"的義域與現代稍有不同：古代漢語中某些場合"凉"所表示的溫度，在現代漢語中要用"冷"來表示。（蔣紹愚，2005：276）《詩·邶風·北風》："北風其凉，雨雪其雱。"毛傳："北風，寒凉之風。"南朝宋顔延之《陽給事誄》："凉冬氣勁，塞外草衰。"現代漢語中，"凉"的此種用法僅在"凉颼颼""凉風透骨"等少數詞語中保留。

《説文·火部》："熱，溫也。""熱"的本義爲溫度高，④ 跟"冷"相對，可用於環境溫度、觸覺溫度和個人感覺溫度。《莊子·達生》："至人潛行不窒，蹈火不熱，行乎萬物之上而不慄。"《吕氏春秋·審分》："東海之極，水至而反；夏熱之

---

① 已有研究表明，多種語言的中間溫度詞或僅用於水，或主要用於水（和其他液體），原因在於水（和液體）的自然狀態是不冷不熱的。(Koptjevskaja-Tamm, 2011)

② 《説文》"涼"字段玉裁注："《廣韻》《玉篇》皆云'凉，俗涼字'，至《集韻》乃特出'凉'字，注云：'薄寒曰凉。'"

③ 按：明抄本"臺閣"作"漢圖"。

④ "熱"爲形聲字，從火，埶聲。也有學者認爲"埶"即"熱"的本字，從"人"跽而執持火把會意，後於字下加"火"成形聲字。（李學勤，2012：898）

下,化而爲寒。"《戰國策·燕策一》:"於是酒酣樂進取熱歠。""熱"的用法古今基本一致。汪維輝(2018:12—13)曾根據歷時的穩定性和共時的一致性,將漢語的100核心詞①劃分爲四個等級,其中"熱"歸入一級詞,"冷"歸入四級詞,説明"熱"比"冷"更具穩定性。

4. 相關討論

Sutrop(1999)認爲現代漢語基本温度詞僅"冷""熱"兩個,顯然不符合事實。儘管"涼""暖"的顯著度不如"冷""熱"高,但它們完全符合基本詞的判斷標準,例如它們都主要用於温度域,都可相對自由地應用於不同類别的實體,使用頻率都相對較高,都具有分類獨特性,故當將其歸入基本温度詞中。

有學者把雙音詞"暖和(huo)"和"涼快(kuai)"看作漢語的基本温度詞,不當。因爲與"暖"和"涼"相比,"暖和"和"涼快"至少有幾個方面不符合基本詞的判斷標準:一是兩詞在形態上更爲複雜。二是兩詞都"有'比較舒服、適意'的含意在内"(徐家楨,1985),僅可在具有褒義情感評價的語境中使用。三是兩詞的適用範圍更小,主要用於環境温度(如例13)和個人感覺温度(如例14)框架中,觸覺温度框架中僅與衣物類搭配(如例15)。②四是兩詞自元代產生以來,使用頻率一直遠低於"暖"與"涼"。

(13) 咱們休磨拖,趁涼快,馬又吃的飽時,趕動着。(《原本老乞大》)

(14)(正末飲酒科,云)大嫂,這一會才覺的有些兒暖和哩。(《包待制智賺生金閣》第一折,《全元曲》)

(15) 老殘道:"毫不覺冷。我們從小不穿皮袍子的人,這棉袍子的力量恐怕比你們的狐皮還要暖和些呢。"(《老殘遊記》第六回)

(二)漢語的非基本温度詞

與基本詞相比,非基本温度詞或者使用頻率較低,或者適用範圍較小。漢語的非基本温度詞按照音節數量的不同可分爲單音和複音兩類,單音温度詞的數量有限,爲典型的非基本温度詞;複音温度詞又分爲雙音詞和三音詞兩小類,兩類數量都較多。

1. 單音非基本温度詞

漢語不同時期主要的單音非基本温度詞及其所適用的温度評價框架如表3所示③:

---

① 據汪維輝(2018:12—13),這些詞是以 M. Swadesh(1952)的100核心詞表爲參照選取的。

② 據《現代漢語詞典》(第七版),"暖和"指(氣候、環境等)不冷也不太熱。例如:天氣漸漸地~了 | 這屋子向陽,很~。(p.965)"涼快"表清涼爽快。例如:下了一陣雨,天氣~多了。(p.815)

③ 文獻和字書中有記載的涼域詞還有滄、瀄、冽、泾、淬、冱、凓、瀨、凄、溧、凜等。(王盛婷2010)限於篇幅,對於在文獻中使用頻率極低,或者基本上不單用的非基本温度詞,文中暫不討論。

表 3　漢語單音非基本溫度詞所適用的溫度評價框架

時段 \ 子框架	溫度子域		個人感覺溫度	觸覺溫度	環境溫度
先秦－明清	暖域	很熱	—	—	炎、暑
		暖	—	—	暄、煦
			—	煖	
	中間域	不冷不熱	—	—	和
	涼域	很冷		清、冰$_A$	
			凍、冰$_V$		
現代漢語	暖域	很熱		燙	—
			—	—	炎、暑
	中間域	不冷不熱		溫	
	涼域	很冷	—	—	寒
			凍、冰		

　　漢語歷史文獻中較爲常用的涼域非基本詞主要有"凍""清（凊）"①"冰"② 幾個。"凍""冰"爲動詞，專用於個人感覺溫度。"凍"表受凍、感到極冷之義，如例（16）的"三老凍餒"即三老受凍挨餓。《集韻·證韻》："冷，冰迫也。""冰"表示因接觸冰冷的東西而感到寒冷，如例（17）的"冰人齒"意爲人齒感覺冰冷。"清""冰"爲形容詞，《説文·仌部》："清，寒也。"《玉篇·冫部》："清，冷也。""清"表凉或冷之義，"冰"意爲很冷，兩詞都可用於三個溫度評價子框架中。如例（18）中"清"修飾"衣服"，例（21）中"冰"修飾"池"，兩例都屬於觸覺溫度框架。例（19）"清"與"冬"、例（22）"冰"與"夜"搭配，用於描寫環境溫度。例（20）王冰注："清，亦冷也。"句中"清"同"凊"。"足清"與例（23）的"涉水冰寒"都描寫的是個人感覺溫度。

　　（16）公聚朽蠹而三老凍餒，國之諸市，屨賤踊貴。（《左傳·昭公三年》）

　　（17）食冷物，冰人齒。（《金匱要略方論·果實菜穀禁忌並治》）

　　（18）當今之主，其爲衣服則與此異矣。冬則輕煖，夏則輕清。（《墨子·辭過》）

　　（19）冬不用籞，非愛籞也，清有餘也。（《呂氏春秋·有度》）

　　（20）腰痛，足清，頭痛。（《素問·五藏生成篇》）

　　（21）身體壯熱，入冷池中，能令冰池，甚大沸熱。（元魏吉迦夜共曇曜譯

---

① "凊"或寫作"清"。《禮記·曲禮上》："冬溫而夏清。"陸德明《釋文》："七性反。字從冫，冰、冷也。本或作水旁，非也。"

② "冰"的本義爲名詞（《説文·仌部》："冰，水堅也"），在溫度域使用時，主要用作形容詞（記作"冰$_A$"），也用作動詞（記作"冰$_V$"）。

《雜寶藏經》卷三)①

(22) 縣官意炫與賊相知，恐爲後變，遂閉門不納。時夜冰寒，因此凍餒而死。(《北史·劉炫列傳》)

(23) 嘗有竊其園中竹，旻潛其涉水冰寒，爲架一小橋渡之。(北宋沈括《夢溪筆談》卷九)

暖域非基本詞"炎""暑""煦""暄""燠"都是形容詞，其中除了"燠"可用於環境溫度和觸覺溫度中，其他都專用於環境溫度(文獻中各詞的搭配對象參表4)。"炎""暑"爲炎熱、酷熱義。《玉篇·炎部》："炎，熱也。"《說文·日部》："暑，熱也。"段玉裁注："'暑'與'熱'渾言則一，故許以'熱'訓'暑'。析言則二，……。'暑'之義主謂濕，'熱'之義主謂燥，故'溽暑'謂濕暑也。""暑"與"熱"對文時專指濕熱。"煦""暄""燠"都爲溫暖義。《廣韻·麌韻》："煦，溫也。"又《元韻》："暄，溫也。"《爾雅·釋言》："燠，暖也。"《玉篇·火部》："燠，暖也。"② 例如：

表4　先秦－明清漢語暖域單音非基本溫度詞的搭配對象

暖域詞	炎	暑	煦	暄	燠
搭配對象	天、氣、日、月、風、夏、曦、丘、壑等	天、氣、天氣、風、雨、雲、夏、地、南土等	地、日、風、春、春景、春風、春光、春日等	天氣、江風、風氣、春、冬、晝、晨等	天氣、日、風、雨、陽、室、館等；衣、肉、餅等

(24) 觀炎氣之相仍兮，窺煙液之所積。(《楚辭·九章·悲回風》)

(25) 孔子之楚，有漁者獻魚甚強，孔子不受，獻魚者曰："天暑遠市，賣之不售，思欲棄之，不若獻之君子。"(《說苑·建本》)

(26) 露淒暄風息，氣澈天象明。(東晉陶淵明《九日閒居並序》)

(27) 既出洞外，風日恬煦，山水清麗，真神仙都也。(唐代張讀《宣室志·僧契虛》)

(28) 不如子之衣，安且燠兮。(《詩·唐風·無衣》)

(29) 無冰，時燠也。(《穀梁傳·桓公十四年》)

中間域的非基本詞"和"爲形容詞，表示溫度適中，專用於環境溫度，多帶有褒義色彩。例如三國魏阮籍《詠懷》之一："清陽曜靈，和風容與。"

現代漢語普通話中，形容詞"炎""暑""寒""溫"和動詞"凍""冰"繼續沿

---

① 《漢語大詞典》"冰"表冷、涼之義首引唐代戴叔倫《奉天酬別鄭諫議》"木冰花不發"，引例偏晚。

② 《說文·火部》："燠，熱在中也。"段玉裁注："古多叚'奧'爲之。《小雅》'日月方奧'，傳曰：'奧，暖也。'""燠"爲會意兼形聲字。從火，從奧，奧亦聲；當是"奧"的加"火"旁後起字。(李學勤，2012：898)《續方言》卷上："暖，江東通言燠。"可見"燠"是"暖"的方言同義詞。

用，其他非基本詞都消亡了。其中形容詞"燠""煦""暄"成爲只見於書面上的文言詞，形容詞"清""冰""和"僅在少數方言中得以保留。清朝中期新產生了形容詞"燙"，指物體溫度很高，① 常用於觸覺溫度和個人感覺溫度，很少用於環境溫度。《紅樓夢》第五十八回："〔晴雯〕一面擺好，一面又看那盒中，却有一碗火腿鮮筍湯，忙端了放在寶玉跟前。寶玉便就桌上喝了一口，説：'好燙！'"梁曉聲《冉之父》："我覺得那小臉蛋兒挺燙。"

2. 複音非基本溫度詞

漢語還使用大量的複音詞來編碼溫度概念，與單音溫度詞的性質不同，它們或者受到漢語雙音化趨勢的影響，或者編碼了其他的附加意義。下面分别討論。

1）雙音非基本溫度詞

現代漢語中存在大量雙音溫度詞，按照其構成方式的不同可分爲兩類：一類是由單音溫度語素複合而成的並列式雙音溫度詞。該類詞的數量較多，如《現代漢語詞典》（第7版）收入的近義並列有"寒冷""炎熱""和暖""和煦""温煦""温和"等，反義並列有"寒熱""寒暄""寒暑""冷暖""炎涼"等。另一類是狀態形容詞，包括不同的小類：如"灼熱""炙熱""熾熱"等由表發熱、燃燒等意義的語素修飾溫度語素構成的狀態詞，"火熱""冰冷""冰涼"等以"火""冰"等作爲喻體以比喻的方式構成的狀態詞，"滚燙""嚴寒""輕冷"等由表程度義語素與溫度語素詞彙化而成的狀態詞。此外，還有一些由溫度義語素與其他屬性義語素複合而成的雙音詞，它們是非基本溫度詞中更爲邊緣的成員。如"涼爽"表清涼爽快之義，用於指稱讓人舒適的涼。

漢語史中，上古時期已經出現了"寒熱""寒温""温凉""寒涼""温暖""炎熱"等雙音組合。當時這些組合還多爲並列結構的詞組，在詞義和結構上呈一種離散狀態。如《吕氏春秋·孟秋紀》："行夏令，則多火災，寒熱不節，民多瘧疾。"西漢桓寬《鹽鐵論·國疾》："往者，常民衣服温暖而不靡，器質樸牢而致用。"東漢以來，隨着漢語雙音化進程的加快，這些雙音組合高頻使用，逐漸發生了詞彙化。我們以雙音溫度詞中數量最多、最爲典型的由單音溫度語素複合而成的並列式爲例，將《漢語大詞典》中收録的該類詞按照語義關係的不同加以整理（見表5），以便瞭解漢語史中雙音溫度詞的使用情況。

---

① 表溫度很高之義的"燙"晚至《紅樓夢》、路德《檉華館雜録》中才出現，到清代嘉慶、道光年間俗曲總集《白雪遺音》以及清末通俗小説《兒女英雄傳》《恨海》等中用例還不多見。該義項的産生與"燙"取代"盪""湯"成爲表示將物體放在熱水中加溫、皮膚因與高温物體接觸而感覺疼痛等動詞義的專用字幾乎同步（字形的更替過程可參看劉君敬（2020：104—110）"湯/盪/燙"條）。董秀芳（2005）認爲表示溫度高的"燙"是由表熱水義的"湯"直接發展而來，演變機制是由物體轉指屬性的轉喻。

表 5 《漢語大詞典》收錄的由單音溫度語素複合而成的並列式雙音溫度詞①

語義關係 詞彙化程度	近義並列		反義並列
	涼　域	暖　域	
僅表溫度義	寒冷；寒凍；寒涼；涼冷；寒清；寒冽；凍冽；凓溧；凓寒；冱寒	暖和；煖燠；燠暖；煦暖；暄和；暄暖；暄煦；暄燠；和暖；和煦；暄溫；溫煦；溫熱；暖煦；暄熱；暖熱；炎燠；燠暑；燠炎；熱暑	寒暖；涼暄；涼熱；涼燠；炎冷；暑寒；涼和
兼有引申義	冷凍；凓冽	溫暖；和煦；溫和；燠熱；炎熱；燙熱	寒暑；寒溫；寒暄；寒熱；寒燠；冷暖；冷熱；涼溫；溫清；溫寒；溫涼；炎涼；暄涼；暄寒

表 5 中詞彙化程度較低、僅表溫度義的複音詞多達 32 個；使用頻率較高、兼有引申義的複音詞也有 22 個。漢語史中出現過的此類雙音溫度詞應該還不止於表中所列這些，由此可見漢語史中雙音溫度詞的數量之多。

從使用情況來看，雙音溫度詞具有兩個特點：一是其出現頻率遠低於單音詞；二是適用範圍較小，一般僅用於某種溫度評價子框架中。如"炎熱""寒冷"都主要用於表示環境溫度。

2）ABB 式三音非基本溫度詞

漢語史上還存在大量以"冷""熱""暖""涼"等爲詞根構成的 ABB 式三音溫度詞，② 在近代漢語文獻中，它們可分別用於表示環境溫度（如例 30）、個人感覺溫度（如例 31）和觸覺溫度（如例 32）。③ 這些 ABB 式溫度詞除了表示溫度值的高低，多數還同時編碼了褒貶評價色彩義，④ 或者增強/減弱了溫度的高低程度⑤，或者增加了其他附加意義。如下例中的"暖融融"形容溫暖舒適，具有褒義色彩；"涼颼颼"形容有些涼，帶有貶義色彩；"熱烘烘"形容很熱，"寒慄慄"形容寒氣襲人，其中"烘烘"還含有熱氣騰騰的附加義，"慄慄"還表因受冷而身體顫抖之義。

（30）春日雨絲暖融融，人日雪花寒慄慄。（宋代王禹偁《和馮中允爐邊偶

---

① 表 4 中排除了複合後不再表示溫度義的詞，如"凍寒"指凍受寒，"煦寒"謂驅寒保暖。

② 還有少量由溫度詞根構成 ABC 式三音詞，如明清文獻中的"熱呼/忽辣"，它們是溫度詞中更加邊緣的成員。

③ 石鋟（2010：196）通過對漢語形容詞重疊形式歷史演變的考察發現，"唐以前的 ABB 是短語不是詞，ABB 附加式形容詞出現在唐代。宋代，ABB 的 BB 出現音綴化。元明清時期形成了重疊式 ABB。" BB 相同的讀音往往寫作不同的字形，如"暖融融"中的"融融"又寫作"溶溶""茸茸"。

④ 朱德熙（1980：3）已指出，重疊式形容詞是"帶有主觀色彩估價作用的格式，包含著說話人的感情色彩在內"，其所含感情色彩"由具體的後加成分決定"。

⑤ "ABB 由表狀態發展到表程度主要是 BB 的語義抽象化和主觀化的結果。"（石鋟，2010：242）

（31）淒風振枯槁，短髮涼颼颼。（元代薩都剌《早發黃河即事》）

　　（32）金冷水却將砒霜末悄悄的撒在餅內，然後加餡，做成餅子。如此一連做了四個，熱烘烘的放在袖裏。（《警世通言》卷五）

　　現代漢語中 ABB 式狀態詞仍較爲常用，如《現代漢語詞典》（第 7 版）"涼"字條（p.814）中收錄了"涼冰冰""涼絲絲""涼颼颼"三個詞。

（三）漢語對特定實體溫度系統的編碼方式

　　與其他實體相比，漢語對水的溫度編碼尤爲詳細，表現在兩個方面：一是水的溫度表達系統比其他實體更爲複雜。如現代漢語中水溫可劃分爲燙、熱、溫、溫熱、涼、冷等更細的等級。二是漢語中有專門的詞表示水溫。例如普通話的"溫"、方言中陽江的"暖"、厦門的"la^{33}lun^{33}燒"、合肥的"溫熱"、上海和績溪的"溫暾"以及蘇州、杭州、寧波、金華的"溫吞"都專指液體尤其是水的溫度。（李榮，1999：4522—4524、4803—4805）

　　此外，漢語對氣溫的描寫也較爲細緻。漢語史上，暖域專用於環境溫度的非基本詞"煦""暄""暑""炎"都主要修飾天氣。普通話中，非基本詞"暑""炎""寒"也主要用於修飾天氣。漢語方言中，專指天氣冷，陽江用"冷"，蘇州、廣州、福州用"凍"，厦門、潮州用"寒"，武漢用"冷清"；專指天氣暖和，厦門用"燒烙""燒晴"，海口用"燒暖"，雙峰用"熱火"。建甌的"涼"、西安的"涼快"、蘇州的"風涼"、厦門的"秋清"、廣州的"涼爽"專指天氣涼快；建甌和潮州的"熱"、揚州的"暖"專指天氣熱。（李榮，1999：3344—3346、3370—3375、4803—4805；許寶華、宮田一郎，2020：5056、5083—5085、6520、6287）

三、漢語溫度概念範疇化和詞彙化方式的跨語言比較

　　已有的跨語言研究成果表明，各語言溫度域內部雖具有顯著的異質性特徵，但它們對溫度概念的範疇化和詞彙化方式却又表現出諸多的共性傾向。本節擬通過與其他語言相關研究成果的比較，揭示漢語溫度詞所呈現的共性和個性。

（一）上位概念"溫度"的詞彙化

　　現代漢語用"溫度"和"溫"（比如水溫、恒溫、升溫等）來指稱整個溫度域。[①] 大多數語言都缺乏表達上位溫度概念的詞語，如老撾語（Sousa et al., 2015：600）、古爾馬語（Atintono, 2015：74）、格巴亞語（Roulon-Doko, 2015：

[①] 古今漢語中都可用"炎涼""冷熱""冷暖""寒溫"等反義並列的複音詞來代指氣溫。北魏酈道元《水經注·湿水》："地勢不殊，而炎涼異致。"冀魯官話河北石家莊、滄州"冷熱"用作名詞，指氣溫。（許寶華、宮田一郎，2020：2521）

149)、巴迪語（Bowern, Kling, 2015：820）、埃維語和 Likpe 語（Ameka, 2015：43）、尤卡坦·瑪雅語（Guen, 2015：745）裏都沒有完全等同於"溫度"的詞。一些語言（很可能僅占世界語言中的一小部分）有一個上位詞"溫度"來指稱整個溫度域而非其中的某一部分。如喀爾喀蒙古語用借詞 tyempyeratur "溫度"或具有反義關係的 haluun hüiten "熱冷"結合來指稱溫度概念。（Brosig, 2015：574）

（二）基本溫度詞系統

Sutrop（1999：187）指出，"每種語言平均有 2 至 3 個基本溫度詞，有 4 個基本溫度詞的語言也存在，但數量較少。"Plank（2003）進一步指出，"一種語言基本溫度詞的數量可能是非常有限的。基本詞系統大約只有 2 個、3 個詞或 4 個詞。二詞系統只區分'冷''暖'，作爲一個對等的反義對。三詞系統區分'暖'（感受者感到愉快，沒有標記）、'冷'（感到不愉快，不暖，相對於'暖'是有標記的）和'熱'（感到不愉快、甚至是危險的，很暖，也是有標記的，與'冷'形成反義對）。四詞系統增加了一個中性詞 luke '不冷不熱'（即没有愉快或不愉快的感受）。"Koptjevskaja-Tamm（2015）的跨語言調查也表明，有 2 個、3 個或 4 個基本溫度詞的語言都較爲常見。而且從目前已調查的語言來看，基本溫度詞的四詞系統，除了可由"熱""暖""冷""不冷不熱"四詞組成之外，像漢語這樣由"熱""暖""冷""涼"四詞組成的也很常見。例如老撾語的 hòòn4 "熱"、qun1 "暖"、naaw3 "冷"和 jen3 "涼"（Sousa et al., 2015：600），南壯語的 dɯt5 "熱"、thau6 "暖"、lɯŋ1 "涼"、tot5 "冷"（Sousa et al., 2015：605），馬普切語的 wütre "冷"、füshkü "涼"、eñum "暖"和 are "熱"（Zúñiga, 2015：782），意大利語的 caldo "熱"、tiepido "暖"、fresco "涼"、freddo "冷"（Luraghi, 2015：336）等。

（三）中間溫度的詞彙化方式和語義特徵

中間溫度的詞彙化方式在不同語言中往往有所不同。例如烏克蘭語用 kimnatna temperature "房間溫度"，或者用 pomirnyj "中間"來表示不冷不熱，但後者並不僅限於在溫度域使用。（Kryvenko, 2015：313—314）Abui 語中，用複合詞 lila-palaata "熱一冷"表示中間溫度。（Schapper, 2015：870）巴迪語不冷不熱則用"好"來表示。（Bowern 和 Kling, 2015：820）

在拉脱維亞語、斯瓦希里語、希臘語、東亞美尼亞語、塞爾維亞語、英語、瑞典語等多種語言中，表示"不冷不熱"的中間溫度詞都使用頻率低，所能修飾的實體相對有限，多用於修飾水和其他液體，不能用於個人感覺溫度，也不能用於比較。這些表現與漢語"溫"晚唐五代以來的用法較爲一致，但與其晚唐以前的用法差別較大，由此也説明"温"的詞義古今發生了變化。在一些語言如塞爾維亞語、英語中，中間温度形容詞還含有與對特定實體預期的或適合的温度相比程度偏低之義，其語義中帶有明顯的消極色彩，(Rasulic，2015：264) 如"不冷不熱的咖啡"指咖啡不夠熱，"不冷不熱的啤酒"指啤酒不夠凉，(Koptjevskaja-Tamm 和 Rakhilina，2006) 而漢語的"温"則多呈中性色彩。

（四）極端温度的編碼方式和語義特點

漢語的極端温度除了用"燙""炎""寒"等單音詞表示，更多採用"熾熱""滚燙""冰冷""嚴寒""冷颼颼"等複音形式編碼。跨語言來看，與"冷""熱"等基本詞相比，極端温度或没有獨立的詞彙化形式，或詞形更爲複雜。如尤卡坦·瑪雅語中的極端温度都没有詞彙化，采用加强調成分或通過複製的方式表示；(Guen，2015：749) 芬蘭語有多於 30 個的温度形容詞，其中表示極冷、極熱的詞都采用形態複雜的形式表示。(Juvonen 和 Nikunlassi，2015：496)

與"冷""熱"相比，極端温度詞多含有消極意義，且使用範圍大多較爲受限，這些表現也具有跨語言共性。例如塞爾維亞語的 vreo "滚燙"和 leden "冰冷"都含有消極義。(Rasulic，2015：258) 意大利語 gelato "冰冷"和 bollente "極熱"主要用於觸覺温度。(Luraghi，2015：351) 現代希臘語的形容詞 zematistós "危險的熱"僅限於修飾水、其他液體（通常指油）和食物。(Stathi，2015：369)

（五）非基本温度詞常見的詞彙化方式

漢語"熱""暑"對文時，"熱"指乾熱、燥熱，"暑"表濕熱義。温度義與乾、濕、流汗、不透氣等其他屬性義複合而詞彙化爲非基本温度詞的現象在其他語言中也存在。如拉脱維亞語有三個"熱"：karsts 指中性的熱，versmains 指乾熱，tveicīgs 指悶熱和濕熱。(Perkova，2015：229) Kamang 語的 doung 表示熱且不透氣；Abui 語的形容詞 dohung 指熱且流汗，不及物動詞 fong-fonra 義爲熱而乾。(Schapper，2015：870、877)

增加令人愉快/令人不快的色彩義也是非基本温度詞常見的詞彙化手段之一。例如瑞典語中表示"凉"的詞語有兩個：sval "令人愉快的凉爽"和 kylig "令人不快的凉"，kylig 比 sval 冷的程度稍高，sval 比 kylig 在搭配上的限制更少。(Koptjevskaja-Tamm 和 Rakhilina，2006)

同屬漢藏語系的老撾語、南壯語與漢語一樣擁有大量 ABB 式非基本温度詞，像南壯語的"熱""暖""凉""冷""寒"都可以帶重疊形式，如熱乎乎、冷颼颼等。(Sousa et al.，2015：605、613)

（六）專用的個人感覺温度詞

漢語有動詞"凍""冰"專表個人感覺的冷，而個人感覺的熱却没有專用詞表示。該現象具有跨語言的共性。Koptjevskaja-Tamm（2011）發現，在俄語、英語和德語中，都有專用的動詞"感到寒冷"來指稱個人感覺溫度，由此提出以下假設：

①如果一種語言有專用詞表示個人感覺溫度，該詞至少可用於表示"冷"；

②如果一種語言將溫度概念詞彙化爲動詞，這些動詞至少可用於表示個人感覺的"冷"。

東亞美尼亞語（Daniel 和 Khurshudian, 2015：403－406）、馬拉地語（Pardeshi 和 Hook, 2015：483－485）、牙納桑語（Brykina 和 Gusev, 2015：557－560）、喀爾喀蒙古語（Brosig, 2015：578－579）、法語（Perrin, 2015：156－157）等語言的情況都與以上假設相符。在這些語言中，即使其他的溫度評價都使用形容詞，個人感覺的"冷"也會由專用的動詞來編碼。

(七) 對暖域和涼域語言編碼的不均衡

現代漢語環境溫度暖域有"炎""暑"兩個表示很熱，涼域僅一個"寒"表示很冷；個人感覺溫度涼域有"冰""凍"兩個動詞表示感到極冷，暖域却無與之對應的動詞；暖域有形容詞"燙"指物體溫度很高，多用於觸覺溫度和個人感覺溫度，涼域也沒有相對應的形容詞。像漢語這樣對暖域、涼域編碼不均衡的現象在各種語言中普遍存在。例如東亞美尼亞語中，暖域除了基本詞 tak^h "熱"和非基本詞 šog "濕熱"、tot^h "悶熱"、tap "乾熱"，還有四個詞專門形容熱源所產生的熱：baɾk 指太陽、火爐等燃燒的熱，boɾb 指灼熱、紅熱，t^{h}ež 常與火搭配，var 中心義位是"燃燒"，擴展指"熱"；而涼域僅三個詞：sarə 指觸覺溫度的冷，c^{h}uɾt 指環境溫度的冷，邊緣詞 paɓ 指觸覺溫度和環境溫度的冷。（Daniel 和 Khurshudian, 2015：395－408）

(八) 溫度詞系統對水和天氣的特殊編碼形式

雖然實體本身都具有一定的溫度屬性，但這些屬性是否被人類關注，或者被認爲是重要的，主要取決於各種實體在人類生活中的功用。（Koptjevskaja-Tamm, Rakhilina, 2006）水的重要性使得一些語言對水溫的編碼系統比其他實體更爲複雜，該現象在漢語、烏克蘭語（Kryvenko, 2015：315）、馬拉地語（Pardeshi, Hook, 2015：489）、南壯語（Sousa et al., 2015：605－607）、塞雷爾語（Agbetsoamedo, Garbo, 2015：123－125）、Likpe 語和埃維語（Ameka, 2015：43、66）等多種語言中都存在。例如埃維語中，修飾水的溫度詞可以劃分爲五級①——fá "涼/冷"、gblɔ "不冷不熱"、dzo "熱"、vé "很熱"和 fie "滚燙"，而修

---

① 埃維語中，雨水、露水、河水、海水、洗澡水、飲用水等各種水都有不同的專名。（Ameka, 2015：66）

飾其他實體的僅有 fá "涼/冷"、dzo "熱"兩級，這與洗澡等實踐活動在當地社會文化生活中的重要性密切相關。（Ameka，2015：66）

一些語言的溫度詞系統對氣溫的描寫也較爲細緻，如牙納桑語（Brykina 和 Gusev，2015：554－557）、古爾馬語（Atintono，2015：87－88）、東亞美尼亞語（Daniel 和 Khurshudian，2015：407－408）等語言像漢語一樣，都有多個溫度詞專用於修飾天氣。

四、結語

本文借鑒詞彙類型學的調查框架及研究成果，探討了漢語溫度概念的範疇化和詞彙化方式及其跨語言特色。主要結論如下：

其一，漢語溫度詞的數量衆多，以單音詞爲主，還有大量的複音詞。其中基本溫度詞都是單音詞，使用頻率相對較高，可用於三種溫度評價框架中；非基本溫度詞或者形態上相對複雜（如複音詞或三音詞），或者適用的範圍較小（如僅用於某類溫度評價框架中），或者出現頻率相對較低。

其二，漢語的基本溫度詞一直以四分的格局爲主，在先秦至隋的上古、中古時期，有"熱""溫""涼""寒"四個；晚唐五代以來至現代漢語中，變爲"熱""暖""涼""冷"四個。所有基本溫度詞中，"熱"的穩定性最強，古今用法基本一致；"涼"的義域古代比現代稍大一些，但其適用的溫度評價框架古今並無變化。晚唐五代時期，"冷""暖"分別取代了"寒""溫"的基本詞地位。"寒"被替換之後，主要用於環境溫度框架中，僅指冬天程度最深的寒冷；"溫"失去基本詞的地位後，語義也隨之發生了變化，由暖域轉移至中間域。

其三，漢語的非基本溫度詞包括單音詞、雙音詞、三音詞三類，其中單音詞的數量有限，爲非基本溫度詞中最典型的成員；雙音詞又分爲並列式和狀態詞兩種，其數量較多，但使用頻率極低，適用範圍也偏小；三音詞多編碼了其他的附加意義，爲溫度域的邊緣成員。

其四，跨語言來看，漢語溫度概念的詞彙化方式表現出諸多共性傾向。如：a. 中間溫度詞"溫"使用頻率低、所能修飾的實體相對有限；b. 極端溫度更常采用複雜的形式編碼；c. 有專用動詞"凍""冰"編碼個人感覺的極冷；d. 溫度義可與乾/濕等其他屬性義、也可與令人愉快/令人不快的色彩義複合而詞彙化爲非基本溫度詞；e. 對溫域和涼域的語言編碼呈現出諸多不均衡；f. 對水溫和氣溫的編碼系統比其他實體更爲複雜。

其五，與多數語言相比，漢語的溫度詞也具有一些特色或者區域性特徵。如：a. 上位溫度概念在現代漢語中有專用詞來指稱；b. 基本溫度詞系統屬於相對複雜的四詞系統，但由"熱""暖""冷""涼"四詞而非"熱""暖""冷""不冷不熱"

四詞組成；c. 非基本溫度詞的數量特別多；d. 表示中間溫度的"溫"多呈中性而非消極色彩；e. ABB 式非基本溫度詞多見於漢藏語系的語言中。

參考文獻

北京大學中國語言文學系教研室. 漢語方言詞彙. 北京：語文出版社，1995.

董秀芳. 語義演變的規律性及語義演變中保留義素的選擇//漢語史學報：第五輯. 上海：上海教育出版社，2005.

高航，嚴辰松. 漢語溫度圖式所衍生的概念隱喻. 四川外語學院學報，2008（2）.

賈燕子，吳福祥. 詞彙類型學視角的漢語"吃""喝"類動詞研究. 世界漢語教學，2017（3）.

蔣紹愚. 古漢語辭彙綱要. 北京：商務印書館，2005.

李榮主編. 現代漢語方言大詞典. 南京：江蘇教育出版社，1999.

李麗虹. 漢英溫覺詞語義對比研究. 中央民族大學博士學位論文，2012.

李孝定. 甲骨文字集釋. 中央研究院歷史語言研究所，1970.

李學勤主編. 字源. 天津：天津古籍出版社，2012.

劉君敬. 唐以後俗語詞用字研究. 北京：商務印書館，2020.

羅竹風主編. 漢語大詞典. 上海：漢語大詞典出版社，1986.

聶豔婷. "熱、暖和"和"冷、涼快"的比較分析. 現代語文，2014（7）.

任曉豔. 現代漢語溫度感覺詞研究. 山東大學碩士學位論文，2006.

沈家煊. 形容詞句法功能的標記模式. 中國語文，1997（4）.

石鋟. 漢語形容詞重疊形式的歷史發展. 北京：商務印書館，2010.

唐樹華，董元興，李芳. 構式與隱喻拓展——漢英溫度域謂語句形容詞隱喻拓展差異及成因探析. 外國語，2011（1）.

汪維輝. 東漢－隋常用詞演變研究. 北京：商務印書館，2017.

汪維輝. 漢語核心詞的歷史與現狀研究. 北京：商務印書館，2018.

王鳳陽. 古辭辨. 北京：中華書局，2011.

王盛婷. 漢語"冷類語義場"變遷史考. 寧夏大學學報，2010（3）.

伍鐵平. 不同語言的味覺詞和溫度詞對客觀現實的不同切分——語言類型學研究. 語言教學與研究，1989（1）.

徐家楨. "熱"和"暖和""冷"和"涼快"——教學筆記之一. 語言教學與研究，1985（1）.

許寶華，[日]宮田一郎. 漢語方言大詞典. 北京：中華書局，2020.

張莉. 語義類型學導論. 汕頭：汕頭大學出版社，2023.

張永言，汪維輝. 關於漢語詞彙史研究的一點思考. 中國語文，1995（6）.

趙豔芳. 認知語言學概論. 上海：上海外語教育出版社，2001.

中國社會科學院語言研究所詞典編輯室. 現代漢語詞典. 北京：商務印書館，2016.

朱德熙. 現代漢語語法研究. 北京：商務印書館，1980.

Agbetsoamedo, Yvonne and Francesca Di Garbo. Unravelling temperature terms in Sɛlɛɛ. In Koptjevskaja-Tamm, M. (ed.). 2015：107－127.

Ameka, Felix K. Hard sun, hot weather, skin pain: The cultural semantics of temperature expressions in Ewe and Likpe (West Africa). In Koptjevskaja-Tamm, M. (ed.). 2015：43－72.

Atintono, Samuel Awinkene. The semantics and metaphorical extensions of temperature terms in Gurenɛ. In Koptjevskaja-Tamm, M. (ed.). 2015：73－106.

Daniel, Michael and Viktoria Khurshudian. Temperature terms in Modern Eastern Armenian. In Koptjevskaja-Tamm, M. (ed.). 2015：392－439.

Evans, Nicholas. Semantic typology. In Song, J. J. (ed.), *The Oxford Handbook of Linguistic Typology*. Oxford: Oxford University Press. 2010：504－533.

Guen, Olivier Le. Temperature terms and their meaning in Yucatec Maya (Mexico). In Koptjevskaja-Tamm, M. (ed.). 2015：742－775.

Juvonen, Päivi and Ahti Nikunlassi. Temperature adjectives in Finnish. In Koptjevskaja-Tamm, M. (ed.). 2015：491－536.

Koch, Peter. Lexical typology from a cognitive and linguistic point of view. In Haspelmath et al. (eds.), *Language Typology and Language Universals*, V. 1－2, 2001：1142－1178.

Koptjevskaja-Tamm, M., Vanhove, M. and Koch, P. Typological approaches to lexical semantics. *Linguistic Typology*, 2007 (11)：159－185.

Koptjevskaja-Tamm, Maria. It's boiling hot! On the structure of the linguistic temperature domain across languages. In Sarah, et al. (eds.). Tübingen: Narr. 2011：379－396.

Koptjevskaja-Tamm, Maria. New directions in lexical typology. *Linguistics*, 2012 (50), 3：373－394.

Koptjevskaja-Tamm, Maria. Introducing "The linguistics of temperature". In Koptjevskaja-Tamm, M. (ed.). 2015：1－40.

Koptjevskaja-Tamm, Maria. Guidelines for collecting linguistic expressions for temperature. www. ling. su/staff/tamm/ tempquest. pdf, 2007.

Koptjevskaja-Tamm, Maria. (ed.). *The Linguistics of Temperature*. Vol. 107. Typological Studies in Language. Amsterdam: John Benjamins Publishing Company. 2015.

Koptjevskaja-Tamm, Maria. and E. Rakhilina. Some like it hot: on semantics of temperature adjectives in Russian and Swedish. In Leuschner, T. and G. Giannoulopoulou. (eds.), *A special issue on Lexicon in a Typological and Contrastive Perspective*. 2006：253－269.

Kryvenko, Anna. In the warmth of the Ukrainian temperature domain. In Koptjevskaja-Tamm, M. (ed.). 2015：300－332.

Lockwood, Hunter and Susanne Vejdemo. There is no thermostat in the forest—the Ojibwe temperature term system. In Koptjevskaja-Tamm, M. (ed.). 2015：721－741.

Lyons, John. *Introduction to Theoretical Linguistics*. London: Cambridge University

Press，1968.

Pardeshi，Prashant and Peter Hook. Blowing hot，hotter，and hotter yet：Temperature vocabulary in Marathi. In Koptjevskaja-Tamm，M. （ed.）. 2015：471—490.

Perrin，Loïc-Michel. Climate，temperature and polysemous patterns in French and Wolof. In Koptjevskaja-Tamm，M. （ed.）. 2015：151—186.

Plank，F. Temperature Talk：The Basics. A talk presented at the Workshop on Lexical Typology at the ALT conference in Cagliari，Sept，2003.

Rakhilina，Ekaterinaand Liliya Kholkina. 莫斯科詞彙類型學研究介紹//語言學論叢：第五十九輯. 北京：商務印書館，2019.

Rasulic，Katarina. What's hot and what's not in English and Serbian：A contrastive view on the polysemy of temperature adjectives. In Koptjevskaja-Tamm，M. （ed.）. 2015：254—299.

Schapper，Antoinette. Temperature terms in Kamang and Abui，two Papuan languages of Alor. In Koptjevskaja-Tamm，M. （ed.）. 2015：858—886.

Sousa，Hilário de.，François Langellaand N. J. Enfield. Temperature terms in Lao，Southern Zhuang，Southern Pinghua and Cantonese. In Koptjevskaja-Tamm，M. （ed.）. 2015：594—638.

Stathi，Katerina. Temperature terms in Modern Greek. In Koptjevskaja-Tamm，M. （ed.）. 2015：354—391.

Sutrop，Urmas. Basic temperature terms and subjective temperature scale. *Lexicology*，1998（4）：60—104.

Sutrop，Urmas. Temperature terms in the Baltic Area. In Erelt，M. （ed.），*Estonian：Typological studies*，University of Tartu. 1999：185—203.

Zúñiga，Fernando. Temperature terms in Mapudungun. In Koptjevskaja-Tamm，M. （ed.）. 2015：776—791.

Categorization and Lexicalization of Temperature Concepts in Chinese from the Perspective of Lexical Typology

Jia Yanzi

Abstract：This study draws upon the analytical framework and parameters of lexical typology，utilizing corpora，dictionaries，and other lexical resources to conduct an in-depth examination of the basic temperature lexicon system in Chinese and its encoding mechanisms for non-basic temperature terms from a onomasiological perspective. The article traces the historical evolution of these temperature terms in Chinese and，through comparative analysis with over 50 languages of diverse linguistic families and geographical attributes，reveals the universality and specificity exhibited in the process of categorization and lexicalization of temperature concepts in Chinese. The findings indicate that despite certain cross-linguistic commonalities, Chinese demonstrates unique strategies in the categorization and lexicalization of temperature concepts, offering new insights into how languages encode and categorize the world lexically. Furthermore, these findings provide a valuable empirical foundation for further exploration of linguistic universality and specificity.

Keywords: lexical typology; temperature terms; categorization; lexicalization; cross-linguistic comparison

（賈燕子，閩南師范大學文學院）

漢語 "偏義複詞" 的歷史來源與歷時演變*

李泓霖

提　要："偏義複詞"由兩個意義相關的詞素組成，詞義偏重於其中一個詞素的意義，另一個詞素則僅具對襯或陪襯作用。這一概念下實際包含了語用層面與詞彙層面的不同內容，需要加以離析。語用層面的"偏義"是由語境解讀帶來的，反映了漢語雙音化趨勢；而詞彙層面的"偏義"是由詞義演變帶來的，並非造詞手段。通過對"偏義複詞"歷史來源與歷時演變的考察，本文提出，類義、反義成分的並列連用爲偏義的形成提供了條件，漢語雙音化的趨勢推動了組合形式的凝結，而詞彙自身的語義變化是最終完成偏義化的關鍵原因。這一現象雖然不可預測，但仍遵循語義演變的規律與機制，折射出古今詞義的異同。

關鍵詞：偏義複詞；詞彙化；並列構詞；語義演變

一、引言

在漢語的複合詞中，存在一批所謂的"偏義複詞"，這類詞一般由兩個意義相關的詞素組成，詞義偏重於其中一個詞素的意義，另一個詞素則僅具對襯或陪襯作用。從形式上來看，兩個詞素一般爲反義或類義，具有並列關係；但是從語義上來看，二者的地位和作用却並不相同，有主次之分。

這一現象在傳世典籍中即有體現，並且得到了經學家的注意。顧炎武《日知錄》卷二七載：

> "虞翻作表示吕岱，爲愛憎所白。"注曰："讒佞之人有愛有憎，而無公是非，故謂之愛憎。"愚謂愛憎，憎也。言憎而並及愛，古人之辭寬緩不迫故也。

所謂"愛憎，憎也。言憎而並及愛"，即詞義偏指"憎"一方，屬於偏義複合

---

* 基金項目：教育部人文社會科學重點研究基地重大項目"基於上古漢語語義知識庫的歷史語法與詞彙研究"（18JJD740002）。

詞。書中又舉了"得失""利害""緩急""成敗""異同""贏縮""禍福"進一步說明傳世典籍中用詞多有此類。

顧炎武之後，清代學者俞樾對這一現象也有關注，《諸子平議·管子五》注《管子·禁藏》："外内蔽塞，可以成敗。"曰"此欲其敗，非欲其成，而曰'可以成敗'，乃因敗而連言成。古語往往如此"（90頁）。《古書疑義舉例》"因此以及彼例"又舉出"老幼""車馬""父母""昆弟"等例（41—43頁）。

現代學者繼承這一思路，系統地收集了更多詞例，黎錦熙《國語中複合詞的歧義和偏義》舉出"會同""朝夕""耳目""日月"等八例偏義複合詞，並且首先將這類詞彙稱爲"偏義複詞"，得到了此後多數學者的沿用；劉盼遂《中國文法複詞中偏義例續舉》又補"愛情""陟降""强弱""揭來"等十七例；余冠英（2003）例舉"死生""東西""嫁娶""松柏"等十七例漢魏詩中偏義複詞，説明傳世詩文中始終存在這類現象。

在此基礎上，陳偉武（1989）、王鐘坤（2003）等學者嘗試分析這類詞彙形成的過程及原因，主要從複合詞的構詞方式及漢民族思維心理等角度，説明偏義複詞與語言使用者重視正反對立、追求語言委婉含蓄的特點密不可分。

上述研究揭示了偏義複詞的部分特點，但往往混淆了詞義與語用，未能區分構詞現象與用詞現象，尚顯不夠全面。崔恒升（1995）已經指出，很多歷來所謂的"偏義複詞"實際受到"一定上下文對反義複合詞的語義選擇或語義限制"，偏指義尚未固定；肖曉暉（2003）進一步區分了言語層次上的臨時偏指用法，與詞彙層次上的偏義詞，爲釐清"偏義複詞"這一相對含混的概念作出了有效的嘗試。

本文認爲，上述學者的研究從多個視角收集並分析了古今漢語中的"偏義複詞"，爲説明這一現象做出了許多有益探索。但是，仍存在一些問題值得深入研究：

從共時層面來看，如何區分偏義複詞的"臨時用法"與"詞彙層次"？二者之間有何異同？臨時用作"偏義複詞"有何條件或限制？

從歷時層面來看，臨時用作"偏義複詞"後如何演變？作爲詞彙的"偏義複詞"從何而來？偏義現象是由造詞手段還是詞義演變帶來的？

爲了解決以上問題，本文希望采用共時與歷時相結合的視角進行觀察，嘗試説明偏義複詞的歷史來源及歷時演變，並探究其演變動因。本文的研究思路如下：首先，參考工具書[①]及前人研究，搜集相關詞彙（或短語）作爲研究對象；其次，參考肖曉暉（2003）對"偏義複詞"内部情況的分類討論，區分語用修辭現象與詞彙現象，分别觀察其結構性質及特點，説明其歷時演變情況；最後，對於詞彙層次上

---

① 古漢語詞彙主要參考《漢語大詞典》《辭源》釋義，現代漢語詞彙主要參考《現代漢語詞典》（第7版）釋義。

的偏義複詞，説明"偏義"屬造詞現象還是詞義演變的結果，並由此探討"偏義"現象形成的理據與動因。

二、偏義複詞的確定和分類

前人研究已經指出，"偏義複詞"這一術語實際上被用來稱述許多種不同種類的情況，需要分類説明。

首先需要剔除由誤解詞義或誤讀文本而被歸入"偏義複詞"的情況，以"褒彈"與"夭矯"爲例：

"褒彈"，也作"褒談""保彈""包彈"。

(1) 唐·張鷟《朝野僉載》卷四："奈何尸禄素餐，濫處上官，黜陟失所，選補傷殘，小人在位，君子駁彈。"

(2) 唐·李商隱《雜纂·不達時宜》："筵上包彈品味。"

從字面上來看，"褒"表褒獎，"彈"表抨擊，詞義整體表指責，似乎是偏向"彈"義。但劉堅（1978）、郭在貽（1979）已經指出"包彈"即"駁彈"，倒文"彈駁"，屬同義連文，而"包""褒"同屬上古幽部幫母字，可以通假。從構詞層面來説，兩詞素均有抨擊義，顯然並非偏義；從用詞層面來説，"褒彈"的使用不及"包彈""駁彈"普遍，因此不宜看作偏義複詞考察的對象[①]。

"夭矯"，也作"夭蟜"。

(3)《淮南子·修務》："木熙者，舉梧檟，據句枉，蝯自縱，好茂葉，龍夭矯。"

(4)《史記·司馬相如列傳》："長嘯哀鳴，翩幡互經，夭蟜枝格，偃蹇杪顛。"張守節正義引郭璞曰："皆猨猴在樹共戲忩態也。夭蟜，頻申也。"

從字面上來看，"夭"表彎曲，"矯"表使曲變直，詞義整體表彎曲貌，似乎偏向"夭"義。但"夭""矯"同屬上古宵部，"夭矯"實爲疊韻聯綿詞，不當分訓，與"窈窕""窈糾""夭紹""寥糾"[②]爲"一音之轉"，均有曲義。如果受字形影響而誤拆聯綿詞進行分釋，將其視爲偏義複詞，顯然是錯誤的。

排除上述情況後，"偏義複詞"內仍然不同質，爲了便於説明，本文各舉幾例分別論述：

[①] 不過，劉凱鳴《語詞考釋續貂》（《語文研究》1982年第1輯）指出，"褒彈"後來被"褒貶"替代，義爲"指摘、挑剔"，如諺語"褒貶是買主"，《紅樓夢》中也有用例。如此看來，根據書寫形式將其認定爲偏義複詞也有一定的道理。但是這種情況比較特殊，具有偶然性，不作爲本文主要討論的對象。

[②]《詩·陳風·月出》"月出皎兮，佼人僚兮，舒窈糾兮，勞心悄兮。"馬瑞辰《毛詩傳箋通釋》："窈糾，猶窈窕，皆疊韻，與下憂受、夭紹同爲形容美好之詞。"

甲（N+N）：父母、禍福、日月、鼎俎
乙（A+A/V+V）：長短、高低、曲直、善惡、出入
丙（N+N）：國家、窗户、質量、妻子、人物
丁（A+A/V+V）：教學、忘記

其中甲、乙兩類的"偏義"都未固定進入詞義，只有在具體語境中才能解讀出偏向前後兩成分中的一個；而丙、丁則屬於真正的偏義複合詞，無需語境條件，意義已經固定。

從兩個成分的性質來看，甲、丙兩類屬名詞性成分與名詞性成分的結合，前後成分多爲相類關係；乙、丁兩類屬謂詞性成分與謂詞性成分的結合，前後成分多爲相反關係。

此處還涉及到對複合詞的判定標準問題。馬真（1981）提出"劃分先秦的複音詞主要應從詞彙意義的角度來考慮問題，即考察複音組合的結合程度是否緊密，它們是否已經成爲具有完整意義的不可分割的整體"，郭錫良（1994）采取相似的觀點，即以組合後是否表達新的意義作爲判斷成詞與否的標準。

按照這一標準，丙、丁兩類發生了偏義現象，組合整體義不同於兩個成分的直接相加，可以肯定確已成詞；然而甲、乙兩類從意義上來看，有不少仍表兩個意義的相加，似乎並未產生新的概念。但不可否認的是，這樣的組合受到了漢語雙音化趨勢的影響，可能是並列構詞法形成後，臨時構詞的結果。本文采取相對寬鬆的態度，將甲、乙兩類均稱爲"組合"以避免詞與短語的爭議，將丙、丁兩類稱爲"偏義複合詞"。下節分別探討兩類不同層次的現象各自的性質與特點。

三、作爲語用修辭現象的偏義組合

（一）名名組合式

在漢語史上，名名成分構成的偏義組合（甲類）很早就引起了學者的關注。

《左傳·昭公十二年》"鄭，伯男也"，杜預注曰："言鄭國在甸服外，爵列伯子男，不應出公侯之貢。"孔穎達疏引王肅説曰："鄭伯爵，而連男言之，猶言曰公侯，足句辭也。"

"伯"與"男"是兩個不同的爵位，鄭實爲伯爵，因此"男"在此處似乎僅起陪襯作用，被稱作"足句辭"。但是仔細體味文意，"公侯伯子男"構成了一個序列等級，"公""侯"連言表爵位高者；"伯""男"連言表爵位低者，孔疏實際也反映了這一點：

> 杜（預）用王（肅）説，言鄭國在甸服之外，其爵列於伯子男……據地小大分爲三等，則侯同於公，伯同子男……

如此一來，"伯男"實指"伯子男爵（之間）"，也就無所謂偏義了。

《禮記·雜記上》"爲妻，父母在，不杖不稽顙"，孔穎達疏曰："按《喪服》云：大夫爲適婦喪主，父爲婦之主，故父在不敢爲婦杖；若父没母在，不爲適婦之主，所以母在不杖者，以父母尊同，因父而連言母。"①

"不杖""不稽顙"爲兩事，此處指當大夫爲己妻服喪時，禮節據其妻父母是否尚在而定，若父在，則"不杖不稽顙"，僅母在父不在，則"不稽顙"。因此古人謂此處"父母"專主父言，"因父而連言母"。

上古漢語中"父母"每每連用，已經具備了成詞的可能，此處的使用，恰恰説明"父母"組合已經相對凝固，因此没有單獨出現"父在"。其實直接以字面義理解也無不可，即父母俱在時，"不杖不稽顙"。因此"父母"無所謂偏義，而是該組合義在入句後，受句子其他成分影響，理解與一般情況下有所不同，並非組合自身的"偏義"。

宋人陳騤（《文則》，11 頁）也舉出幾例類似的組合，並且將這類現象稱爲"病辭"：

> 病辭者，讀其辭則病，究其意則安。如《曲禮》曰："猩猩能言，不離禽獸。"《繫辭》曰："潤之以風雨。"蓋"禽"字於"猩猩"爲病，"潤"字於"風"字爲病也。

陳騤認爲"猩猩"不當言"禽"，"潤"不當搭配"風"，其實是不諳"禽獸""風雨"受雙音節化趨勢的影響，處在詞彙化進程之中，趨於凝固成詞，並非語病。組成這一結構的兩個名詞性成分之間，一般同屬某一語義類，舉該類中典型成員並置，是漢語構成雙音詞的重要方式，也體現了沈家煊（2019：87—89）所説的漢語"對言"的特點。

董秀芳（2002/2011，2017）指出，需要區分構詞法與詞彙化，前者是共時現象，後者是歷時現象，並進一步指出並列結構雙音詞的性質比較特殊，許多詞彙並未經過明顯的詞彙化過程，一開始就具有句法詞的性質，是出於韻律需要臨時構造的，直接相當於其中組成成分的意義。

觀察名名偏義組合，其中多數爲常見並列形式，如"父母""日月""風雨"等，已經處在詞彙化進程之中，所謂"偏義"是入句後臨時產生的。偶有不常見組合出現偏義，如"伯男"等，如果僅僅將其看作偶然連用的短語，無法解釋爲何要增添一個不表義成分；如果采取構詞法的視角，可以將這類偏義複詞看作

---

① 實際此句孔疏舉出許多種解讀方式，未必即贊同"因父而連言母"説，且疏中隨即言"以杖與稽顙文連，不杖屬於父在，不稽顙文屬母在，故云'父母在，不杖不稽顙'"，似又以並提（即"不杖"指"父在"，"不稽顙"指"母在"，合而爲"父母在，不杖不稽顙"）釋之。

"在線產生"，雖然與句中的其他成分語義搭配存在不對稱，但不可刪去，滿足了雙音要求。

（二）謂謂組合式

乙類組合的兩個成分間一般爲反義關係，如"高低""長短""妍媸""美惡"等，且多爲形容詞與形容詞的組合。當兩個表示事物相反的性質狀態或動作行爲的詞組合時，往往整體表上位概念，有時還會發生詞類的轉變。董秀芳（2002/2011：105）指出，"當並列的反義形式由於概括化而轉指它們的上位概念時，並列短語就詞化了"。從認知語言學的視角來看，詞化後的反義並列成分發生了"以部分代整體"的轉喻現象，作爲部分正負極的兩個成分轉喻整體的上位概念。因此，乙類所謂"偏義複詞"，實際本身並未偏義，而是成詞後語義發生了轉變，不等同於兩成分中的任何一個，以"長短""善惡"爲例：

（5）《漢書·張湯傳》："有郎功高不調，自言，安世應曰：'君之功高，明主所知。人臣執事，何長短而自言乎！'絕不許。"

（6）《史記·酷吏列傳》："（寧成）致產數千金，爲任俠，持吏長短，出從數十騎。其使民威重於郡守。"

過去有人認爲例（5）中"長短"偏指長處、優點，例（6）中則偏指短處、缺陷。實際上，在不同語境中"偏義"不同，恰恰説明了這一現象是語境義帶來的，而非詞彙本身含義。更重要的是，考察"長短"一詞，已經被整合爲一個概念，表"長處與短處"這一整體。

（7）《楚辭·離騷》："世幽昧以眩曜兮，孰云察余之善惡。"

也有學者據此判斷"善惡"偏義指"善"，因爲根據例（7）的上下文語境顯然指"善"。但是，基於語境的翻譯和文意理解不能代替詞義分析，"善惡"已經被整合爲一個概念，表示"善良與不善"，"善"與"惡"分處整體兩端，整體略同於"品德"義。

綜上，乙類謂詞與謂詞並列可以構成反義複合詞，生成能力較強。整體不表偏義，而是由組成成分的語義發生轉喻而來。

四、作爲詞彙現象的偏義複合詞

當組合形式的意義無法由組成部分直接推知，偏向其中一方時，可以確定該組合已經成詞，詞彙意義不同於一般的並列式複合詞，本文稱之爲偏義複合詞。

對於這部分詞彙，需要首先考慮其偏義的來源，有以下兩種可能：

第一，成詞時即產生偏義，也即前人所説，將一個不表義成分（"襯詞""襯語")附加於一個主要表義成分之上①,構成新詞;第二,原有詞彙並無偏義,在歷時過程中詞義發生變化,出現了偏義現象。

從理論上説,第一種可能是值得懷疑的,當兩個實詞組合時,如果其中一個實詞的意義並未進入詞彙整體意義,那麽僅僅具有表音功能,這種構詞方式在漢語中很難找到其他平行例證;同時,如果要滿足雙音化要求,強調其中一個成分的意義,可以選擇其他構詞或短語結構方式,如同義並列、偏正構詞等等,僅僅用漢語使用者"陰陽對立""委婉曲折"的思維模式來解釋正反並列或類義並列,理由並不充分。也就是説,偏義複合詞的形成更有可能是出於詞義的歷時演變,下文即分别觀察不同類型的偏義複合詞,説明演變方式。

(一) 名名組合式

丙類偏義複合詞與甲類之間存在歷時演變關係。考察丙類中名詞並列偏義複合詞,產生之初兩個組成成分的含義往往清晰可辨,在歷時演變中由於種種原因,發生了偏義現象。王寧(1998)將這類偏義複合詞的語義模式總結爲"半直接生成式",即語素義部分失落或模糊。以"國家"和"質量"爲例:

"國家"由"國"與"家"構詞,現代漢語中偏義指國,"家"的含義已經消失。這一組合上古時期已經出現,但"國"與"家"的意義不同於後世:

(8)《孟子·離婁上》:"人有恒言,皆曰天下國家,天下之本在國,國之本在家,家之本在身。"趙岐注:"國謂諸侯之國,家謂卿大夫也。"

此時"國"表諸侯國,"家"表卿大夫的封地,"國家"仍可分釋,並未出現偏義。但這兩個概念在中古以後的社會中已很少使用,"家"義難以用後世"家族、家庭"義解,因此逐漸消失,"國家"偏義指"國",如:

(9)唐·柳宗元《封建論》:"今國家盡制郡邑,連置守宰,其不可變也固矣。"

這種偏義現象逐漸固定入該詞詞義,延續至現代漢語中。

"質量"的演變過程與"國家"相似,早期表人的"資質氣量",構詞成分均表義,如:

(10)三國魏·劉劭《人物志·九徵》:"凡人之質量,中和最貴矣。中和之質,必平淡無味。"

但"量"表"氣量"義在口語中逐漸消失,於是"質量"發生偏義,詞義集中於品質義上,"量"的意義消失。

---

① 此處"附加"不是指附加式構詞法,而是指語義上的關係。

其他名名組合式偏義複合詞的演變過程也大多經歷了上述過程，即其中一個語素義不再常用，逐漸消失。值得一提的是"窗户"與"妻子"的偏義化過程。

"窗户"由"窗"與"户"（門）構成，現代漢語中偏義指窗，"户"的含義已經消失。這一詞彙形成的時間相對較晚，中古時期的傳世文獻中始見：

（11）南朝梁·何遜《嘲劉諮議孝綽》："房櫳滅夜火，窗户映朝光。"

（12）唐·韓愈《此日足可惜贈張籍》："閉門讀書史，窗户忽已涼。"

"房櫳"表窗櫺，與之相對，"窗户"應與現代漢語中含義差別不大，已經不包含"門户"義。但是，本文認爲這可能並非直接造詞的結果，而是對"牖户"這一產生更早的詞彙的替換。

"牖户"在上古時期已經出現，可能尚未成詞，如：

（13）《詩·豳風·鴟鴞》："迨天之未陰雨，徹彼桑土，綢繆牖户。"朱熹集傳："牖，巢之通氣處。户，其出入處也。"

此時兩個成分的含義無疑都在組合中得到體現，並進一步凝固成詞，如：

（14）《漢書·食貨志上》："王者不窺牖户而知天下。"

隨着詞義的發展，"牖户"出現偏指"牖"的用例，如：

（15）唐·韓愈《和虞部盧四赤藤杖歌》："空堂晝眠倚牖户，飛電着壁搜蛟螭。"

究其原因，應是"牖"與"户"的聯繫不夠自然、緊密；同時"户"作"門"講已經在口語中罕用①，使用者不明"牖户"之"户"義，語義自然偏重於"牖"。此後，後起詞"窗"又替換了歷史詞彙"牖"，於是"牖户"的偏義性就被"窗户"繼承了。可見，"窗户"的意義有其歷史來源與演變過程。

"妻子"在上古漢語中表"妻和子"，構詞成分分別表義，如：

（16）《孟子·梁惠王上》："必使仰足以事父母，俯足以畜妻子。"

（17）《後漢書·吳佑傳》："佑問長有妻子乎？對曰：'有妻未有子也。'"

中古以後，"妻子"偏義表"妻"②，與現代漢語中詞義基本一致，"子"的意

---

① 上古"門""户"有別，《一切經音義·十四》"一扇曰户，兩扇曰門"，又説"在於堂屋曰户，在於宅區域曰門"。但在中古以後，"門"基本取得了"户"的意義範圍，"户"表門義在口語中衰落。

② 古漢語詞典（如《漢語大詞典》《辭源》等）多將"妻子"偏義言"妻"上推至《詩經》，舉《詩·小雅·常棣》："妻子好合，如鼓瑟琴。"句作爲始見例句，這是不準確的。鄭玄箋曰："……妻子止當言宗婦，並言内宗者，内宗，宗婦之類，因言之；此後燕及妻而連言子者，此説族人室家和好，其子長者從王在堂，孩稚或從母，亦在兼言焉。"明確指出"妻子"中"子"指"孩稚或從母"，因與"妻"連言。並且下一章有"宜爾家室，樂爾妻帑"，"帑"即子義，"妻帑"與"妻子"同義，均證明此處"妻子"仍表妻及子，尚未發生偏義，不可以今律古。

義脫落,如:

(18) 唐·杜甫《新婚別》:"結髮爲妻子,席不暖君床。"

但"子"義消失的原因與其他偏義名詞有別,"子"表"兒子"義並未在口語中消失,但"名詞+子"作爲一種構詞方式已經形成(如"刀子""眼子"),"妻子"的偏義化可能是受到該構詞方式的類化作用,因此被重新分析爲"妻+子$_{詞綴}$","子"讀輕聲,由此完成了偏義。

(二) 謂謂組合式

丁類複合詞多爲動詞與動詞的組合,不同於丙類。組合成分意義相反,整體詞義與其中一個成分密切相關,以"教學""忘記"爲例:

"教""學"均爲具有方向性的(準)三價動詞,組成成分方向相反。當這兩個成分結合成詞時,整體發生轉義,抽象表"教育"這一整體事件,又由事件雙方的不平衡性偏向於"教"的一方,"學"義逐漸脫落。

"教學"的詞化過程發生較早,上古漢語中可能已經成詞,整體表"教育"義,如:

(19)《禮記·學記》:"玉不琢,不成器;人不學,不知道。是故,古之王者,建國君民,教學爲先。"

(20)《後漢書·章帝紀》:"十一月壬戌,詔曰:'蓋三代導人,教學爲本。'"

至中古時期,"教學"已經發生偏義,與現代漢語的意義接近,如:

(21)《東觀漢記·鄧禹傳》:"(鄧禹)篤於經書,教學子孫。"

"忘記"的情況有所不同,其組成成分之間雖爲反義關係,但並不具有方向性。考察"忘記"的使用情況,本文認爲這一組合出現時並非並列結構,而是述賓結構,由"忘記記載"詞義引申表"忘記(特定的人或事)","記"被重新理解爲"記得"義,由此成爲了偏義複合詞。①

《漢書·律曆志》曰:"三代既没,五伯之末,史官喪紀,疇人子弟分散。"李善注《文選》陸倕《新刻漏銘》"司曆亡官,疇人廢業,孟陬殄滅,攝提無紀"引《漢書》曰"三代既没,五霸之末,史官忘記,疇人子弟分散"。兩相對照,引《漢書》"喪紀"作"忘記",可知"忘記"爲述賓結構,即"失去記載"之義。直至宋代,仍有部分詞例可以如此解釋,如:

---

① 匿名審稿人指出,"忘記"的"記"前後語義理解不同,似可排除出"偏義複詞"的範圍,這一意見很有啓發性。本文仍然將"忘記"列入考察範圍的原因在於:第一,"記"的"記録"義與"記得"義之間關係密切,"記録"是用書寫等形式使人記得、不忘,就語義本身而言,可以與"忘"形成對立;第二,"忘記"由"非偏義"至"偏義"的變化核心在於結構的重新分析,與前文所列的"褒彈""夭矯"有別,可以看作組合關係在語言中變化後帶來的特殊偏義現象。

（22）宋·范成大《西江有單鵠行》："懷安浦潋暖，忘記雲海寬。"

"懷安"義爲貪圖安逸，是述賓結構；"忘記"與之相對，語法結構也當平行，與已經完成偏義的"忘記"詞義有别。

另一方面，除"忘記"外，中古還有"忘念""忘懷"，均屬述賓結構。

（23）《梁書·王筠傳》："思力所該，一至乎此，歎服吟研，周流忘念。"

（24）晉·陶潛《五柳先生傳》："忘懷得失，以此自終。"

從種種迹象來看，"忘記"可能並非來自表"遺忘"的"忘"與表"記得"的"記"的直接組合，而是述賓結構詞彙化後被重新分析爲並列複合詞，於是成爲了偏義複詞。

(三) 小結

通過對偏義複合詞歷史來源的考察，可以得出以下兩點結論：

第一，詞彙的偏義現象並非造詞手段，而是並列複合詞詞義引申發展過程中語義變化帶來的。從構詞層面來説，並不存在獨立的"偏義構詞"，所謂的"偏義複詞"實際是並列複合詞内部由歷史演變形成的一個特殊類。

第二，名名式偏義複合詞與謂謂式偏義複合詞的形成過程與組合特徵不完全一樣。前者兩組成成分之間具有類義關係，由於組合成分自身在語言中地位的變化而影響了使用者對整個詞義的理解方式；後者兩組成成分之間具有反義關係，往往整體轉類表上位概念，又由於動作關涉雙方的關係不對等，使語義的一個方面更加突出，久而久之另一成分的意義就逐漸脱落，最終成爲偏義詞。

可見，從古至今，偏義複合詞雖然數量不多，不可類推，但内部也有其規律與演變依據，本文下一節嘗試探討偏義複合詞語義演變的動因及機制。

五、偏義複合詞語義演變的動因及機制

通過以上討論，本文將偏義複詞所涉及的各類情況圖示如下[①]：

```
         臨時偏義（語用現象）    非臨時偏義（詞彙現象）

A+A      高低、長短、上下……
N+N      父母、日月、天地……    國家、窗户、質量……  →
V+V                           教學、忘記……
```

對於這一語言現象，需要回答兩個問題：

第一，名詞的類義並列可能不出現偏義，也可能出現臨時偏義，偏義現象最終

[①] 圖示僅表大致情況，個別動動組合也會出現臨時偏義現象（如"出入"），個別形形組合也會出現詞彙偏義現象（如"乾浄"），但不影響整體趨勢，屬零散、偶然現象。

有可能進入詞彙義中。偏義出現的動因是什麽？

第二，動詞並列與形容詞並列都以反義詞並列爲主，爲什麽形容詞並列一般不構成穩定的偏義複合詞，而動詞並列却能够形成？偏義出現的動因是什麽？

爲了回答這兩個問題，我們提出偏義複合詞形成的三個主要動因：

(一) 漢語雙音化趨勢的影響

無論是名詞組合還是謂詞組合，偏義複合詞形成的前提和基礎都是先形成非偏義的並列式複合詞，其基礎與根本原因在於漢語雙音化的趨勢，使得兩個名詞或謂詞成分有了凝固的可能。其中既有詞彙化過程，也可能存在並列式直接構詞，再由語義演變决定是否形成偏義複詞。

(二) 組成成分或組合關係在語言中的變化

當並列複合詞的一個組成成分由一般詞彙甚至基本詞彙變爲書面語中的存古成分，或僅作爲語素在一些複合詞中保留時，其構詞理據難以得到識别，可能會被語言使用者誤解，因此語義核心偏重至另一成分；有時，兩個成分的意義仍然可以理解，但二者的結構關係却得到了重新解讀，這時整體意義也可能發生轉變。前者可能帶來"國家""窗户"一類的偏義複詞，後者可能帶來"忘記"一類的偏義複詞。[①]

(三) 兩組成成分難以直接整合推動的詞義變化

對於名名式偏義複合詞，當兩個成分間的類同關係並不固定時，也就更不容易得到整合，容易發生偏義。比如"窗户"本指"窗"與"門"，但二者的關係顯然不如"父"與"母"自然緊密，因爲"窗""户"各自都處在多項類屬關係之中，當其中一個成分的語義不再常用時，更容易發生語義的變化；而如"父母"這樣由關係直接對立的兩個名詞性成分構成的複合詞，語義較難向一方偏移。

對於謂詞而言，整合時論元的一致性很大程度上决定了整合難度。反義形容詞並列時可以得到整合，因爲其陳述的性質狀態雖然相反，但形容的對象可以統一，整合後可表抽象概念；對於動詞而言，一價、二價動詞並列時更容易得到整合，因爲主體、客體可以一致，但方向相反的(準)三價動詞很難整合，其主體、客體剛好相對，整合時只能丢失方向義表整體事件，在轉義基礎上發生偏義。

另外一個值得注意的現象是，偏義複合詞多偏向於前一詞素的語義，這點或許可以用認知與語言符號排列的順序象似性解釋。由於人們看到一個合成詞時，首先看到的是第一個成分，當詞彙整體語義發生變化需要重新解讀時，其他條件一致的

[①] 需要説明的是，這兩種原因正是王寧(1999)所説的"漢語本源雙音詞凝結的原因"，大量詞彙古今語義發生的變化都與構詞語素自身語義變化，語素間關係的變化密切相關。如果將"古"和"今"看作相對的概念，那麽偏義複合詞正是古今詞義有别的諸多現象中的一種。

情況下，居前成分被作爲主要成分理解的概率高於後者。當然，這一點還需要更多證據才能得到證明。

六、結語

通過對偏義複詞歷史來源及歷時演變的考察，可以發現這一概念内部並不同質，包含了語用層面與詞彙層面的不同内容，需要加以離析。但是，二者之間又並非全無聯繫，類義、反義成分的並列連用爲偏義的形成提供了條件，漢語雙音化的趨勢推動了組合形式的凝結，而詞彙自身的語義變化是最終完成偏義化的關鍵原因。

語義的演變方向受各種因素影響，因此這類偏義複合詞是不可預測的，但是並不代表其中没有規律可言。通過對其歷時過程與共時層次的分析觀察，可以爲更好地理解漢語並列複合詞的構造方式，更加深入細緻地探討古今漢語詞彙的異同提供一些思路。

偏義現象雖然是古今詞義演變中一個很小的分支，但時至今日仍在進行之中，因爲語義的演變是從未停滯的。正如清代學者段玉裁注《説文解字》"今"字時説："今者，對古之稱。古不一其時，今亦不一其時也"。嘗試理解已經形成的偏義複合詞的來源與成因，或許也不失爲一種理解現代漢語可能或正在發生的語義變化的嘗試。

引用書目

十三經注疏. 北京：中華書局，1980.

（西漢）劉安撰. 何寧集釋. 淮南子集釋. 北京：中華書局，2021.

（西漢）司馬遷. 史記. 北京：中華書局，1959.

（東漢）班固. 漢書. 北京：中華書局，1962.

（東漢）劉珍等撰. 吴樹平校注. 東觀漢記. 北京：中華書局，2008.

（東漢）許慎撰.（清）段玉裁注. 説文解字注. 上海：上海古籍出版社，1988.

（三國魏）劉劭. 人物志. 北京：中華書局，2014.

（晉）陶淵明. 陶淵明集. 北京：中華書局，1979.

（南朝宋）范曄. 後漢書. 北京：中華書局，1965.

（南朝梁）蕭統編.（唐）李善注. 文選. 上海：上海古籍出版社，1986.

（南朝陳）徐陵編.（清）吴兆宜注. 玉臺新詠. 北京：中華書局，1985.

（唐）李商隱等. 雜纂七種. 上海：上海古籍出版社，1988.

（唐）釋玄應等撰. 徐時儀校注. 一切經音義. 上海：上海古籍出版社，2008.

（唐）姚思廉. 梁書. 北京：中華書局，1973.

（唐）張鷟. 朝野僉載. 北京：中華書局，1979.

（南宋）陳騤. 文則. 北京：人民文學出版社，1998.

（南宋）范成大. 范成大集. 北京：中華書局，2020.

（南宋）洪興祖. 楚辭補注. 北京：中華書局，1983.

（清）董誥編. 全唐文. 上海：上海古籍出版社，1990.

（清）馬瑞辰. 毛詩傳箋通釋. 北京：中華書局，2012.

（清）彭定求編. 全唐詩. 北京：中華書局，1960.

參考文獻

陳偉武. 論先秦反義複合詞的產生及其偏義現象. 古漢語研究，1989（1）.

程湘清. 漢語史專書複音詞研究. 北京：商務印書館，2003.

董秀芳. 詞彙化，漢語雙音詞的衍生和發展. 北京：商務印書館，2002/2011.

董秀芳. 漢語詞彙化研究的意義、存在的疑問以及新的研究課題. 歷史語言學研究，2017（11）.

郭在貽. 古漢詞語義札記. 中國語文，1979（2）.

漢語大詞典編輯委員會. 漢語大詞典. 北京：漢語大詞典出版社，1994.

黃汝成集釋，顧炎武撰. 日知錄集釋. 上海：上海古籍出版社，2013.

黎錦熙. 國語複合詞的歧義和偏義. 女師大學術季刊，1930（1）.

李運富. 論意域項的贅舉、偏舉與複舉. 中國語文，1998（2）.

劉堅. 語詞雜説. 中國語文，1978（2）.

劉盼遂. 中國文法複詞中偏義例續舉. 燕京學報，1932（12）.

吕叔湘. 現代漢語單雙音節問題初探. 中國語文，1963（1）.

馬真. 先秦複音詞初探. 北京大學學報（哲社版），1980（5）.

商務印書館編輯部. 辭源（重修排訂本）. 北京：商務印書館，1983.

沈家煊. 超越主謂結構. 北京：商務印書館，2019.

王力. 漢語史稿. 北京：中華書局，1980.

王力. 漢語詞彙史. 北京：商務印書館，1993.

王寧. 論本源雙音合成詞凝結的歷史原因. 古典文獻與文化論叢，1999（2）.

王鍾坤. 從偏義複詞看中國傳統思維方式. 桂林師範高等專科學校學報，2003（2）.

肖曉暉. 淺談"偏義複詞"的幾個問題. 唐都學刊，2003（2）.

余冠英. 漢魏詩裏的偏義複詞. 新生報，1948.6.29.

俞樾. 諸子平議. 北京：中華書局，1954.

俞樾. 古書疑義舉例五種. 北京：中華書局，2005.

中國社會科學院語言研究所詞典編輯室. 現代漢語詞典（第 7 版）. 北京：商務印書館，2012.

朱彥. 漢語複合詞的語義構詞法研究. 北京：北京大學出版社，2004.

朱志平. 漢語雙音複合詞屬性研究. 北京：北京大學出版社，2005.

The Historical Source and Diachronic Evolution of Chinese Meaning Deviated Compound Words

Li Honglin

Abstract: "Meaning deviated compound word" consists of two morphemes with related meanings, one of which is usually dominant in meaning, while the other morpheme only serves as a contrast or foil. This concept actually involves different contents related to both textual level and lexical level, which need to be separated. The meaning "deviation" at the textual level is brought by the context interpretation, which reflects the disyllabic trend in Chinese. On the other hand, the meaning "deviation" at the lexical level is brought by the evolution of meaning instead of word-formation. Through the investigation of the historical source and diachronic evolution of *meaning deviated compound words*, this paper points out that the coordinate use of synonymous and antonymous morphemes provides conditions for the formation of these words, the disyllabic trend in Chinese promotes the condensation of combinational forms, and the semantic change of the morphemes themselves is the key reason for the final completion of the meaning deviated compound words. Although this phenomenon is unpredictable, it still follows the law and mechanism of semantic evolution and reflects important similarities and differences between ancient and modern meanings.

Keywords: meaning deviated compound words; lexicalization; coordinate compound words; semantic changes

(李泓霖,北京大學中國語言文學系)

"鬏掠"考辨

胡紹文

提 要:"鬏掠"在宋代男子冠禮中不可或缺。辭書釋"鬏掠"爲"鬏梳",指梳理鬏鬏的小梳子,實屬望文生義。"鬏掠"當爲"帋掠"的記音,是頭帋、掠頭的合稱。"頭帋"是束髮的繩帶,可作裝飾,男女均用;"掠頭"類似幞頭,是男子用來包扎環繞髮髻的頭巾,以掠起頭髮,防止散亂下垂。宋代男子行冠禮時,冠服加巾階段,"頭帋"和"掠頭"配合使用,先用"頭帋"捆扎頭髮,再用"掠頭"從後項到額頭相交纏結,環繞髮髻,完成加巾的過程。

關鍵詞:鬏掠;帋掠;頭帋;掠頭;幞頭

宋吴自牧《夢粱錄·嫁娶》中有"鬏掠"一詞,令人費解:

(1) 今富家女氏既受聘送,亦以禮物答回。以綠紫羅雙匹、綵色段匹、金玉文房玩具、珠翠鬏掠女工等如前禮物。(宋吴自牧《夢粱錄》卷二十,414—415頁)

(2) 女家接定禮合,於宅堂中備香燭酒果,告盟三界,然後請女親家夫婦雙全者開合。其女氏即於當日備回定禮物,以紫羅及顏色段匹、珠翠鬏掠、皁羅巾段、金玉帕鐶、七寶巾環、篋帕鞋韈女工答之。(宋吴自牧《夢粱錄》卷二十,414頁)

《漢語大詞典》釋"鬏掠"曰"参見'鬏梳'",引例(1);《漢語大詞典》釋"鬏梳"爲"梳理鬏鬏的小梳子",引《兒女英雄傳》、老舍《茶館》例。

《漢語大詞典》之説較爲可疑。《夢粱錄》中兩例都是寫女子受聘後給男子的回禮。綾羅綵緞、文房玩具、帕鐶巾環和鞋韈女紅等,都適合青年男子日常使用。"鬏掠"若爲鬏梳,則不合情理:古代男子結婚年齡較小,並没有長鬍子需要梳理;鬏梳實爲中老年男子的用具,並不適合做回定之禮。此外,從漢語詞彙史來看,"鬏掠"是宋代詞彙,後世文獻罕見;"鬏梳"則産生於清代,兩者並無交集。"鬏掠""鬚梳"是否爲一物，有必要進行考察。

一、"鬚掠"是頭䰉、掠頭的合稱

"鬚掠"又作"䰉掠""渭掠""須掠"。宋景定三年（1262）女子慶一娘的回定禮單，見"䰉掠"2例：

（3）景定元年二月初三日元德具狀，忝眷朝散大夫新知韶州軍州事兼管内勸農事提點銀銅坑冶事鄭竦，謹專送上少充姪孫女慶一娘回定之儀。伏惟親慈俯賜，容納本宅禮書三緘雙金魚袋。開合銷金紅纈一疋，開書利市絿一疋藉用玉紅文虎紗。官綠公服羅一疋，畫眉天孫錦一疋藉用玉紅條紗。轉官毬䰉掠一副，疊金篋帕女紅五事藉用官綠紗條，疊疊喜䰉掠一副，盛線篋帕女紅十事藉用金褐條絲。勸酒孩兒一合藉用紫紗，茶花三十枝藉用紅纈，果四色，酒二壺，媒氏生金條紗四疋，官楮二百千省。景定三年四月二十日謹狀。（明葉盛《水東日記》卷八，4—5葉）

以上《鄭氏先世回定儀狀》中，慶一娘回定禮單時間清晰。兩百年後，明天順六年（1462）正月，其六世裔孫進士文康謄錄了禮單，寄給在梧州的兩廣巡撫葉盛寫跋，葉盛將其記錄在《水東日記》中，得以流傳。

清王初桐《奩史》轉述此事，"䰉掠""須掠"並現：

（4）慶一娘回定之儀，有轉官毬䰉掠一副，疊金篋帕女紅五事，藉用官綠紗條，疊疊喜須掠一副，盛線篋帕女紅十事，藉用金褐擇絲。（清王初桐《奩史》卷六十五，22葉）

"䰉（須）掠一副"，可見"䰉掠"是配對的。"轉官毬"是指紋樣中的繡球（參見揚之水 2010：168），"轉官毬䰉掠"上有繡球紋，寓意轉官升遷；"疊疊喜䰉掠"上有雙喜紋，寓意喜事連連，非常適合給男方做回禮。

"䰉掠"又作"渭掠"，是宋代男子冠禮中的重要飾物。如朱熹《家禮·冠禮》的記載：

（5）厥明宿興，陳冠服：有官者公服、帶、靴、笏，無官者襴衫、帶、靴、通用皂衫、深衣、大帶、履、櫛、渭掠，皆以卓子陳於房中東領北上……
賓揖將冠者，就席，爲加冠巾，冠者適房，服衣納履出：賓揖，將冠者出房，立于席右，向席。贊者取櫛渭掠，置於席左，興，立於將冠者之左。賓揖將冠者，即席西向跪。贊者即席，如其向跪，進爲之櫛，合紒，施掠，賓降，主人亦降。（宋朱熹《家禮》卷二，3—4葉）

《家禮》宋刻本之"渭掠"，《四庫全書》本作"䰉掠"。朱熹《家禮》脫胎於司馬光《書儀》，其弟子楊復《文公家禮集注》云："先生初述《家禮》，皆取司馬公《書儀》。"《書儀·冠儀》中記載的陳冠服、行冠禮的過程如下：

（6）陳服於房中西牖下東領北上，公服靴笏無官則襴衫靴，次旋襴衫，次四䙆衫若無四䙆止用一衫、腰帶、櫛、篦、總、幞頭總，頭㡐；幞頭，掠頭也，席二在南，公服衫設於椸椸音移，衣架也，靴置椸下，笏、腰帶、篦、櫛、總、幞頭置卓子上……將冠者出房立於席北，南向，賓之贊者取櫛、總、篦、幞頭置於席南端。興，席北少東西向立。賓揖將冠者，將冠者即席西向坐，爲之櫛、合紒、施總、加幞頭。賓降，主人亦降，立於阼階下。（宋司馬光《書儀》卷二，3—4葉）

通過對比，可以發現：朱熹《家禮》中不用"篦"（行禮時《書儀》有"取篦掠髮"的環節，《家禮》則無），其餘用具和冠禮環節都與《書儀》相符。其中用具的對應如下表：

表1

書　名	作　者	冠禮所用物品		
《書儀》	司馬光	櫛	篦	總（頭㡐）	幞頭（掠頭）
《家禮》	朱　熹	櫛		㡐	掠

《書儀》自注："總，頭㡐；幞頭，掠頭也。"《家禮》之"㡐掠"即"㡐掠"，實爲《書儀》之"總"和"幞頭"，即"頭㡐""掠頭"的合稱。"㡐掠"是兩樣東西，配合使用，故慶一娘回禮單中謂"㡐掠一副"。

宋代士大夫之服中，冠禮三加冠服，依次是緇布冠、帽子和幞頭。《宋史·輿服志》："冠禮，三加冠服，初加，緇布冠、深衣、大帶、納履；再加，帽子、皂衫、革帶、繫鞾；三加，幞頭、公服、革帶、納靴。"普通男子的冠禮中，冠服略有改變。據陶輝、潘瑩（2020）和納春英（2022）：朱熹《家禮》中，男子加冠禮的冠服爲：一加巾，二加帽子，三加幞頭。從例（5）（6）來看，"㡐掠"出現在加巾的階段。

二、頭㡐

對於"頭㡐"的具體形制，學界分歧較大。《漢語大詞典》釋爲"扎在髮髻上類似穗子的裝飾品。"揚之水（2003）指出："頭須""頭䰂"是繫結髮髻的絲或絹。杜朝暉（2011：228）認爲"頭㡐"是束髮的繩帶或巾帛。趙曜曜（2018：200）指出："頭㡐"是束髮的頭繩，吉禮時以絲綢絹帛等製作，色黑；喪禮時用麻，色白。

頭㡐的功能是束髮，即捆扎頭髮，男女皆用。《玉篇》："㡐，帉也，亦作繡。"五代和凝《疑獄集》卷九《邊其揭捕文》："是男子以青㡐總髮，必江淮新虜無疑，訊之果然。"宋高承《事物紀原》卷三《冠冕首飾部·頭㡐》："《三儀實錄》曰：燧人時，爲髻但以髮相纏，而無物繫縛。至女媧之女以羊毛爲繩，向後繫之。後世易之以絲及綵絹，名頭䰂，繩之遺狀也。"《資治通鑑》卷二百五十四《唐僖宗中和元年》："處存令軍士繫白䰂爲號"，胡三省注："䰂，繒頭也；以約髮謂之頭䰂。"宋唐慎微《證類本草》卷十五："三年頭䰂主卒心痛"自注："頭䰂，即縛髻帛也。"從以上記載來看："頭䰂"爲"縛髻帛"，其作用是"繫髮""總髮""約髮"。"頭䰂"實爲捆扎頭髮的頭繩或髮帶。

除了捆扎頭髮，長頭䰂可以垂下來作裝飾。《禮記·內則》鄭玄注："總，束髮也，垂後爲飾。"孔穎達疏："總者，裂練繒爲之，束髮之本，垂餘於髻後，以爲飾也。""頭䰂"還可以用在帽子或襆頭上做裝飾。宋西湖老人《繁勝錄》："次班亦戴帽，帽上有闊五指紫羅頭䰂，着錦衫。"宋吴自牧《夢粱錄》卷一《車駕詣景靈宮孟饗》："數内有東三班，謂之長入祇候，襆頭後各以青紅頭須繫之，以表忠節之意。"明華㷊韡《慮得集》卷四《治喪紀要》："惟婦人頭䰂止許垂下尺五足矣，斷不可依婦人太長而招戲侮，蓋非美飾也。"

頭䰂還可以用珠寶加以裝飾。宋代以珍珠裝飾的頭䰂，只有命婦之家可以使用。《宋史·輿服志》："非命婦之家，毋得以真珠裝綴首飾、衣服，及項珠、纓絡、耳墜、頭䰂、抹子之類。"宋周密《武林舊事》卷三"乞巧"條："衣帽、金錢、釵鐲、佩環、真珠頭䰂①及手中所執戲具，皆七寶爲之，各護以五色鏤金紗廚。"

頭䰂在宋人生活中不可或缺，還産生了販賣頭䰂的營生。如洪邁《夷堅志》補志卷三《余三乙》中，余三乙無法繼續屠狗行當，於是"徙居臨安外沙，撲賣頭䰂篦掠"爲生。宋畫中，扎頭䰂的男女較爲常見。金大受《十六羅漢圖》中，男僅用紅色的頭䰂繫髮（見圖1）；王詵《繡櫳曉鏡圖》中，女子的頭䰂垂帶飄飄，極富美感（見圖2）；佚名《冬庭嬰戲圖》中，甚至能看到富家女子以珍珠裝飾的頭䰂（見圖3）。

圖1 《十六羅漢圖》局部　　圖2 《繡櫳曉鏡圖》局部　　圖3 《冬庭嬰戲圖》局部

---

① 周密《武林舊事》楊瑞點校本（浙江古籍出版社，2015年，第59頁）斷爲："衣帽、金錢、釵鐲、佩環、真珠、頭䰂及手中所執戲具"；《全宋筆記》范熒整理本（大象出版社，2019年，第44頁）作："金錢釵鐲、佩環真珠、頭䰂及手中所執戲具"。兩部點校本均將"真珠頭䰂"斷開，實爲不解珍珠裝飾頭䰂的形制而至誤。

三、掠頭

"掠頭"是男子的重要飾物。朱熹談喪儀時屢次提及"掠頭""掠頭編子":

(7) 免，謂裂布或縫絹廣寸，自項向前，交於額上却遶髻，如着掠頭也。(宋朱熹《家禮》卷四，9頁)

(8) 安卿問:"鄭氏《儀禮注》及《疏》，以男子括髮與免，及婦人髽，皆云'如着幓頭然'。所謂幓頭，何也?"曰:"幓頭只如今之掠頭編子，自項而前交於額上，却繞髻也。'免'，或讀如字，謂去冠。"(《朱子語類》卷八五，2199頁)

對於"掠頭"的功能和形制，學界分歧較大，主要有三説:1. 縮髮巾。如《漢語大詞典》《中國古代服飾辭典》(孫晨陽、張珂 2015:726)釋爲"縮髮的頭巾之類"。2. 束髮巾。程碧英(2011:76)持此説。徐時儀師(2013:716)認爲:掠頭編子"似爲由頸到額前掠過頭頂的一種類似辮子的束髮巾";但從以上兩例來看，其方向"自項向前"，是由後項到額，並非"由頸到額前"。3. 網巾。趙曜曜(2018:200)認爲掠頭與明代的網巾相似，作覆頭斂髮之用。陸杰(2017)認爲"掠頭"是"用來縮髮的束髮巾"，雜合縮髮、束髮之説，也反映出"掠頭"的形制難以分辨。

筆者通過考察認爲:"掠頭"的作用不在束髮、縮髮或覆頭，而是斂髮，即環繞着已經捆扎纏結的髮髻。

喪儀中男子的"免"，鄭玄注"如着幓頭然"，朱熹謂"如着掠頭也"，"幓頭只如今之掠頭編子"，可見宋代的"掠頭"類似古之"幓頭"。

"幓頭"即"幧頭""帩頭"。《六書故》卷三十一《工事七》:"幧，《説文》新附曰:'斂髮也'，又訛爲幓。司馬温公曰掠頭也，今人謂之編，《釋名》曰綃頭，抄髮使上。又作愁。"《方言》卷四:"絡頭，帞頭也。紗繢、鬠帶、髸帶、帑、㡊，幧頭也。"《釋名·釋首飾》:"綃，鈔也，鈔髮使上從也，或謂之陌頭，言其從後横陌而前也。齊人謂之㡊，言㡊斂髮使上從也。"從字書記載來看，幧頭的作用是"斂髮""鈔髮使上從"，即掠起頭髮，使頭髮向上，防止散亂下垂。黄金貴(2016:468)指出:"幧頭是用一幅之巾從後繞到前額打結，再繫繞於髮髻。"此説與《家禮》《朱子語類》的説解相符。

這種"幧頭"宋畫中常見，如李唐《七子度關圖》中，有三名僕從戴幧頭(見圖4)。

掠頭與幧頭相似，細節處可能不盡相同，但作用都在於環繞髮髻，防止散亂下垂。"掠頭"環繞髮髻的形制，方言中也有遺存。清屈大均《廣東新語》卷二十七《草語·素馨》:"兒女子以彩絲貫之，素馨與茉莉相間，以繞雲髻，是曰花梳。以珠圍髻，則曰珠掠。""珠掠"是用珠環圍在已經纏結的髮髻周圍作裝飾，"掠"的作用不在束髮。宋代的掠頭爲男子專用，宋魏峴《魏氏家藏方》有"神功散"方："用白及壹味爲細末，雪水調，令稀稠得所，塗遍鼻上，頻用雪塊熨藥上。無雪，只用冷水掃，仍用掠頭子於髮際緊繫。如婦人無掠頭子，止用頭鬚相接亦得，其效如神。"

圖 4　李唐《七子度關圖》局部

綜上所述，"鬚掠"是"頭𢃇"和"掠頭"的合稱。"頭𢃇"主要用來束髮，也可作裝飾，男女均用，作用類似頭繩；"掠頭"類似幞頭，是環繞男子髮髻的頭巾，用於掠起頭髮，防止散亂下垂。宋代男子行冠禮時，頭𢃇和掠頭配合使用：先用頭𢃇來捆扎頭髮，再用掠頭從後項到額頭相交纏結，環繞髮髻，固定好頭髮，完成冠服第一階段加巾的過程。而後二加帽子，三加幞頭。

引用書目

（五代）和凝. 疑獄集. 景印文淵閣四庫全書本第 729 冊. 台北：商務印書館，2008.

（北宋）高承. 事物紀原. 景印文淵閣四庫全書第 920 冊. 台北：商務印書館，2008.

（北宋）司馬光. 書儀. 景印文淵閣四庫全書第 142 冊. 台北：商務印書館，2008.

（北宋）司馬光編著，（元）胡三省音注. 資治通鑒. 北京：中華書局，1956.

（北宋）唐慎微. 重修政和經史證類備用本草. 四部叢刊初編景上海涵芬樓藏金刊本.

（北宋）朱熹. 家禮. 中華再造善本據國家圖書館藏宋刻本影印.

（南宋）洪邁撰，何卓點校. 夷堅志. 北京：中華書局，2006.

（南宋）黎靖德編，王星賢點校. 朱子語類. 北京：中華書局，1986.

（南宋）魏峴. 魏氏家藏方. 上海：上海古籍出版社影印日本宮內廳書陵部藏本，2012.

（南宋）吳自牧撰，黃純豔整理. 夢粱錄. 鄭州：大象出版社，2019.

（南宋）西湖老人撰，黃純豔整理. 繁勝錄. 鄭州：大象出版社，2019.

（元）脫脫等撰. 中華書局編輯部點校. 宋史. 北京：中華書局，1985.

（明）華悰韡. 慮得集. 中國國家圖書館藏明萬曆四十二年（1614）刻本.

（明）葉盛. 水東日記. 景印文淵閣四庫全書第 1041 册. 台北：商務印書館，2008.

（清）屈大均. 廣東新語. 北京：中華書局，1985.

（清）孫希旦撰，沈嘯寰、王星賢點校. 禮記集解. 北京：中華書局，1989.

（清）王初桐. 奩史. 中國國家圖書館藏清嘉慶二年（1797）古香堂刻本.

參考文獻

程碧英. 《朱子語類》詞彙研究. 成都：巴蜀書社，2011.

杜朝暉. 敦煌文獻名物研究. 北京：中華書局，2011.

納春英. 時服入禮：以唐宋冠禮變遷爲中心對供養人服飾的定性考察. 唐史論叢，2022 (1).

孫晨陽、張珂. 中國古代服飾辭典. 北京：中華書局，2015.

陶輝、潘瑩. 宋代冠禮服飾演變的再探析. 服飾導刊，2020 (5).

徐時儀. 《朱子語類》詞彙研究. 上海：上海古籍出版社，2013.

陸杰. "掠頭編子"成詞理據新探——兼談"鈔"之收斂義. 辭書研究，2017 (3).

揚之水. 奢華之色——宋元明金銀器研究（卷一）. 北京：中華書局，2010.

揚之水. 釵頭鳳. 收藏家，2003 (8).

黃金貴. 古代文化詞義集類辨考. 北京：商務印書館，2016.

漢語大詞典編輯委員會、漢語大詞典編纂處《漢語大詞典》. 上海：漢語大詞典出版社；上海：上海辭書出版社，1994.

趙曜曜. 《朱子家禮》"諸具"疏證. 華東師範大學博士學位論文，2018.

Textual Research on "Xulüe（鬚掠）"

Hu Shaowen

Abstract："Xulüe（鬚掠）" was a requisite for men's capping ceremony in the Song Dynasty. The dictionary interprets it as "Hushu（鬍梳）", referring to the small comb used to comb the beard, which is literal. "Xulüe（鬚掠）" should be interpreted as the phonetic notation for "Xulüe（𩭾掠）", which is a combination of "Touxu（头𩭾）" and "Lüetou（掠頭）". A "Touxu（頭𩭾）" is a headband that can be used as a decoration for both men and women. A "Lüetou（掠頭）", also known as "Qiaotou（幧頭）", is a headband worn by men to wrap around their buns, to sweep up their hair and prevent it from falling loose. During the Song Dynasty, men used "Touxu（頭𩭾）" and "Lüetou（掠頭）" to tie their hair on the capping ceremony. They used "Touxu（頭𩭾）" to tie the hair, then "Lüetou（掠頭）" was knotted around the head from the back of the neck to the forehead, and wrapped around the bun before wearing a cap.

Keywords：Xulüe（鬚掠）；Xulüe（縃掠）；Touxu（頭縃）；Lüetou（掠頭）；Qiaotou（幧頭）

(胡紹文，上海師範大學人文學院)

"句義"源流考*

余娟娟

提　要： 受多重因素影響，中古佛典出現了"句義"一詞，但最終只流傳至清代佛論文獻中。宋代本土漢語也出現了"句義"這一語詞，這一形式直接沿用爲現代漢語中的"句義"。不同來源的"句義"在漢語史上使用有别，並形成了"同形異義"的關係，這種現象在漢語史上很常見，漢語辭書理應收録並區分這類詞語。

關鍵詞： 句義；縮略；同形異義；演變；語體

一、引言

現代漢語中的"句義"是教學或語言研究中的常用詞，它詞義單一，用法簡單。而在漢語史上，"句義"詞義比較豐富，且在不同類型文獻中，"句義"的用法各不相同。這幾種用法間沒有直接的引申關係，僅僅字形相同，因而成爲"同形異義詞"，已有研究未有關注到這一現象。當前的研究主要從宗教學的角度討論"句義"的佛教思想或義理（如姚衛群（2010、2014），班班多杰（2011、2016），何歡歡（2013）等），沒有從語言文字方面進行探討，大型辭書如《漢語大詞典》《現代漢語詞典》（第7版）也沒有收録"句義"的完整含義。實際上，"句義"不僅在宗教思想上有研究價值，在漢語詞彙史與詞書編纂方面也有重要意義，它是漢語史上"同形異義詞"現象的代表之一。

基於此，本文嘗試對"句義"的來源、詞彙化過程、流傳情況進行考察，探索各種用法的差異及成因，揭示受外來因素影響出現的詞語與從漢語自身發展而來的詞語在漢語史上的發展異同，並爲漢語辭書的修訂和補正提供可參考的材料與觀點。

---

* 基金項目：中國外語戰略研究中心2023年度世界語言與文化研究課題"梵漢對比視角下的早期譯經詞彙新質系統研究"（WYZL2023GD0017）研究成果、華南師範大學青年培育基金"語言接觸視角下早期譯經詞彙新質演變研究"（23SK25）。

二、本土漢語中的"句義"

現代漢語中的"句義"是語文教育及語言研究中的一個重要術語，它常出現在與語言相關的語境。如：

(1) 對課文的掌握，千萬不要提出"字字落實""句句弄懂"的要求，更不必要求孩子對字義、**句義**進行解釋。(《在興趣閱讀中學會識字 在語言學習中體驗快樂——今秋上海小學一年級新生〈語文〉學習完全手册》，《文匯報》2004年9月8日)

(2) 轉換之後，**句義**基本不變，只是不同句式之間强調的信息重心變了。(當代《語言學論文》，CCL)

例(1)、例(2)中的"句義"表示"語句含義"，是由量詞"句"與名詞"義"組成的定中結構。就筆力所及，這一類的"句義"至遲在宋代以來的本土漢語中常有用例。如：

(3) 公九歲通經，曉解**句義**；父好賑施而患貧無以繼，乃使治息錢，取其贏以周所乏，公從容其旁曰："放於利而行多怨，恐所及者鮮而取怨者多，曷若師孟子所謂'仁義而已'乎？"(宋蘇過《王元直墓碑》，888—889頁)

(4) 堯舉先賦曰："天留中子繼孤竹，誰向西山飯伯夷？"予問其**下句義**，則謂伯夷久而不死，必有飯之者矣。(元王炎午《生祭文丞相》，369頁)

(5) 師愕然曰："汝亦知讀此乎？"試以**句義**，茫然不能應，乃悔所業之未精而離騷之果不易讀也。(清梁章鉅《浪迹三談》卷三《讀離騷》，450頁)

從上述例句可以看出，本土漢語[①]中的"句義"尚未成詞，如例(4)中的"下句/義"，表明"句義"還没有完全凝固。而在宋代以前，本土漢語用"章句義理"[②]表達這一概念，用例有限。如：

(6) 初左氏傳多古字古言，學者傳訓故而已，及歆治左氏，引傳文以解經，轉相發明，由是**章句義理**備焉。(《漢書·劉歆傳》，1967頁)

例(6)中的"章句義理"表示語句含義，由"章句"與"義理"組合而成。對比分析可知，漢文佛典中的"句義"(參看第三節)與宋代以來本土漢語中

[①] 本文的"本土漢語"指與漢文佛典相對的中國古代傳世典籍，包括經史子集以及出土的傳世文獻等。
[②] 本土漢語中包含"句義"的其他形式還有"文句義疏""文句義"，這兩個語詞主要是用作文體術語，如：《全梁文》卷六十五《皇侃》："侃，吳郡人，吳侍中象九世孫，師事賀瑒。天監中兼國子助教，拜員外散騎侍郎，有《喪服**文句義疏**》十卷、《喪服問答目》十三卷、《禮記義疏》九十九卷、《禮記講疏》四十八卷、《孝經義疏》三卷、《論語義疏》十卷。"(3339頁)唐魏徵、令狐德棻撰《隋書·經籍》："《莊子講疏》八卷、《莊子**文句義**》二十八卷。"(1002頁)

的"句義"是一種同中有異的關係：相同之處表現在它們詞化途徑相同，都是通過縮略複音詞"章句義理"或"章句義"等詞而來；不同之處在於它們成詞過程中受到的影響不同，漢文佛典中的"句義"在詞化過程中受到佛教語體的影響，所以在後代文獻中流傳範圍有限，而本土漢語中的"句義"則主要直接縮略成詞，不受其他因素的影響，因而能沿用爲現代漢語中的常用詞語。

三、漢文佛典中的"句義"

佛教東傳以後，漢文佛典中出現了"句義"一詞，其來源和用法與現代漢語中的"句義"差異較大，承載了不同的文化信息，是佛典中的重要詞語。

(一)"句義"的出現與形成

三國時期，譯經中出現了與"句義"[①]相關的形式，具體如下：

(7) 雖誦千言，**句義**不正，不如一要，聞可滅意；雖誦千言，不<u>義</u>何益？(舊題吳維祇難等譯《法句經》卷一，4/564b)[②]

(8) 又問："呼道人爲菩薩，其**句義**爲奈何？"佛言："所謂菩薩者，一切諸法學無罣礙，已學無礙能出諸法，故謂菩薩。"(吳支謙譯《大明度經》卷一，8/480c)

三國譯經中"句義"的用例不多，共 4 見，見於《法句經》(2 見，分別爲"法句義"1 見、"句義"1 見)、《大明度經》("句義"1 見，見於第一品)、舊題失譯經《般泥洹經》(T0006，"法句義"1 見)。這 4 例不能作爲判斷譯經"句義"出現的首見用例：一方面，《法句義》中的"句義"是"法句/義"的省略形式，不是一個固定的詞語，黃寶生 (2021：53) 指出例 (7) 中的"句義"對譯巴利語 pada，句中含義爲"含義理的話"。同時，在例 (7) 後面的經文中，還出現了"法句"[③]一詞，也對譯巴利語 pada (參見黃寶生，2021：54)，句中含義也是"含義理的話"，"法句義"省略爲"法句"或"句義"可能是受四字格或韻律的限制。另一方面，根據語境，例 (8) 中的"句義"指道人升爲菩薩後的指導思想，但 Nattier (2010) 指出《大明度經》第一品的譯者不詳，這一例也不能視作三國譯經中的用例。由此可見，三國譯經中出現了孕育"句義"出現的語境，但"句義"

[①] 爲方便討論，如無特殊說明，下文所説的"句義"均指源自漢文佛典中的"句義"，不包括中土漢語中的"句義"。

[②] 本文佛典語料如無特殊標注，均出自臺北新文豐出版公司 1985 年影印出版的《大正新修大藏經》，以下簡稱《大正藏》。出處前一數字表册數，後爲頁碼，a、b、c 表上、中、下欄，如"舊題吳維祇難等譯《法句經》，4/564b"表示該例出自《大正藏》第 4 册 564 頁中欄。

[③] 舊題吳維祇難等譯《法句經》卷一："聞行可度，雖多誦經；不解何益？解一**法句**，行可得道。(4/564b)

還沒有完全固定成詞。

"句義"極有可能是西晋譯經中出現的新詞,是從"章句義(誼)理""章句義""字句義"等形式中縮略而來的。首先,在竺法護譯經①中,"句義"及其同義複音形式出現頻率增高,共 21 見,廣泛分布在《德光太子經》(1 見)、《正法華經》(2 見)、《漸備一切智德經》(1 見)、《大寶積經・寶積菩薩會》(1 見)、《大寶積經・密迹金剛力士會》(1 見)、《郁迦羅越問菩薩行經》(1 見)、《離垢施女經》(1 見)、《如幻三昧經》(1 見)、《大哀經》(1 見)、《持心梵天所問經》(3 見)、《海龍王經》(2 見)、《弘道廣顯三昧經》(3 見)、《無希望經》(2 見)、《佛升忉利天爲母説法經》(1 見) 等。其中"句義"有 17 見,"章句義"有 2 見,"字句義"有 1 見,"章句義理"有 1 見。略舉其例如下:

(9) 何謂菩薩得轉法輪? 其有布露如是像法樂説**句義**,受持不忘修而行之,諸有不發大悲意者,爲興普智隨順衆願,而爲説之廣宣布示,志不有惓忽棄利養,勸念順時受持護行,斯謂菩薩應轉法輪。(西晋竺法護譯《弘道廣顯三昧經》卷三,15/500b)

(10) 佛告文殊:"若有菩薩受斯神咒**章句義**者,持諷讀誦,其人發意奉行是經,不服食肉,不以香油、塗薰其身。"(西晋竺法護譯《無希望經》,17/781b)

其次,竺法護譯經中還有表達同一概念的"句誼",這一詞形在整個大藏經中僅見於竺法護譯經,共 52 見,其中"句誼" 50 見,"章句誼理" 2 見,主要見於《光贊經》(46 見)、《正法華經》(1 見)、《大哀經》(2 見)、《大净法門經》(1 見) 等。如:

(11) 上金光首以偈重問:"所謂道者,爲何**句誼**? 孰爲説者,誰得道者? 志趣經業,當何所習? 得成佛道,開化未悟?"(西晋竺法護譯《大净法門經》,17/817c)

(12) 何謂菩薩曉了諸法,能以隨時爲人班宣? 其心堅强力念不忘,致微妙慧解一切法,**章句誼**②**理**所生之處,常識宿命不中忽忘,至成無上正真之道爲最正覺也。(西晋竺法護譯《持人菩薩經》卷一,14/625a)

"句義/句誼"與同義複音形式的"章句義""字句義""章句誼理"等並存説明雙音節形式的"句義"是從其他同義複音結構縮略而來,這種造詞法在早期譯經中

---

① 竺法護可靠譯經經目可參考嵇華燁(2021:16—17)關於竺法護譯經經目的整理。在疑似竺法護譯經中,"句義"共 4 見,其中《阿差末菩薩經》有 3 見("章句義理" 2 見、"句義" 1 見)、《舍頭諫太子二十八宿經》有 1 見("句義" 1 見)。

② 此處的"誼"宋元明宫本作"義"。

比較常見，如"恆沙"是"恆河沙"的縮略，"白法"是"清白法"的縮略，"羅漢"是"阿羅漢"的縮略，"帝釋"是"天帝釋"的縮略，等等。不同於其他縮略詞，縮略後的"句義"有進一步發展，受不同因素的影響，"句義"在漢文佛典中有不同的用法，下文詳細論述。

雖然竺法護譯經中"句義/句誼"及其同義複音形式都存在，但從使用頻率和分布來看，"句義/句誼"的雙音化程度較高，說明譯經新詞"句義（句誼）"已出現並成詞。"句義"在詞彙化的過程中也被其他譯師借用，如西晉無羅叉譯《放光般若經》（譯於 291 年）中有 8 見①，這 8 例"句義"都是單獨出現。如：

（13）須菩提白佛言："菩薩號爲菩薩，其**句義**云何？"佛告須菩提："菩薩**句義**無所有。所以者何？道者無有**句義**、亦無我；菩薩義者亦如是。"（西晉無羅叉譯《放光般若經》卷三，8/18b）

其後，在東晉十六國譯經中，"句義"廣泛見於南北方佛典，北方十六國譯經中共 562 例，主要見於竺佛念譯經（共 401 見）、鳩摩羅什譯經（共 101 見）、曇無讖譯經（共 55 見）、道泰譯經（共 5 見）；南方譯經中共 16 例，見於佛陀跋陀羅譯經（共 8 見）和僧伽提婆譯經（共 8 見）。這些譯經中"句義"的用法主要承用於西晉譯經，略舉其例如下：

（14）爾時，於彼四阿修羅城邑宮殿，有如是事，以菩薩力莊嚴加持故，聞是**句義**皆生信心，各各於其城邑宮殿雲集一處，共相謂言。（北涼曇無讖譯《大方等大集經》卷四七《月藏分第十四魔王波旬詣佛所品》，13/306a）

（15）復有法辯總持，菩薩得此總持者，分別**句義**不失次敘。（姚秦竺佛念譯《最勝問菩薩十住除垢斷結經》卷 8/1024a）

（16）爾時大辯天白佛言："世尊！是説法者，我當益其樂説辯才，令其所説莊嚴次第善得大智，若是經中有失文字**句義**違錯，我能令是説法比丘次第還得，能與總持令不忘失。"（北涼曇無讖譯《金光明經》卷二，16/344c）

綜上，"句義"是西晉譯經中出現的新詞，是竺法護譯經中大量產生並由此形成的詞語。

(二) "句義"的釋義及來源

據調查，譯經中的"句義"及其同音複音形式主要有以下三類用法。

1. "句義"義爲佛典、佛經、經文，佛法義理，這是中古佛典中"句義"的主要用法，一般用於描述佛法或與佛法相關的語境，在句中主要作賓語，偶爾也作主語，這些形式前有時有數詞修飾。如：

---

① 法炬共法立譯《法句譬喻經》中有 1 例，但用例與例 (7) 完全相同，可能是抄自《法句經》。

(17) 玄妙之聖慧，順第一**句義**；心了第六住，謹順己身行。（西晉竺法護譯《漸備一切智德經》卷四，10/481a）

(18) 聞四句偈若諷誦，當供養師和上，在所從受**字句義**，所受諷誦當以直心，無有諛諂。（西晉竺法護譯《郁迦羅越問菩薩行經》，12/29c）

(19) 我求佛故無所惜，及施身命索經法，是輩捨法不精進，以於道法失**句義**。（西晉竺法護譯《德光太子經》，3/414a）

這一用法下的"句義"又記作"句誼"。這一詞形在整個大藏經中僅見於竺法護譯經。如：

(20) 上金光首以偈重問："所謂道者，爲何**句誼**？孰爲説者，誰得道者？志趣經業，當何所習？得成佛道，開化未悟？"（西晉竺法護譯《大淨法門經》，17/817c）

這種用法的"句誼"在異譯經又記作"衆經"，如：

(21) 十八人中有一菩薩，於利無節懇懃求供，尊己貪穢多於三病，分別**句誼**①中而忽忘，便得於閑不復慊務。（西晉竺法護譯《正法華經》卷一，9/66b）

(22) 八百弟子中，有一人號曰求名，貪著利養，雖復讀誦**衆經**，而不通利，多所忘失，故號求名。（姚秦鳩摩羅什譯《妙法蓮華經》卷一，9/4b）

辛嶋静志（1998：242）指出例（21）"句義"對譯梵文詞 pada-vyañjanāni，釋義爲 meaning of sentence（文句的語義），這一釋義比較寬泛。這種用法下的"句義"可能是"章句義理"的省略形式，"章句"與"義理"是上古漢語固有的詞，佛經借"章句"表示佛經經文的章節或句子，借"義理"表示佛經所蘊含的思想内容，"章句義理"吸收了佛經語境義，成爲有具體指稱内容的詞，因而這一用法下的"句義"主要出現在講述佛法或與佛法相關的語境。

2. "句義"表示文句中的標點、停頓。如：

(23) 所宣章句不可窮盡，隨時應宜前後相副，不失**句義**，合於法句，各從方便不違時節。（西晉竺法護譯《大哀經》卷六，13/437c）

這一概念本土古漢語用"句讀"表示，竺法護記作"句逗"。如：

(24) 佛告諸比丘："復有三事，令法毁滅。何謂爲三？一、既不護禁戒，不能攝心，不修智慧。二、自讀文字不識**句逗**②，以上著下、以下著上，頭尾

---

① 此處的"誼"宋元明宫本作"義"。
② 此處的"逗"宋本作"讀"。

顛倒，不能解了義之所歸，自以爲是。"（西晋竺法護譯《當來變經》，12/1118a）

"句義"與"句逗"在異譯經中還可以形成異文。如：

(25) 若受此典，不識**句義**，失其次緒，使諷學者，蒙其威神，令達義次。（西晋竺法護譯《正法華經》卷六，9/102a）

(26) 若於此經忘失**句逗**①，我還爲説，令得具足。（姚秦鳩摩羅什譯《妙法蓮華經》卷四，9/32a）

例（25）中的"句義"與例（26）中的"句逗"形成異文，辛嶋静志（1998：242）將其釋之爲 meaning of sentence（文句的語義），這一釋義恐怕不妥。一方面，此例中的"句義/句逗"對譯梵文詞 pada-vyañjana（辛嶋静志 1998：242），pada 義爲"語句、篇章"，《梵英詞典》（Sanskrit-English Dictionary）釋義爲：a portion of a verse, quarter or line of a stanza（韻文的一部分、一節的四分之一或一行）。vyañjana 義爲"表達、暗示；建議；標志、標記"，《梵英詞典》釋義爲：manifesting, indicating（表達、表示、表達）; indirect or symbolical expression, suggestion（含義、建議）; mark, token, badge（符號、標記、標識）; pada 與 vyañjana 組合成詞表示兩層含義：1. 語句含義，2. 文句標記、語句標點，僅從梵文詞對譯無法確定其具體含義，這可以從其他方面找到證據：一方面，根據語境，例（25）表示因不明白"句義"會致使次序錯亂，使得那些誦讀的人不明白經典含義，這裏的"句義"應該是指"文句標點"；另一方面，佛經音義有相關解釋，隋智顗轉述了例（26）中的"忘失句逗"，唐慧琳對"句逗"進行了釋義，如隋智顗《妙法蓮華經玄義》卷八："我得三菩提，皆由聞經，及稱善哉，字即乘本。若忘失**句逗**，還令通利，與其三昧，及陀羅尼，即感應本。"（33/777c）唐慧琳撰《一切經音義》卷二七《妙法蓮花經》第四卷《法師品》"句逗"條："徒䨱反，《字書》：'逗，遛也。'《説文》：'逗，止也。'《方言》：'逗，住也。或作竇，繹也。句能竇繹諸理義也。'"因此，這裏的"句義/句逗"表示文句停留、隔開，可能是移植了原典語的相應含義。這一用法下的"句義"用例不多，可能是臨時用法。

3. 在勝論派文獻②中，"句義"表示與概念相對應的現實存在物。世間萬物都可以歸納爲若干句義，這一思想是依據阿含及般若思想對"緣起性空"進行的解釋，是中道觀勝論派的主要思想，"句義"是對各種現象的概括。如：

(27) 譬如夢中無足迹，如是，須菩提！欲求菩薩**句誼**而無所取。譬如幻

---

① 此處的"逗"明本作"讀"。
② 勝論派認爲世界萬物均由各要素聚合而成，不同的要素聚合在一起就會產生不同的事物。他們用"六句義"理論來解釋世界萬物的各種表現，並認爲只有學習"六句義"才能獲得解脱。

變、野馬、呼響、現影，如來之化無有足迹。（西晋竺法護譯《光贊經》卷五，8/178a）

（28）須菩提！譬如如、法性、法相、法位、實際無有義，菩薩**句義**無所有亦如是。（姚秦鳩摩羅什譯《摩訶般若波羅蜜經》卷四，8/241c）

從出現語境來看，這一用法下的"句義"主要出現在傳播般若思想的大乘佛教經典中。何歡歡（2013）對佛教"句義論"的來源及其思想的淵源關係進行了較爲詳細的考察，其研究指出佛教概念"句義"是梵文詞 padārtha（pada＋ārtha）的翻譯，pada 義爲"詞語、概念"，ārtha 義爲"對象、事物、實際存在的事物"[1]。"句義論"認爲世間萬物可以歸結爲若干句義，它是勝論派思想體系的根基與核心。這一思想繼承到唐代時就發展爲"六句義""十句義"。如：

（29）言大有者，彼說六**句義**：一實、二德、三業、四大有、五同異、六和合句義。（唐圓測撰《仁王經疏》卷二，33/391a）

（30）有十**句義**：一者實、二者德、三者業、四者同、五者異、六者和合、七者能、八者無能、九者俱分、十者無説。（慧月造、唐玄奘譯《勝宗十句義論》，54/1262c）

綜上，"句義"是西晋時期的新詞，最晚在《德光太子經》（譯於公元 270 年）中已見，是竺法護譯經中大量產生並由此形成的語言形式，它有三個含義：一、表示佛法義理，是吸收語境義後出現的詞語，這是中古佛典中"句義"的主要用法；二、表示文句標點，是移植梵文詞語義後出現的新義；三、表示與概念相對應的現實存在物，是中道論思想的一個佛教術語。這三個用法對應了不同的梵文詞，用法和內涵各不相同，這對它們在中土漢語中的流傳有重要影響。

四、"句義"在本土文獻的擴散

從上節可以看出，中古佛典中的"句義"是佛教表達相關概念的重要詞語，它有三個用法，其中第一個和第三個用法佛教內涵明顯，它們隨着佛教的傳播逐漸擴散至本土佛論文獻，成爲本土佛教文獻中的重要術語，而第二個用法則是中古譯經中的獨特用法，只保留在中古佛典中，沒有被本土漢語吸收。

從南北朝起，"句義"一詞率先出現在本土僧侣的佛論撰著中，其後"句義"

---

[1] 關於"句義"的釋義，鳩摩羅什譯經中有相關記載，如：姚秦鳩摩羅什譯《大智度論》卷四四《句義品》："問曰：但以'鳥飛虛空'足明'**句義**'，何以種種廣説？答曰：衆生聽受種種不同，有好義者，有好譬喻者。譬喻可以解義，因譬喻心則樂著；如人從生端政，加以嚴飾，益其光榮。<u>此譬喻中多以譬喻明義，如後所説，所謂如夢、如影、如響、如佛所化，是事虛誑，如先説</u>；<u>菩薩義亦如是，但可耳聞，虛誑無實，以是故，菩薩不應自高。如、法性、法相、實際等句，<u>無有定義</u>。如幻人無五衆乃至諸佛法。"（25/380c）

也出現在沒有佛學背景的本土文人佛論撰著中。這種源自佛典的"句義"一直延用至清代。如：

(31) 既踐法門，俊思奇拔，研味**句義**，即自開解。故年在志學，便登講座，吐納問辯，辭清珠玉。(南朝梁釋慧皎《高僧傳·宋京師龍光寺竺道生》，255 頁)

(32) 吾知操徒必果是願。若經之**句義**，若經之功神，則存乎本傳。(唐白居易《碑誌序記表贊論衡書·華嚴經社石記》，1835 頁)

(33) 若思量作得道理，盡屬**句義**。三乘五性義理，無不喚作行履，處處受用具足即得。(宋賾藏主編集《古尊宿語錄·池州南泉普願禪師語要》，195 頁)

(34) 請問菩薩善根資糧，及出要智方便，佛廣答之，天歎希有，謂能以四**句義**，總説一切菩薩行，虛空藏語梵天言，一句亦能總攝一切佛法。(明藕益智旭《閱藏知津》卷四《方等部第二》，142 頁)

(35) 無因如何得果？以菩提心之正因，方能契無上妙果。**句義**且不能通，何能論佛法。(清楊文會《評小栗栖念佛圓通》，553 頁)

從文獻類型來看，唐代以來，"句義"的使用實現了從漢文佛典向本土佛論文獻的擴散，它在本土文獻的分布包括本土佛教僧傳如例 (31)，本土佛教典籍如例 (33) 和例 (34)，本土文人的佛教論著如例 (32) 和例 (35) 等。這一現象反映了"句義"的受衆擴散方向：即外域僧人——本土僧侶——本土文人，"句義"逐漸從具備專業佛學知識的本土僧人向本土文人階層普及。在這一擴散過程中，"句義"的詞義也有一定的變化，本土佛論文獻中的"句義"大致可以理解爲"佛典、佛經，佛法義理"，即中古佛典中的第一種用法，語義範圍縮小，不再區分具體所指，這可能與其所處語境有關。

五、結語

現代漢語中的"句義"與其歷史概貌迥異，這有其歷史發展的原因。漢語史中的"句義"有多重來源與用法：一、源自漢語自身的"句義"最晚在北宋就已出現，表示"語句含義"，這一形式的同義複音形式可以追溯到東漢時期，現代漢語常用的"句義"是對這一來源的直接襲用。二、源自漢文佛典的"句義"最早見於西晉竺法護譯經，受佛經語境、原典語、佛教義理的影響，譯經中的"句義"有三種用法：1. 表示佛經、佛典，佛法義理；2. 表示語句標點、停頓；3. 佛教術語，表示與概念相對應的現實存在物。在後代文獻中，源自佛典的"句義"試圖從具有佛學背景的僧人團體向本土有佛教信仰的文人階層流傳，但因其佛家色彩濃厚，最终只停留在中土佛论文献中，未能进入汉语通语的层面。

受佛教影响产生的"句义"和从汉语自身发展而来的"句义"，仅仅字形相同，而用法和文化内涵差异明显，并用于不同类型的文献，界限分明，说明语体也是影响汉语词汇发展的重要原因。

引用书目

（汉）班固著，（唐）颜师古注. 汉书. 北京：中华书局，1962.

（梁）释慧皎撰，汤用彤校注，汤一玄整理. 高僧传. 北京：中华书局，1992.

（唐）白居易著，谢思炜校注. 白居易文集校注. 北京：中华书局，2011.

（唐）魏徵等撰. 隋书. 北京：中华书局，1973.

（宋）赜藏主编集，萧萐父等点校. 古尊宿语录. 北京：中华书局，1994.

（宋）苏过撰，舒星校补，蒋宗许、舒大刚校注. 苏过诗文编年笺注. 北京：中华书局，2012.

（元）李修生主编. 全元文. 南京：江苏古籍出版社，1998.

（明）蕅益智旭撰，释明学主编. 阅藏知津. 成都：巴蜀书社，2014.

（清）梁章钜撰，陈铁民点校. 浪迹三谈. 北京：中华书局，1981.

（清）严可均编. 全上古三代秦汉三国六朝文·全梁文. 北京：中华书局，1958.

（清）杨文会撰，周继旨校点. 杨仁山全集. 合肥：黄山书社，2000.

参考文献

班班多杰. 再论《句义藏》的思维路径. 青海民族大学学报（社会科学版），2011（4）.

班班多杰. 从《句义藏》看宁玛派大圆满法的思维路径，佛教文化研究，2016（1）.

嵇华烨. 竺法护译经词汇研究. 杭州：浙江大学博士学位论文，2021.

何欢欢. 佛教徒眼中的胜论派句义思想. 宗教学研究，2013（3）.

黄宝生. 巴汉对勘《法句经》. 上海：中西书局，2021.

徐时仪校注. 一切经音义三种校本合刊（修订版）. 上海：上海古籍出版社，2012.

姚卫群. 佛教的"五位说"与婆罗门教的"句义论". 南亚研究，2010（3）.

姚卫群. 佛教的法类别论与胜论派的句义论比较. 哲学门，2014（1）.

Karashima Seishi（辛嶋静志）*A Glossary of Dharmarakṣa's Translation of the Lotus Sutra*（正法華經詞典），The International Research Institute for Advanced Buddhology-Soka University (BPPB I)，Tokyo：1998.

Monier-Williams, Monier. (ed.) *Sanskrit-English Dictionary*，Delhi：Parimal Publications，2008.

Nattier, Jan（那體慧）. Who produced the *Da mingdu jing* 大明度經（T225）? A reassessment of the evidence. *JIABS*. 2010 pp. 295—338.

Source and Course of "Ju Yi（句義）"

Yu Juanjuan

Abstract: Influenced by the multiple factors, the term "Ju Yi（句義）" appeared in ancient Chinese Buddhists translations; and it eventually circulated only to the Buddhist literature of the Qing Dynasty. At the same time, "Ju Yi（句義）" also appeared in the native Chinese language since the Song dynasty, and this form of "Ju Yi（句義）" directly developed to as the modern Chinese term "Ju Yi（句義）". Those types of "Ju Yi（句義）" have different origins and circulate in the relative types of literatures, and they formed a "homomorphic" relationship. This phenomenon is very common in the history of the Chinese language, and Chinese dictionaries should collect and distinguish such words.

Keywords: "Ju Yi（句義）"; abbreviation; homomorphic; evolution; language style

（余娟娟，華南師範大學文學院）

"勃落"考釋*

陳　默

提　要：宋代蘇過、陸游詩中有"勃落"一詞。自有清查慎行以來，學人對其語義義蘊皆不甚了了。本文依據郝懿行《爾雅義疏·釋木》"樸，枹者"中的方言例證，結合元、明、清三代詩詞、雜劇、散曲及筆記材料，考定"勃落""蓛落""不落""不老""薄羅""菠蘿""桲欏""篍籬"皆爲"槲葉"之義，並多與神仙之事相關。

關鍵詞：勃落；不落；不老

宋詩數量特大，因其詩風的散文化和好議論的特點而形成了與唐詩不同的語言風格，詩人多喜方言俗語入詩便是宋詩中一個突出的語言現象。因爲數量大，故傳統的語言研究對宋詩難以面面俱到，尤其是宋詩中的方言俗語頗有訓詁之不及或雖曾詮釋而未得要領者。我們近年來研讀"三蘇"及其後代詩文，在重新翻閱蘇過《斜川集》時，發現其中有"勃落"一詞爲文獻中首見，蔣宗許、舒大剛先生（2012：187）對此語注釋云："勃落柴，隨風飄落的樹葉。勃落：象聲詞。形容樹葉飄落的聲音。"依據此解總覺詩意難以暢達。於是我們又廣泛蒐聚後世文獻而再作分疏，力圖弄清"勃落"的本旨以及與之鉤連的諸多問題，餖集而成此小札。雖然，搜尋不可謂不細，脈絡似亦清楚明了。但自知學陋識拙，不敢自必，謹向方家討教畫眉淺深。

　　（1）自掃空山勃落柴，夜深猶復撥殘灰。（宋蘇過《山居苦寒三首》之三，第 187 頁。）①

---

* 基金項目：教育部哲學社會科學研究重大課題攻關項目"蘇轍全集整理與研究"（19JZD033），國家社科基金冷門"絕學"專項"新喻三劉全集整理與研究"（2018VJX028）成果之一。本文承蒙匿名審稿專家提出寶貴意見，謹致謝忱。

① 爲行文清通簡要，本文只在例句後括號標注書名、卷帙和頁碼，版本信息統一在文末引用書目處標明。

"勃落"首見蘇過詩中，嗣後在陸游詩中出現過4次，馮子振賦中出現過1次。

（2）凡骨已蜕身自輕，勃落葉上行無聲。（宋陸游著，錢仲聯校注《劍南詩稿校注》卷三十一《贈道友》，第2081頁）

（3）兜羅縣雲常滿谷，勃落葉衣無四時。（同上卷六十《道室試筆六首》之二，第3465頁）

（4）勃落爲衣隱薜蘿，掃空塵抱養天和。（同上卷六十九《自述》，第3868頁）

（5）纓冠束帶前身事，散髮今惟勃落衣。（同上卷七十五《題幽居壁二首》之二，第4111頁）

按，錢仲聯（2005：3465、4111）在陸游詩《道室試筆》及《題幽居壁》注中亦曰："〔勃落衣〕未詳。詩中屢見。"

（6）薪勃落於壔樵，寑篝籠於熱簀。（元馮子振《海粟集輯存·居庸賦》，第81頁）

清查慎行《得樹樓雜抄》卷十五"勃落衣"條："放翁詩：'纓冠束帶前身事，散髮今惟勃落衣。'未得其解。"（范道濟點校《查慎行全集》，315頁）

查氏以後，涉及"勃落"詮釋的，有汪儒珺先生（1998：46），汪氏以爲"'布懶衣'疑即百衲衣，謂質地粗劣之衣。亦作'蔀落衣''百衲衣''勃落衣''布衲'。"又云"布懶、蔀落、布衲皆百衲之同名異文。""勃落、不老亦百衲之異文。"《新校元刊雜劇三十種·新刊的本泰華山陳摶高臥》第三折【滾繡球】"貧道穿的蔀落衣，吃的是藜藿食"。

徐沁君先生（1980：202、204）校勘記云："蔀落衣——馬致遠另一雜劇《岳陽樓》第三折：'我穿着領布懶衣，不吃煙火食。'《樂府新聲》卷上鄧玉賓【端正好】套：'草履藤冠布懶長。'疑'蔀落衣''布懶衣'爲一物。"並引查説，"疑'勃落衣'亦即'蔀落衣'"。

從汪氏與徐氏的研究中，又牽涉出"蔀落"一詞，其間關係需得繼續梳理。

顧學頡、王學奇先生（1983：188—189）云："'蔀落'疑爲'薜蘿'聲轉之訛；薜蘿是薜荔和女蘿兩種野生植物的合稱。"並引《楚辭》《晉書·謝安傳》《南齊書·宗訓傳》及李華《詠史》等證之。但最後顧先生仍以爲"惟蔀落二字，不常見，確義仍待考。"後王學奇、王靜竹（2002：121）亦持此説。

縱觀諸家之説，汪氏與徐氏結論略同而汪氏牽涉更廣。概而言之，汪氏以"布懶、蔀落、布衲、百衲、勃落、不老"爲一組；徐氏以"布懶、蔀落、勃落"爲一組；顧氏則以爲"'蔀落'疑爲'薜蘿'聲轉之訛"。不過，好在三家態度都比較審慎，僅作爲一種猜測而沒有去求索其中的理據。

從上所引蘇過與陸游詩所用"勃落柴""勃落葉"可知,"勃落"無疑爲植物名,又可從"勃落衣""勃落葉衣""勃落爲衣"推斷,"勃落"當爲能够製衣的一種材料。這可能也是汪氏與徐氏將它與"布衲""百衲""布襴"攀上了親緣的起由。

我們基於"勃落"爲植物作起點,對相關文獻進行全方位爬梳,在清人的著作中發現了端倪:

> (《爾雅》)"樸,枹者。"晉郭璞注:"樸屬叢生者爲枹。《詩》所謂'棫樸''枹櫟'。"郝疏曰:"又《詩》'山有苞櫟',郭引作'枹櫟','苞'與'枹'古字通。'樸、枹'音相轉也。枹櫟即柞櫟,方俗亦名爲'檞',其小而叢生者爲枹也。今棲霞、福山人呼柞櫟爲'樸櫨',聲轉呼爲'薄羅'。沂州人名'檞不落',以其葉冬不凋。然'不落'亦即'薄羅',語聲之轉也。又沂州日照、棲霞俱饒薄羅,既收山繭之利,野人兼可樵采爲薪。然則《爾雅》此條與下相屬,蓋言樸枹及櫰梧皆堪採取爲薪。樸枹即薄羅矣。"(清郝懿行撰《爾雅義疏·釋木》,第782—783頁)

郝著"草木蟲魚,多出親驗",且郝氏又是山東棲霞人,於本地方言音讀當不致誤。從郝氏的論證我們知道"柞櫟"俗名"檞","樸櫨""樸枹""薄羅""檞不落""不落"皆"檞"的方言音轉。如李榮(2002:3645)主編《現代漢語方言大詞典》收牟平方言"桲欏,叢生的柞樹。"又收"桲欏墩子""桲欏繭兒",而棲霞、牟平均屬山東煙臺市,更可佐證郝説。至於"檞"樹的具體細節形制,清人有更細緻的辨析:

> "檞葉長者五六寸,捫之滯手,盡葉一紋一芒,長而直;櫟之實長而細,檞實大而圓;櫟葉冬夏常青,新生而故落,檞冬零,故盡而新生。"又"若檞林中有一種樹,族生難長,甚類檞,惟葉粗大而色較青,俗名扶櫟,即郭璞《爾雅注》云《詩》所謂"枹櫟"者也。"清莫友芝注曰:"扶櫟俗又呼檞櫟,扶、檞二字,遵義人讀之,聲略同也。又呼爲虎皮青椆。山東人謂遵義之青椆爲檞櫟,而遵義又以謂葉青大一種。"(清鄭珍撰,清莫友芝注《樗繭譜·定樹》,第411—412頁)

此處我們暫不討論關於此樹的明確種屬問題,只就以上兩條文獻而言,可以確信"勃落""蔛落"無疑是郝氏所謂的"柞櫟"即"檞"樹音轉,只是用字存在差異。這還可以在陸游詩中找到證據。

> (7)日暮松明火,天寒檞葉衣。(宋陸游著,錢仲聯校注《劍南詩稿校注》卷十九《有爲予言烏龍高嶮不可到處有僧巖居不知其年予每登千峰榭望之慨然

爲作二詩》之一，第 1491 頁）

（8）何當霜雪時，散髮檞葉衣？（同上卷四十六《避暑松竹間》，第 2818 頁）

（9）勘書窗下松明火，采藥溪頭檞葉衣。（同上卷四十六《道室雜題四首》之四，第 2843 頁）

（10）壺中春色松肪酒，江上秋風檞葉衣。（同上卷五十五《野興二首》之一，第 3234 頁）

（11）三峰二室煙塵静，要試霜天檞葉衣。（同上卷六十九《十一月廿七日夜分披衣起坐神光自兩眥出若初日室中皆明作詩志之》，第 3868—3869 頁）

（12）檞葉爲衣草結廬，生涯正付兩葫蘆。（同上卷七十四《或遺以兩大瓢因寓物外興》，第 4079 頁）

特別是例（5）"散髮今惟勃落衣"和例（8）"散髮檞葉衣"造語異曲同工。二者爲同一物不容置疑。

在此基礎上，我們再檢索宋元明的文獻，發現詩文中出現的"檞葉"一語，大多與神仙隱士相關。

（13）碧眼方瞳，標韻灑落，衣檞葉衣，持八角扇，遮道緣化。（宋洪邁《夷堅志·夷堅支景·陳待制》，第 950 頁）

（14）嗟夫，余讀傳記所載，至人方士，多衣檞葉編蓬羨以自蔽。（宋劉克莊著，辛更儒箋校《劉克莊集箋校》卷九一《饒州天慶觀新建朝元閣》，第 3868 頁）

（15）檞葉爲衣草爲履，鬝鬝雙髻任風吹。（元貢師泰《題玄妙觀秬月庭所藏鍾離像》，《全元詩》第 40 册，第 318 頁）

（16）古昔有仙君，結廬憩桐木。……檞葉爲制衣，松苓聊自服。（元徐舫《桐君》，《全元詩》第 41 册，第 169 頁）

（17）采芝定有商顏叟，鹿皮之裘檞葉裙。（元鄭東《題畫山水歌》，《全元詩》第 46 册，第 205 頁）

（18）檞葉重重護玉肌，蓮花峰下采金芝。（元胡奎《題毛女》，《全元詩》第 48 册，第 322 頁）

（19）檞葉縫衣翠，松花作飯香。（明圓復《山中》，《明詩綜》卷九二，第 4361 頁）

（20）高壇元狩禮星精，東海真人果集靈。檞葉蔽腰書滿把，人間長誦火珠經。（明阮大鋮《釋稗十二首》之十，《詠懷堂詩集》卷四，第 166 頁）

而下邊這兩段材料，更將以上的推導人物化了。

(21) 嚴字洞賓，京兆人，禮部侍郎吕渭之孫也。……常鬡髻衣檞葉，隱見於世。（元辛文房撰，周紹良箋證《唐才子傳》卷十，第2252頁）

(22) 檞衣仙，龍泉人，不知姓氏，無寒暑，皆綴檞葉爲衣，人遂以是名之。……赤烏（三國吴孫權年號：238—251）中，坐庵前槐樹上，俄祥雲四合，仙樂鳴空，遂飛昇去。（明徐象梅《兩浙名賢録》卷五十五"玄玄"，第1398頁）

我們再回頭讀（2）到（5）例陸游詩，則"勃落"之義頓覺涣然冰釋。究其緣由，一是陸游對蘇軾弟兄特爲傾仰，作詩時多以之爲軌模，我們在注釋蘇轍《欒城集》中發現，他直接用蘇軾、蘇轍詩成語或沿襲詩意者不下百處。而蘇過爲蘇軾少子，有"蘇氏三虎，叔黨最怒"之譽，愛屋及烏，對蘇過亦覺親近而讀誦其詩，發現蘇過詩用"勃落"一詞指"檞"，覺其語新奇有趣，順手拈入而屢屢入詩。當然，這只是我們情推，至於放翁是否如此，不得而知。

解決了"勃落"的問題，我們再看與之相關的"不落"，在明清筆記中有名爲"不落夾"的一種食物，亦寫作"不落角"。對於此問題黄宜鳳（2007：36）以爲"今京城名小吃'愛（艾）窩窩'與四川名小吃'葉兒粑'，雖名稱不同，均應爲'不落夾'的遺制。"景盛軒（2017：231）引黄宜鳳説，並依據《漢語大詞典》"不落夾"條釋義進一步推測"或爲蒙古語音譯，考蒙古語，'包'爲baylaxu，'包、疙瘩'爲buluu，'角、角落'爲buluug，不知和'不落莢'有無聯繫？待考。"俞理明等（2020：227）收"不落莢""不落角"，解作"一種用葦葉包糯米或桐葉攤卷白麵蒸煮的浴佛節食品"。其實此問題在清代就已頗爲難解。

明大内英華殿供西番佛像。《光禄寺志》云："英華殿四月八日供大不落夾二百對，小不落夾三百對。"漁洋《筆記》三引之，然"不落夾"今亦不知何物也。又述其叔祖季木考功詩有云："四月虔供不落夾，内官催辦小油紅。"似謂供佛紅素蠟燭，而其名義仍不可曉，或是番語，應詢之掌故者。"（清郝懿行《曬書堂集》卷四"筆録·博聞下·不落夾"，第5751—5752頁）

故事：四月八日佛誕，有不落夾，世廟蓋嘗聚大内佛骨佛牙萬勛，焚之宫中，始革其制，以四月五日薦麥寢廟，因賜百官，義深遠矣。自注曰："製黑黍飯，用不落葉包之，爲角，名不落角，一名不落夾。"（清陸以湉撰《冷廬雜識》卷三"麥餅"，第143頁）

二位清儒的論説，郝氏不知何物，以郝氏之淵綜廣博，論"檞"之精準令人歎服，然却與"檞"相關之物失之交臂。千慮一失，無足深怪。倒是陸氏簡略數語直搗黄龍了。陸氏以爲"用不落葉包之"，即以"檞葉"包裹而成，其名"不落角""不落夾"，"角""夾"皆爲包裹之義，可謂精當。如"餃子"在宋代也寫作"角子",同樣有包裹的内因。由此可知,《漢語大詞典》釋爲"以葦葉包糯米或桐葉攤卷白麵蒸煮而成的食品。四月初八日用以供佛,朝廷亦以賜百官。"以及以上黄宜鳳、景盛軒二位先生對於此物名稱提出的解釋皆未能窮其理據。所謂以"葦葉"或"桐葉"包制的"不落夾"只是包裹的材料有所不同而已。

> [四月]初八日,進不落夾,用葦葉方包糯米,長可三、四寸,闊一寸,味與糉同也。(明劉若愚《酌中志》卷二〇"飲食好尚紀略",第180頁)

> 四月八日用白麵調蔬品攤桐葉上,合葉蒸食,名不落英(荚)。(清王棠《燕在閣知新録》卷二十九"不落英(荚)",《四庫全書存目叢書·子部》第一〇〇册,第660頁)

明沈德符《萬曆野獲編·列朝·賜百官食》、明李詡《戒庵老人漫筆》卷一、清王士禎《古夫于亭雜録·不落夾》又《香祖筆記》卷三、清孫承澤《春明夢餘録》卷七、清顧禄《清嘉録·阿彌飯》等對"四月八日進不落夾"事皆有著録,其中孫承澤書考證尤爲詳備,可參看,兹不備引。

其實以槲葉包裹食物的制度如今仍有遺存,如劉慶華(2013:36)整理的滿族民間儀禮中還保存着如何製作"博羅餑餑"的流程:"每年四月,應用菠羅葉做餑餑桃神。如不得菠羅葉,即用椴樹葉,二樣俱可。每於四月,令人找得此葉九百張,即擇上旬吉日定。……將菠羅葉用酥(蘇)油在正面摸(抹)好,再合一個。再將江米麵,做成大水餅煮。再令人改作豆餡角子,外用此葉滿包好,送神鍋蒸籠上蒸透。"注曰:"菠羅葉:柞樹幼樹之嫩葉,滿族用其包餑餑。"胡紹文(2021)也談到:"從用途來看,槲葉長如手掌,具有獨特的香氣,可用來盛放、包裹食物。豫西山區用槲葉代替蒸籠布,蒸饅頭和米飯。"

又郝氏在《爾雅義疏》考證中云"又沂州日照、棲霞俱饒薄羅,既收山繭之利,野人兼可樵采爲薪。"所謂"山繭之利",言槲葉可作爲蠶的飼料。於此,清儒亦有道及者。如:

> 王沛恂《紀山蠶》:吾鄉山中多不落樹,以其葉經霜雪,不墮落得名。一名槲,葉大如掌。其長而尖者名柞,總而名之曰不落,皆山桑類,山蠶之所食也。蠶作繭,視家繭較大。(清魏源等編《皇朝經世文編·户政十二·農政中》,《魏源全集》,第166頁)

《皇朝經世文編》以爲"不落樹""以其葉經霜雪,不墮落得名"與上引《義疏》"沂州人名槲不落,以其葉冬不凋"皆爲望文生義。

在清代,"勃落"(槲)又寫作"桲欏""簸籮",從史料看,此樹由山東引進,後世史書、方志中多有記録。

乾隆中，屢遷至山東巡撫。以山東産山綢，疏請令民間就山坡隙地廣植梓櫟，免其升科。(《清史稿·阿勒泰傳》，第 10875 頁)

泰安、沂州二府，素號難治，而沂俗較悍。……地産梓櫟椿樹，勸民種植養蠶，兩府風俗爲之一變。"(徐世昌《清儒學案·李先生文耕》"附錄"，第 8156 頁)

塔屬各旗境内，高山之中，多産簽籬，其葉大如掌，可飼山蠶，餘無他用。先是山東種地人，自伊本省攜帶蠶種出口試養，以後人争效之。(清哈達清格撰《塔子溝紀略》卷九"簽籬樹"，《遼海叢書》第二册，第 912 頁)

此外，又有"不老"，亦爲"勃落"的另一寫法，《漢語大詞典》釋"不老衣"爲"道袍"，想當然耳。

【二煞】〔净奪衣搶砌末下〕〔旦云〕秋風且是冷，只得將山中不老樹葉兒，輳成一塊兒，被在身上，遮些風寒，上山去也。(明朱有燉《誠齋雜劇·新編小天香半夜朝元》，第 456 頁)

【梁州】論仙家道理，就中間有幾個人知味。參玄妙，訪仙契，則我這草履麻條不老衣，倒大來無是無非。(明闕名《祝聖壽金母獻蟠桃》第二折，《孤本元明雜劇》，第 4 頁)

至於"布懶衣"與"勃落衣"等可謂風馬牛不相及。從構詞法來說，"布懶衣"是"布｜懶衣"，"勃落衣"是"勃落｜衣"。如下例：

(23) 曹、萊答曰："師父冬夏披一布懶衣，食粗取足。隆冬雪寒，庵中無火，兼時用冷水。"(馬鈺述《丹陽真人語錄》，《馬鈺集》，第 244 頁)

(24) 懶衣蓬鬢人驚駭，錦服金冠自不寧。(姬志真《平懷》，《全遼金詩·全金詩》，第 1104 頁)

(25) 一片懶衣如畫鶴，半盂殘飯勝烹龍。(王執謙《送王高士》，《全元詩》第二二册，第 85 頁)

(26) 至中途，挑擔役夫疲困，歇於山脚下，見一先生，眇一目，跛一足，頭戴白藤冠，身穿青懶衣，來與脚夫作禮。(明羅貫中《三國演義》第八六回，411 頁)

這從上邊例子"青懶衣""懶衣"可知。"布懶衣"其中心語是懶衣，而"懶"是修飾衣的。所謂懶衣，本爲古代家居常服。其衣製作簡單，不加文飾，和今天的一般睡袍略似，稱作懶衣，取其慵懶之意。道家從簡，無可無不可，於是沿襲了這種家居服式而作爲常服，並成爲道家的標配之一，故俗亦稱這種服飾爲道衣或道袍。清高超脱之士亦喜服之，從而表現精神世界的清虛空寂。而徐沁君先生所引

"鄧玉賓【端正好】套"中的"布懶"也是"布懶衣"的簡稱。

至於其餘"百衲衣""布衲衣"理據甚明，不再費辭。而顧學頡、王學奇先生以爲"'蔀落'疑爲'薜蘿'聲轉之訛"，從以上論證可知其非，亦不再辯駁。

引用書目

（宋）劉克莊著，辛更儒箋校. 劉克莊集箋校. 北京：中華書局，2011.

（宋）陸游著，錢仲聯校注. 劍南詩稿校注. 上海：上海古籍出版社，2005.

（宋）洪邁撰，何卓點校. 夷堅志. 北京：中華書局，2006.

（宋）蘇過著，蔣宗許、舒大剛校注. 蘇過詩文編年箋注. 北京：中華書局，2012.

（金）馬鈺著，趙衛東輯校. 馬鈺集. 濟南：齊魯書社，2005.

（元）馮子振著，王毅點校. 海粟集輯存. 長沙：岳麓書社，2009.

（元）辛文房撰，周紹良箋證. 唐才子傳. 北京：中華書局，2010.

（明）劉若愚著，馮寶琳點校. 酌中志. 北京：北京出版社，2018.

（明）阮大鋮著，胡金望、汪長林校點. 詠懷堂詩集. 安徽：黃山書社，2006.

（明）徐象梅. 兩浙名賢錄. 杭州：浙江古籍出版社，2012.

（明）朱有燉著，趙曉紅整理. 誠齋雜劇. 濟南：齊魯書社，2014.

（清）哈达清格. 塔子溝紀略//遼海叢書. 沈陽：遼沈書社，1985.

（清）郝懿行著，王其和、吴慶峰、張金霞點校. 爾雅義疏. 北京：中華書局，2017.

（清）郝懿行著，耿天勤點校、安作璋通校. 曬書堂集. 濟南：齊魯書社，2010.

（清）陸以湉撰，崔凡芝點校. 冷廬雜識. 北京：中華書局，1984.

（清）魏源編撰. 魏源全集. 長沙：岳麓書社，2004.

（清）查慎行著，范道濟點校. 得樹樓雜抄//查慎行全集. 北京：中華書局，2017.

（清）趙爾巽等撰. 清史稿. 北京：中華書局，1977.

（清）鄭珍撰，（清）莫友芝注，張劍、張燕嬰整理. 樗繭譜. 北京：中華書局，2017.

（清）朱彝尊選編，劉尚榮整理. 明詩綜. 北京：中華書局，2007.

涵芬樓藏版. 孤本元明雜劇. 北京：中國戲劇出版社，1958.

四庫全書存目叢書編纂委員會編. 四庫全書存目叢書. 濟南：齊魯書社，1995.

楊鐮主編. 全元詩. 北京：中華書局，1977.

參考文獻

顧學頡，王學奇. 元曲釋詞. 北京：中國社會科學出版社，1983.

胡紹文. 唐代文獻"槲""橄"異文考辨//漢語史研究集刊，第三十一輯. 成都：四川大學出版社，2021.

黃宜鳳. "不落夾（莢）"究竟何指. 古漢語研究，2007（3）.

蔣宗許，舒大剛. 蘇過詩文編年箋注. 北京：中華書局，2012.

蔣宗許，袁津琥，陳默. 蘇轍詩編年箋注. 北京：中華書局，2019.

景盛軒. 詞源叢札. 北京：商務印書館，2017.

李榮主編. 現代漢語方言大詞典. 南京：江蘇教育出版社，2002.

劉慶華. 滿族民間祭祀禮儀注釋. 沈陽：遼寧民族出版社，2013.

錢仲聯. 劍南詩稿校注. 上海：上海古籍出版社，2005.

汪儒瑯. 元曲釋詞拾遺. 內部刊行，1998.

王學奇，王靜竹. 宋金元明清曲辭通釋. 北京：語文出版社，2002.

徐沁君校點. 新校元刊雜劇三十種. 北京：中華書局，1980.

俞理明等. 歷代筆記小説俗語辭彙釋. 成都：四川大學出版社，2020.

Explaining of "Boluo（勃落）"

Chen Mo

Abstract：The word "Boluo（勃落）" appeared in the poems of Su guo and Lu you in the Song Dynasty. Since Zha Shenxing of the Qing Dynasty, the semantic meaning has not been very clear. This article is based on dialect examples of *"Erya Yishu"*（《爾雅義疏》），combined with literature from the Three dynasties of Yuan, Ming and Qing. Finally, we examined that the meaning of "Boluo（勃落）" is leaf of "live oak（槲樹）".

Keywords："Boluo（勃落）"；Buluo（不落）；Bulao（不老）

（陳默，四川大學文學與新聞學院、中國俗文化研究所）

"攏古攏"索源*

程亞恒

提　要："攏古攏"是朝鮮時代漢語教科書中出現的一個詞語，也抄作"攏具攏"或"攏俱攏"。依據語境推測，"攏古攏"當爲表示計量、估量數值範圍的總括副詞。從語音上看，"攏古攏"只是一個記音詞。從語音和意義的綜合情況來看，"攏古攏"應該是副詞"攏共攏（兒）"的記音詞。因爲"攏古攏"是朝鮮時代漢語教科書中出現的漢語副詞"攏共攏（兒）"的記音詞，所以中土文獻中不見"攏古攏"的蹤影。

關鍵詞：朝鮮時代；漢語教科書；攏古攏；攏共攏；記音詞

朝鮮時代漢語教科書是朝鮮半島最後一個王朝——"朝鮮王朝"時代使用的會話課本、韻書、字書以及辭書等各種類型的漢語教科書（參劉春蘭，2011：98）。這些教科書尤其是會話課本中，保存了大量當時朝鮮人學習漢語的口語詞。"攏古攏"就是《騎着一匹》《你呢貴姓》等會話課本中出現的一個口語化程度很高的副詞。從書寫形式來看，"攏古攏"也抄作"攏具（具）攏"或"攏俱（俱）攏"。①例如：

(1) 他們毛（帽）客這輄（趟）往邊口帶的帽包是<u>攏古攏</u>多小（少）？（《騎着一匹》）

(2) 他們帽客這塘（趟）往邊門口帶來的帽包是<u>攏具攏</u>多少啊？（《中華正音（騎着一匹）》）

(3) 他們帽客這塘（趟）往邊門口帶來的帽包是<u>攏俱攏</u>多少啊？（《中華正

---

* 基金項目：國家社科基金項目"瀕危赫哲語參考語法研究"（18BYY192）。《漢語史研究集刊》編輯部的審稿專家提出了寶貴的參考意見，此致謝忱！文中不妥之處與他人無關，概由作者負責。

① "具"是"具"的俗訛字，"俱"是"俱"的俗字。爲行文方便，下文直接將"攏具攏"和"攏俱攏"分別記作"攏具攏""攏俱攏"。

音（騎着一匹）》）①

(4) 上下家眷攏具攏多小（少）呀？（《你呢貴姓》）

從上面幾個句子來看，不管是"攏古攏""攏具攏"，還是"攏俱攏"，它們的區別僅在於書寫形式，而意義和用法則毫無疑問是相同的。不僅如此，從諺文的注音情況來看，還可以發現"攏古攏""攏具攏"和"攏俱攏"實際上是同一個詞的不同記音符號。日本濯足文庫藏本《中華正音（騎着一匹）》中，"攏俱攏"的"俱"注音是구，而該抄本的"自古以來再沒有比他清官""增錢費錢是古來常事"等句中"古"的諺文注音都是구；《你呢貴姓》中，"攏具攏"的諺文注音为"룽굴룽"，其中굴是구的兒化注音。這些情況都足以說明，《中華正音（騎着一匹）》及《你呢貴姓》等教科書的抄寫者是把"具""俱"和"古"視爲同音字的。由此我們可以確定，朝鮮時代漢語教科書中的"攏古攏""攏具攏"和"攏俱攏"實際上是同一個詞的不同記音形式，它們之間屬於同詞異寫。正因如此，爲行文方便，下文若非特殊需要，均以"攏古攏"來統括"攏古攏""攏具攏"和"攏俱攏"三種書寫形式。

關於"攏古攏"的意義和來源，汪維輝、朴在淵、姚偉嘉（2012：108）曾經做出過這樣的推測："無論是'攏'還是'弄'，'古'還是'具'，應該都只是記音字。雖然'攏古攏'在各種文獻中都不見蹤影，但我們推測，它或許就是現在牟平、揚州、烏魯木齊、太原等地表示'總共；總計'的'攏共'的一個方言變體。"

那麼，"攏古攏"究竟是不是一個記音詞？它是否又是副詞"攏共"的一個方言變體呢？它到底是怎麼來的？這是本文擬着重探討的問題。

我們同意用"總共、總計"來解釋"攏古攏"，我們也贊同把"攏古攏"定性爲記音詞的分析。不過，我們認爲把"攏古攏"處理成"攏共"的一個方言變體還不十分準確，關於"攏古攏"的來源問題還值得進一步探討。

按照我們的理解，方言變體和記音詞並非同一概念，二者之間雖然有交叉，但並不完全相同。比如"索性"一詞在清末民初的京味小說中常見寫作"所行"，有時也寫作"所興"，這"所行"和"所興"便是"索性"的記音詞，而非其方言變體；普通話的"冰凌"在今河南方言中叫"冰溜"，在東北官話中則稱爲"冰溜子"，這"冰溜"和"冰溜子"就是"冰凌"的方言變體，而不是"冰凌"的記音詞。再如，廈門話中有個名詞"屐"，音［kʻut］（參李榮，2002：5305），這個詞顯然是一個記音詞（coat 的音譯詞），但若把它視爲"外套"的方言變體顯然不大合適。因此，既認爲"攏古攏"是一個記音詞，又說它是一個方言變體，似乎有些

---

① 題名《中華正音（騎着一匹）》的會話課本有兩個抄本：韓國順天大學圖書館藏本和日本駒澤大學濯足文庫藏本。文中例(2)和例(3)分別引自這兩個抄本。

説不過去。更令人疑惑的是，如果把"攏古攏"視爲"攏共"的方言變體，那麽它們究竟存在或曾經存在於哪個方言區？爲什麽中土文獻中找不到用例？如果是記音詞的話，那麽它們記的又是哪個詞的音？是"攏共"嗎？顯然不大可能，因爲"攏共"是一個雙音詞，而"攏古攏"記錄的却是一個三音節詞語。況且，即便我們承認"攏古攏"和"攏共"之間有關係，恐怕這種關係也是間接的，而不是直接關係。

既然承認"攏古攏"是一個記音詞，那麽，我們不妨按照轉語理論的音近義通原則做出如下假設：在"攏古攏"和"攏共"之間存在一個過渡的銜接詞，這個銜接詞是在"攏共"的基礎上衍生出來的三音節詞語，它既與"攏共"的意義相同或相近，又與"攏古攏"的口語發音（即説話音）十分接近。如果這種假設成立，那麽"攏古攏"和"攏共"之間的這個銜接詞才是"攏共"實實在在的方言變體，它也正是"攏古攏"的本詞（所由轉之詞），而"攏古攏"則是這個銜接詞的記音詞。

究竟"攏古攏"和"攏共"之間存不存在一個語音上接近"攏古攏"、意義上與"攏共"相同（或相近）的三音節詞語呢？我們的答案是肯定的，這個銜接詞就是現代漢語方言中還在使用的副詞"攏共攏"。現代漢語方言中，"攏共攏"和"攏共"的意義十分接近。《漢語方言大詞典》："攏共攏：＜副＞總共。中原官話。江蘇徐州，山東曲阜。"（許寶華，［日］宮田一郎，1999：3202）《徐州方言志》："攏共攏——總共，一共。"（李申，1985：89）

從來源上看，"攏共攏"應該是以"攏共"爲基式，通過回環重疊手段構成的一個感情色彩和表達效果略異於"攏共"的多音節副詞。這一點從兩個副詞在文獻中的始見時間即可得到證明。"攏共攏"始見於清代中期（詳見後文），而"攏共"則至少在宋代就已經出現了。例如：

(5) 造牙脚帳之制：共高一丈五尺，廣三丈，内外攏共深八尺。（宋·李誡《營造法式》卷十《牙脚帳》）

(6) 造九脊小帳之制……廣八尺，内外攏共深四尺。（同上，《九脊小帳》）

非唯"攏共攏"，這種利用回環式重疊手段構成的三音節詞語（簡稱 ABA 式重疊詞）在清代中期以後至民初時期的文獻中是不稀見的。例如：

(7) 汝湘道："老太太們都在看牌，咱們不用都去，只要玉大爺再同一兩個上去，説探姐姐請看花作詩會，給衆人告個假。不用攏共攏擠作一堆。"（《紅樓復夢》第七十四回）

(8) 清語呀是咱們頭等頭要緊的事，就象漢人們各處的鄉談一樣，不會使得麽？《清文指要》）

(9) 史湘雲道："阿彌陀佛，冤枉冤哉！我要這樣，就立刻死了……"

(《紅樓夢》第三十二回)

(10) 只見蘭生往外面匆匆進來，説道："快别説閒話，還不去瞧瞧，老太太在那裏大動氣，<u>普裏普兒</u>都得了不是，你們還在這裏樂呢！"(《紅樓復夢》第五十七回)

(11) 給的時候，就是<u>勉强勉</u>掖給的。(《春阿氏》第一回)

(12) 哥兒幾個，<u>見天見</u>苦練一氣。(劍膽《張鐵漢》)

以上六例中，劃線部分都是以雙音詞 AB 爲基礎構成的 ABA 式重疊詞。例(7)的"攏共攏"是"全部"的意思；例(8)的"頭等頭"是"最"的意思；例(9)的"冤枉冤"是"非常冤枉"的意思（參林慧文，2004：206）；例(10)的"普裏普兒"是"全部"的意思（參拙文 2023）；例(11)的"勉强勉"是"極其勉强"的意思；例(12)的"見天見"是"見天、天天"的意思。

現代漢語普通話中罕見 ABA 式重疊副詞（充其量也只是在一些以官話方言爲母語的作家作品中偶爾出現），但在山東省中西部如濟南、滕州、臨清、博山、曲阜、陽谷、泰安、兖州等地的官話方言，以及陝西大同、浙江温州、青海湟源等地的方言中，ABA 式重疊副詞都有分布（楊文波，2016）。例如：

(13) 我看《放下你的鞭子》這一出街頭劇，在徐州前綫，在國內各地，以及到了馬來亞以後，看武漢合唱團及其他劇團所演的，<u>總共總</u>也有了十幾次的光景，但仔細比較起來，却覺得以這一次爲最出色。(郁達夫《看王女士等的演劇》)

(14) 説着説着，他的眼淚<u>馬上馬</u>掉了下來。(吕俊平《棗莊方言語法研究》)

(15) <u>眼看眼</u>就要考試了，他却生病了。(力量、張進《宿豫方言研究》)

(16) <u>裏外裏</u>：正反兩方面合起來。如，彪子車一到手，就出去蹲活兒，哪知……一百二十塊錢没掙到手還不算，還得掏腰包去醫院看肋條，頭一天<u>裏外裏</u>就花出去六百多……(王子光、王璟《細説北京話》)

(17) <u>壓根兒壓</u>：北京方言。也作"<u>軋根兒軋</u>"。同"壓根兒"，根本；從來（多用於否定句）……<u>壓根兒壓</u>就不吃肉。(尹世超《漢語"ABA/BAB"式構詞格探析》)

(18) <u>高低高</u>：徐州方言。高低，語氣更重；無論如何：我説不讓他去，他<u>高低高</u>要去。(同上)

(19) <u>冒得冒</u>：武漢方言。表示强調對"已然"的否定，意思是還要等待很長的時間：你想等他回來，他還<u>冒得冒</u>咧！(同上)

另外，筆者所熟悉的河南方言上蔡話中，這種 ABA 式重疊副詞也頗爲常用。

例如：

(20) 她保準保没給家。（她保準没在家）
(21) 一定一哩是他，錯不了。（一定是他，不會錯）
(22) 我確定確哩給哪兒見過她。（我確定在哪兒見過她）

可見，副詞"攏共攏"的使用絶對不是個例，它的出現是有一定語言基礎的。漢語中以 AB 式雙音詞爲基礎，通過疊加語素 A 構成 ABA 式三音節副詞的構詞法是客觀存在的，而"攏共攏"則是這種構詞法早期的産物。至於"攏共攏"的衍生機制，我們則認爲是一種回環式重疊修辭機制。

上文説過，"攮古攮"只是一個記音詞，它記録的是一個口語音爲 [nuŋ ku nuŋ] 的詞語，而這個説話音爲 [nuŋ ku nuŋ] 的詞語在中土文獻中並不以"攮古（具/俱）攮"的字樣出現，而是采用了另外一種書寫形式。成書時間跟《中華正音（騎着一匹）》《你呢貴姓》等漢語教科書相差無幾的清代小説《紅樓復夢》中有一個頻繁使用的副詞"攏共攏"，這個"攏共攏"其實就是"攮古（具/俱）攮"的本詞。

我們把"攏共攏"確定爲"攮古攮"的本詞，不僅出於語音和意義兩個方面的考慮，而且還可以找到一定的文獻書證和方言例證。

首先，從語音上看，"攮古攮"和"攏共攏"十分接近。汪維輝、朴在淵、姚偉嘉（2012）認爲"攮"與"弄"、"古"和"具"都是記音字，這是非常有見地的。岳輝、李無未（2007：32）曾經指出：根據朝鮮語頭音規則，來母ㄹ作第一個音節初聲（聲母）的時候，詞頭迴避ㄹ，皆發成娘母ㄴ，在母語語音規律的影響下，朝鮮人把聲母 [l] 誤讀爲 [n] 也就不足爲奇了。實際上，現代漢語方言中把聲母 [l] 讀/説爲 [n] 的情況並不少見，而朝鮮時代漢語教科書中來母字寫作娘母的情況也是有的。例如"張羅"寫作"撮挪"，"白賴"寫作"白迺"，"拉倒"寫作"拿倒"、"大亂子"寫作"大難子"等。可見，把"攮（弄）"視爲"攏"的記音字從聲母上來説是可靠的。至於"古"，則應該是"共"字脱落韻尾 [ŋ] 後的記音字，因爲丢掉輔音韻尾的現象在朝鮮時代漢語教科書和現代漢語方言中都是客觀存在的。朝鮮時代漢語教科書《騎着一匹》中的副詞"光"常見寫作"寡""燈籠"也寫作"燈樓"等，"寡""樓"應該分别是"光"和"籠"在方言中的記音字。北京話稱呼"夫妻倆"的用語"公母倆"也説成 [ku⁵⁵·məlia²¹⁴]（宋孝才，1987：236），[ku⁵⁵] 其實就是"公 [kuŋ⁵⁵]"脱落韻尾的音變記録。東北方音"棉花瓜兒"是由"棉花纊 [kuaŋ]"音變來的，把 [kuaŋ] 説成 [kuar] 是因爲"兒"化而脱落了韻尾 [ŋ]（孫常叙，2006：485—486）。大部分客家話指頭部的"頭那"實際上都是閩西上杭話稱"頭部"的詞語"頭囊"的音變，"囊"字丢掉 [ŋ] 韻尾

"攏古攏"索源 | 215

後音變爲［na］；惠陽腔客家話中表示手指、脚趾凍僵了的狀態動詞叫作［kia¹］，這個［kia¹］其實就是"僵"字脱落韻尾的音變結果（劉鎮發，2018：151）。温州話的甌語中，"唐"韻、"江"韻、"陽"韻韻尾脱落，"鋼江腔槍"等字都不帶鼻音韻尾（沈克成，2015：16）。甘於恩（2010：53）指出，粵語的"鼻哥窿"，在梅縣等客家話中則是"鼻公窿"，據此可以證明粵語中身體器官名稱後的"哥"原來很可能是泛性詞尾"公"，是由"公"脱落韻尾而來的，"哥"只不過是"公"的另一種語音變異形式罷了。類似的情況還有不少，無需一一舉例。總之，這些情況可以爲我們提供一種方言記音字"古"是"共"脱落韻尾［ŋ］的音變結果的可能。另外，朝鮮時代漢語教科書中把"一股腦兒"寫作"一共老兒"的現象也説明了朝鮮人學習漢語時存在［ku］和［kuŋ］二音相混的情況。

因此，把"攏古攏"視爲"攏共攏"的記音詞從語音上是完全講得通的。這裏補充一點，會話課本《騎着一匹》中的"攏古攏"原抄作"攏ㄹ攏"，ㄹ是諺文ㄹ，ᅟ則是兒化符號，這個"攏ㄹ攏"應該是"攏共攏兒"的記音詞，只是把兒化音記在"共"上了（《你呢貴姓》中"攏具攏"的諺文注音"룽굴룽"就是把兒化音記在了中間的音節굴上的）。

其次，從意義上看，"攏共攏"有一個意義與上文的"攏古攏"是相同的。例如：

（23）趙禄道："哥兒派了奴才同徐忠兩個給賈太太修理房屋，連裝修、翻蓋、油漆，攏共攏兒花了一萬一千兩銀子，裱糊在外……"（《紅樓復夢》第五十回）

（24）李紈道："我有個公論：大家彼此公賀兩天，人人都要派分：三鼎甲合傳臚分四回請人；各太史或數人一回，又分作四天。攏共攏兒有十回酒席，盡够鬧了。"（《紅樓幻夢》第二十一回）

顯然，例（23）（24）中的"攏共攏兒"和上文的"攏古攏"意思是一樣的，都是表達數量的總體範圍，相當於總括副詞"總共、總計"。而上例（1）至例（4）中的"攏古（具/俱）攏"也都可以用"攏共攏（兒）"替換且句意不變。

第三，從出現時間來看，"攏共攏"似乎比"攏古攏"略微早了一點，但也基本上是同一時期。大約成書於清代嘉慶年間（約1799年）的小説《紅樓復夢》中，共出現了71例"攏共攏（兒）"，成書於清代道光二十三年（1843年）的《紅樓幻夢》中也出現了4例"攏共攏（兒）"[①]；"攏具攏"則出現在道光四年（1824年）

[①] "攏共攏"經常兒化爲"攏共攏兒"，《紅樓復夢》的71例"攏共攏"中，有70例作"攏共攏兒"，《紅樓幻夢》的4例則全部兒化作"攏共攏兒"。

抄定的順天本《中華正音（騎着一匹）》及19世紀後期成書的《你呢貴姓》中①，而"攏共攏"在道光六年（1826年）的藏書閣本《騎着一匹》中也出現了。汪維輝等推測《騎着一匹》大約成書於1800年前後，雖然可以把"攏共攏"一詞出現的時間提前一些，但這個時間也沒有溢出清代後期的上限。所以說，"攏共攏"和"攏古攏"都是可見於清代後期文獻的詞語，只是後者僅見於域外漢籍而已。

最後，從現代漢語方言的使用情況來看，不少方言點如山東兗州、滕州、濟寧、郯城、微山、安徽五河、蕭縣、濉溪、池州、江蘇鎮江、徐州、宿遷、河南上蔡等都依然在使用副詞"攏共攏"。例如：

(25) 我口袋裏攏共攏就剩五毛錢。（李申《徐州方言志》）

(26) 今年子麥子的產量雪低，兩畝地攏共攏也沒收到八百斤。（高婷婷2012）

(27) 攏共攏沒花到50塊錢。（姚文2011）

(28) 你這攏共攏才多些錢？（雷冬平、胡麗珍2016）

(29) 就是撐死了，我算你家產攏共攏也不到二十萬。（王光漢《廬州方言考釋》）

(30) 沈韻秋那出《連環套》，很有名氣，可是後輩林總，非學楊小樓，即學李吉瑞，三十年來，攏共攏只有一個人學他，學得著實有分寸，是常春恒。（朱瘦竹《修竹廬劇話》）

上例（25）是江蘇徐州方言，例（26）是江蘇鎮江方言，例（27）是山東滕州方言，例（28）是山東兗州方言，例（29）是安徽廬州（合肥）方言。例（30）來自文人作品，作者是江西金溪人，而金溪話本質上屬於贛語的撫州片。顯然，這些"攏共攏"也都是"總共、總計"的意思。

筆者所熟悉的河南方言上蔡話中，"攏共攏"曾經也是一個常用的口語詞。而且"攏共攏"後面還經常出現助詞"哩"，說話音爲［nuŋ³³·ku nuŋ²¹³·li］，"攏共攏"的發音聽起來與"農古農"近似，這個發音與諺文的"ᄂᆞᆼ구ᄂᆞᆼ"十分接近。例如：

(31) 真是稀巴爛賤，一車子白菜攏共攏哩賣來五十多塊錢。（真是不值錢，一車白菜總共才賣了五十多塊錢）

(32) 這個□［tsuɐr］不大，攏共攏哩才二百多口兒人。（這個村莊不大，總共才二百多人）

---

① 關於《你呢貴姓》的成書時間，請參看何亞南、蘇恩希《試論〈你呢貴姓（學清）〉的語料價值》，《南京師大學報》2007年第2期，第155頁。

可見，朝鮮時代漢語教科書中的"攏古（具/俱）攏"實際上是中土文獻中副詞"攏共攏（兒）"的記音詞，它是一個表計量、估量結果的總括副詞。從"攏共攏"在文獻與口語中的出現情況來看，它主要分布在江淮官話、冀魯官話、中原官話等官話區，甚至連贛語撫州片也曾經使用過。因爲"攏古攏"是當時的朝鮮人學習漢語時的記音詞，而漢語則統統寫作"攏共攏（兒）"，所以出現了"攏古攏"在朝鮮時代漢語教科書中偶有用例，而在中土文獻中却找不到蹤影的局面。

參考文獻

程亞恒. 副詞"哺哩"的蒙古語來源及相關問題. 民族語文，2023（2）.
甘於恩. 廣東四邑方言語法研究. 廣州：暨南大學出版社，2010.
高婷婷. 鎮江方言語法研究. 南京大學碩士學位論文，2012.
何亞南，蘇恩希. 試論《你呢貴姓（學清）》的語料價值. 南京師大學報，2007（2）.
楊文波. 山東兗州方言"ABA"式重疊副詞初探. 語言學論叢（第53輯），2016（01）.
李榮. 現代漢語方言大詞典（第五卷）. 南京：江蘇教育出版社，2002.
李申. 徐州方言志. 北京：語文出版社，1985.
林慧文. 惠州方言俗語評析. 北京：中國文聯出版社，2004.
劉春蘭. 朝鮮時代漢語教科書研究綜述. 漢語學習，2011（2）.
劉鎮發. 再論客家話的文白異讀//客家方言調查研究：第十二屆客家方言學術研討會論文集. 廣州：中山大學出版社，2018.
沈克成. 甌語音系. 寧波：寧波出版社，2015.
宋孝才. 北京話語辭彙釋. 北京：北京語言學院出版社，1987.
孫常敘. 漢語辭彙. 北京：商務印書館，2006.
汪維輝，[韓]朴在淵，姚偉嘉. 會話書"《騎着一匹》系列"研究//中文學術前沿（第5輯），杭州：浙江大學出版社，2012.
汪維輝，[日]遠藤光曉，[韓]朴在淵，[日]竹越孝. 朝鮮時代漢語教科書叢刊續編. 北京：中華書局，2011.
許寶華，[日]宫田一郎. 漢語方言大詞典. 北京：中華書局，1999.
楊端志. 訓詁學. 濟南：山東文藝出版社，1986.
姚文. 山東滕州方言副詞與普通話副詞的比較研究. 湖南師範大學碩士學位論文，2011.
岳輝，李無未. 19世紀朝鮮漢語教科書語言的干擾. 民族語文，2007（5）.
張美蘭，劉曼.《清文指要》彙校與語言研究. 上海：上海教育出版社，2013.

Searching for the Source of the Word "Nanggunang（攮古攮）"

Cheng Yaheng

Abstract："Nanggunang（攮古攮）" is a word in Chinese textbooks of North

Korea times, which is also copied as "Nangjunang（攮具攮）" or "Nangjunang（攮俱攮）". According to the context, the word "Nanggunang（攮古攮）" ought to belong to this kind of adverb of measuring number, range or blanket. From the voice, we can think the "Nanggunang（攮古攮）" is only a word of recording the pronunciation of the word. From the comprehensive situation of pronunciation and meaning, "Nanggunang（攮古攮）" ought to be a word of recording the pronunciation of the word "Longgonglong（攏共攏）". Because the recording pronunciation word of "Nanggunang（攮古攮）" is only appeared in Chinese textbooks of North Korea times, we can't see it in Chinese literature.

Keywords：North Korea times; Chinese textbooks; "Nanggunang（攮古攮）"; "Longgonglong（攏共攏）"; recording pronunciation word

（程亞恒，九江學院廬山文化研究中心、文學院）

《漢語大字典》修訂專欄

宋本《玉篇》疑難注音考證舉例

——以《漢語大字典》所收宋本《玉篇》注音爲例[*]

吕　炫

提　要：論文利用形音義互求法，結合中古時期的字書、韻書、音義書對宋本《玉篇》中13個讀音與聲符不同的疑難注音進行考證、分析，發現"尥、嶊、闦"3字是注音用字訛誤導致的疑難讀音，"垸、晵、衍、砳、涪、岇"6字是字形訛誤導致的疑難讀音，"忍、嬉"2字是保留古音導致的疑難讀音，"塲、炒"2字是字際關係不明導致的疑難讀音。梳理這些疑難注音對修訂《漢語大字典》有積極意義。

關鍵詞：宋本《玉篇》；疑難注音；《漢語大字典》；音義匹配

《大廣益會玉篇》（簡稱宋本《玉篇》）中所載疑難注音種類衆多，本文所討論的疑難注音主要指那些與形聲字聲符不相諧的特殊注音。這類字頭的音義關係複雜，正確認識這些疑難注音對漢語史研究以及現代辭書編纂都有積極意義。

儘管如胡吉宣（1989）、蔡夢麒（2004、2005）等學者已系統研究過宋本《玉篇》的音義關係，但囿於早期文獻不足等因素，宋本《玉篇》中仍存留了許多疑難注音未得到妥善解釋。主要表現爲《漢語大字典》（簡稱《大字典》）等現代大型辭書對宋本《玉篇》疑難注音未加審定而直接采用，從而致使疑難問題被延續。本文擷取宋本《玉篇》疑難注音數條，在已有研究成果的基礎上，結合中古時期字書、韻書、音義書以及相關寫本文獻對其進行考證、分析，並歸納導致疑難注音的原因。希望對宋本《玉篇》的整理、研究以及現代大型辭書的修訂工作有所補益。不當之處，請方家賜教。

---

[*] 基金項目：國家社科基金重大項目"歷代大型字書傳承與發展研究"（23&ZD313），教育部人文社科青年項目"演變－接觸視角下的普通話例外音變研究"（24YJC740064）。

一、注音用字訛誤，致使構成疑難讀音

宋本《玉篇》中有一些字頭的注音用字發生了訛誤，致使據注音用字折合的讀音與實際讀音脫離關係，這需要通過重新審視注音用字的是非，進而確定字頭的形音義關係。例如：

【尣】

《玉篇·尢部》："尣，於干切。辛苦行不得皃。"（102 頁右上）①

"尣"字，《說文解字》（簡稱《說文》）《篆隸萬象名義》（簡稱《名義》）《廣韻》《集韻》皆未收，此字位於部末，應是宋本《玉篇》新增字。此字注"於干切"，音韻地位爲影母寒韻，與聲符字"斗"（端母厚韻）的聲韻調皆不同。胡吉宣（1989：4136）認爲"尣原譌從斗作尣，今依《集韻·寒韻》正。然實爲尣之訛分字。"胡氏從釋義的角度對此二字加以論證。"尣"字見於《說文》，釋義爲"股尣也"，徐鍇《說文解字繫傳》謂："股曲也"（205 頁）。段玉裁《說文解字注》："尣之言紆也。紆者，詘也。"（495 頁）胡吉宣認爲"股曲"即"股曲庆病"，並認爲"（此病）行則于于然艱緩。故爲辛苦行不得皃。《太玄經》：'白舌于于。'注云：'于于，多難之皃。'是其義也。""尣"是否爲"股曲庆病"難以定奪，但以"于于"有"多難之皃"之義作爲旁證可以解釋"尣"字"辛苦行不得皃"的成因。故胡吉宣所證釋義關係可信，即"尣"當以"尣"的音義爲本。

另外，從字形、字音角度也可以證明胡吉宣之說。字形方面，"斗、于"形近，二者作部件有通用之例，如《廣韻·寒韻》古寒切："尣，尣服。"（34 頁）蔡夢麒（2021：271）校釋："龍宇純認爲尣係尣之訛字，此條當刪。《說文》允部：'尣，股尣也。'服，周祖謨認爲當依刻本韻書殘卷、《集韻》改作股字。"字音方面，"尣"字，各字書、韻書注音皆在虞韻，"于"亦在虞韻，而宋本《玉篇》"尣"的切下字"干"與"于"形近。除"尣"外，宋本《玉篇》中還有"干、于"混用的例子，如《玉篇·交部》："交，火干切。古盱（盰）字。"（101 頁）切下字爲"干"，而《名義·交部》："交，休俱反。舉眼。"（214 頁）切下字爲"俱"。"俱"在虞韻，"干"在寒韻，依《名義》注音來看，此字當在虞韻而非寒韻。因此，宋本《玉篇》"交"字"火干切"當爲"火于切"之誤。

由上述字形、字音、字義的梳理來看，宋本《玉篇》"尣"字"於干切"當爲"於于切"之誤。後代字韻書未審而承襲其誤，實爲不妥。如《校訂五音集韻·寒韻》烏寒切："尣，辛苦行不得皃。"（45 頁）《大字典》（598 頁）依宋本《玉篇》

---

① 文中引文後的數字爲文獻頁碼。各文獻所用版本見引用書目。

"於干切"注 ān，亦誤。應改注作 yū，並勾連"尪、尪"二字的異體關係。

【巏】

《玉篇·山部》："巏，巨角切。山名。"（103 頁左上）

"巏"字，《說文》《名義》《廣韻》《集韻》等皆未收，從其在宋本《玉篇》中所處的位置來看，應是宋本《玉篇》新增字。此字注"巨角切"，音韻地位爲羣母覺韻，與聲符字"霍"（曉母鐸韻）的聲韻俱不同。胡吉宣（1989：4201）認爲："（巏）即南岳霍山。巨當爲虗。"《爾雅·釋山》："霍山爲南岳。"（2618 頁）[①] 後人爲使字形顯義而新造"巏"字。但胡氏未對"巨當爲虗"加以解釋，而"巨、虗"字形差異較大，故此字的注音仍值得進一步研究。

(1) "虗"與"虞"形近，而"虞"與"巨"爲同音通假關係，故"巨當爲虗"

現存文獻中有"虞、巨"構成異文關係的用例。如《詩·大雅·靈臺》："虞業維樅，賁鼓維鏞。"（525 頁）《說文·丵部》"業"字引之曰："巨業維樅。"（53 頁）此二字形異而音同，《廣韻》"虞"與"巨"皆注"其呂切"（74 頁），爲羣母語韻，故二者應是同音通假而構成的異文關係。另外，還有以"巨"作爲"虞"的直音用字的例證，如《晉書·帝紀第二》："設鍾虞宮懸，位在燕王上。"何超《音義》："虞，音巨。"（3223 頁）[②] 而"虞"與"虗"爲形近關係。因此，胡吉宣"巨當爲虗"之說無誤，不過"虗"誤作"巨"的中間環節是"虞、巨"有同音通假的關係存在，即切上字先由"虗"訛作"虞"，再由"虞"訛作"巨"。

(2) 切下字"角"反映了覺、鐸二韻合流的現象

"霍"字，中古時期各字書、韻書皆注曉母鐸韻，而"巏，巨（虗）角切"的音韻地位爲曉母覺韻，與其仍有韻類之別。蔣冀騁（2021：70）根據晚唐五代詩歌用韻系聯、分析得出："反切音系覺、江兩韻獨立，詩歌用韻覺歸藥、鐸，江歸陽、唐。"說明"虗角切"和"虗郭切"（"霍"字的反切）的實際音值相同。《玉篇》修訂者以"角"作切下字反映了晚唐五代時期實際口語中覺、鐸二韻合流的現象。

綜上所述，《大字典》（833 頁）"巏"字依《玉篇》"巨角切"注 jué 不可取，注 huò 一音即可。

【匊】

《玉篇·勹部》："匊，音州。又音歡。"（129 頁右下）

"匊"字，《說文》《名義》《廣韻》《集韻》等皆未收，應爲宋本《玉篇》新增

[①] 文中《爾雅》《詩經》《周禮》等皆引自上海古籍出版社影印本《十三經注疏》。
[②] 何超《晉書音義》收於《晉書》文末。

字。此字有音無義，注"州、歡"二音。"州、歡"二音聲韻皆不同，其中"歡"與部件"藋"音近，故其注"音歡"容易理解。"音州"與部件"藋"的讀音差異較大，故此音的來源需作進一步解釋。

從音義關係來看，直音用字"州"應是"丱"字之誤。"州"與"丱"爲形近關係，"丱"，《名義》《王二》《廣韻》皆注"古患切"，見母合口諫韻。而"蜀"字的聲符"藋"的中古音韻地位爲見母合口換韻。按蔣冀騁（2021：70）依據晚唐五代詩歌用韻繫聯的結果來看，晚唐五代時期，"元、寒、桓、删、山、仙、先（以平概上、去）一部"，則"丱"與"藋"的實際音值相同。故"音丱"是"蜀"字讀聲符音的表現。"丱"，《廣韻》釋義作"鬟角也，幼稚也"，在現代漢語中爲生僻字，但在中古時期並不少見，《新唐書·三宗諸子·許王素節》："方羈丱，即誦書日千言。"（3587頁）宋曾鞏《曾鞏集·張文叔文集序》："八九歲，未丱，始讀書就筆硯。"（213頁）且由於此字筆畫簡單，《玉篇》修訂者即以"丱"作爲"蜀"字的直音用字。

綜上所述，"蜀"字的首音當爲"丱"而非"州"。《大字典》（288頁）"蜀"字依《玉篇》"音州"注 zhōu，實爲不妥。應據首音"丱"注作 guàn。

二、字頭形體訛誤，致使構成疑難讀音

宋本《玉篇》中有部分字頭發生了形體訛誤，致使其讀音與變形後的聲符讀音脫節，這需要重新審視字頭讀音與聲符之間的關係，並對其中所發生的形體變化進行解釋。例如：

【垸】

《玉篇·土部》："垸，烏弄切。垸，牆也。"（8頁右下）

"垸"字，現代辭書統一轉寫作"垸"，此字《說文》《名義》《廣韻》皆未收，《集韻》收"垸"字，注"徒外切"，作"牆墮也"解，與宋本《玉篇》"垸"字形音義不合。此字，宋本《玉篇》注"烏弄切"，音韻地位爲影母送韻，與"垸"字聲符"兑"不同，因此，不當與"垸"字合併。從音義關係來看，宋本《玉篇》"垸"當爲"墾"字的形近訛誤字。《龍龕手鑒·土部》："墾，烏弄切。牆也。垸，同上。"（166頁）①"瓮"字的義符"瓦"易寫作"凡"進而與"允"相混，敦煌寫本文獻中有此例，如 瓮瓮（字形見黃征 2005：426－427）。因此，"垸"字當爲"墾"字的形近訛誤字。"墾"作"牆"解應即"瓮"字，又作"甕"字。宋曾公亮

---

① 此條引自朝鮮本《龍龕手鑒》，該書由日本國立公文書館内閣文庫所藏。其餘《龍龕手鏡》語料引自高麗本。

《武經總要·守城》："城外甕城，或圓或方，視地形爲之，高厚與城等。"（該例引自《漢語大詞典》第 6752 頁）"甕城"又作"瓮城"，皆喻指城墻。

《大字典》（479 頁）將其與"垸"合併，則使其聲符與實際讀音脫離，實爲不妥。建議將二字分離，且垸字保留從土允聲的字形，並將其與"墧"字關聯。

【哲】

《玉篇·口部》："哲，火夬、胡割二切。息也。"（26 頁左上）

"哲"字，從字形看，可拆分作"听、口"或"口、舌"兩個部件，但無論是從"听"（疑母隱韻）得聲還是從"舌"（知母薛韻）[1] 得聲，都與"火夬、胡割二切"音韻地位差別較大。胡吉宣（1989：1014）認爲："哲當爲咶，形之誤也。……咶隸作舌，原本蓋以咶爲咶重文。"胡吉宣從字形的角度論證"哲"與"咶""舌"的關係。而從注音角度來看，該說同樣成立。

宋本《玉篇》未收"咶"字，《名義·口部》："咶，火夬反，息。"（45 頁）《廣雅·釋詁二》："咶，息也。"（50 頁）曹憲《博雅音》："咶，虎夬（反）。"（397 頁）[2] 皆與宋本《玉篇》"哲"字首音"火夬切"的音韻地位相同。"咶"字，《刊謬補缺切韻》（簡稱《王三》）收"火夬、下刮二反"，其中"下刮反"的音韻地位爲匣母鎋韻，"哲"字"胡割切"的音韻地位爲匣母曷韻，按蔣冀騁（2021：70）據晚唐五代詩歌用韻係聯的結果顯示，晚唐五代時期"詩歌用韻真、諄、文、欣、魂一部，元、寒、桓、刪、山、仙、先一部，共分兩部。其入聲變化相同。"鎋、曷二韻分別爲山、寒二韻的入聲韻，故《王三》"咶"的"下刮反"與宋本《玉篇》"哲"的"胡割切"爲音同關係。根據宋本《玉篇》無"咶"字，而"哲"與《王三》"咶"音義完全相同的情況來看，宋本《玉篇》的"哲"字即《王三》的"咶"字。

《大字典》（680 頁）"哲"字依"胡割切"注 hé，而捨棄首音"火夬切"實爲不妥。應據"哲"與"咶"的異體關係注作 huài。

【㣚】

《玉篇·彳部》："㣚，古禮切。行。"（47 頁左下）

"㣚"字，《說文》《名義》《廣韻》《集韻》皆未收，應爲宋本《玉篇》新增字。此字注"古禮切"，音韻地位爲見母薺韻，《廣韻》音系無此音節。且此音與聲符字"开"的讀音差別較大。因此，此字值得進一步研究。

從形音義關係來看，"㣚"字很可能是"迊"字的異體字。"彳"作義符可與

---

[1] 《玉篇》無"舌"字，《集韻》注"陟列切"，音韻地位爲知母薛韻。
[2] 《廣雅》和《博雅音》皆引自中華書局影印本《廣雅疏證》。

"辶"通用,如"他"又可作"迪"(胡吉宣,1989:2027),故"䢌"具備寫作"迊"字的可能。《玉篇》未收"迊"字,《字彙補·辵部》:"迊,《九經考異》云:《詩》'往近王舅。'楊慎近作迊,一作迊。"(221 頁)"迊、迊"爲形近關係。《説文·辵部》:"迊,古之遒人,以木鐸記詩言。從辵,從丌,丌亦聲。讀與記同。"(94 頁)徐鍇《繫傳》:"臣鍇按:《尚書》《春秋左傳》皆曰:'每歲仲春,遒人以木鐸徇于路以求詩言。'行而求之,故從辵;辵,行也,丌也。丌,薦而進之也,進之於上也;會意,故曰亦聲。"(89 頁)故"迊"有"行走"義,與"䢌"義同。且"迊"讀與"記"同,徐鉉注"居吏切",爲見母志韻。唐五代時期,西北方言中有部分之、齊混用例,但尚未實現合流(蔣冀騁,2021:84—85),到北宋時期,之、齊已合流(蔣冀騁,2021:148)。因此,"䢌"字所注"古禮切"與"迊"字所注"居吏切"爲音近關係,二者僅聲調略有差別。

因此,"䢌"與"迊"形音義契合,説明"䢌"當爲"迊"字的異體字。《大字典》(875 頁)未明確二字關係,宜補。

【㳓㴍】

《玉篇·冫部》:"㳓㴍,上彼孕切。下匹孕切。飛聲。"(93 頁左上)

"㳓、㴍"二字,《説文》《名義》《廣韻》《集韻》皆未收,應爲宋本《玉篇》新增字。此二字的讀音皆與聲符"石、咅"的聲韻調差異較大。① 胡吉宣(1989:3868)認爲:"'㳓'疑與'砯'同。《石部》後增字:'砯,水擊石聲。'字從石冰聲,與㳓同體。……㳓非飛聲,應刪。"熊加全(2020:191—192)據《正字通·冫部》"㳓無飛義,音訓並非"以及李善注《文選·郭璞〈江賦〉》"砯巖鼓作"曰"砯,水擊巖之聲也"認爲"'㳓'即'砯'通過偏旁易位而形成的異體字"。不過,胡吉宣和熊加全皆爲未對"砯"在《玉篇》《廣韻》中讀去聲,而"㳓"作爲其異體字讀作平聲的差異進行解釋。因此,"㳓、㴍"二字的注音問題仍值得進一步研究。依文獻用例以及胡、熊的分析來看,"砯、㳓、㴍"皆爲擬聲詞,故其音義匹配關係不如其他實詞的音義匹配關係那麼緊密。正如物體撞擊聲"嘭",在日常交際中可念平聲 pēng,爲了凸顯出撞擊聲音的劇烈程度也可念去聲 pèng。《玉篇》將"砯"字注平聲,而"㳓、㴍"二字注去聲或許就是這個緣故。而正如"嘭"讀去聲有凸顯撞擊聲音的劇烈程度之義,"㳓"讀去聲作"飛聲"解的具體內容可能是"水擊石頭時飛濺的聲音",即通過變調的方式凸顯撞擊聲音之大以及撞擊強度之深。因此,《正字通》和胡吉宣之説未必可靠。

雖然《大字典》(325 頁、329 頁)"㳓、㴍"二字的注音無誤,但未明示"㳓、

---

① 按胡吉宣之説"㳓"當爲從石冰聲,《玉篇》將"㳓"收於"冫"部説明修訂者已將"石"看作聲符或次要義符,爲了討論之便,此處將"石"作聲符看待。

砼"間的關係，使得字頭讀音與聲符脫節，宜補。

【屻】

《玉篇·山部》："屻，牛仲切。山。"（103 頁右下）

"屻"字，《說文》《名義》《廣韻》《集韻》皆未收，應爲宋本《玉篇》新增字。現存文獻未見此字用例，且由於此字釋義過於簡略，故其源頭恐難確定。不過，此字的注音值得進一步研究。

從字形、字音關係來看，字頭形體應是"岇"，且反切應是"中仲切"。字形方面，"牛"與"中"爲形近關係，宋本《玉篇》有混淆"牛、中"的用例，如《玉篇·隹部》："雔，人中切。人姓也。"（115 頁）此字，《名義》注音爲"人牛反"（247 頁），《集韻》注音爲"而由切"（77 頁），《龍龕手鏡》注音爲"音柔"（149 頁），以上諸注音皆在尤韻，足見宋本《玉篇》"人中切"當爲"人牛切"之誤。注音方面，宋本《玉篇》中所收 4 個"牛"聲符字中，僅"屻"在送韻（切下字"仲"屬送韻），其餘如"牪，魚丘切"（68 頁）"汼，魚休切"（91 頁）皆在尤韻，"吽，同吼，呼垢切"（26 頁）在厚韻，皆屬流攝。中古音系中，流攝與通攝多不相通，故從"牛"得聲而讀送韻不可靠。而從"中"得聲讀"中仲切"則聲韻調俱合。

現存中古時期文獻中有"岇"字的用例，如《四聲篇海·山部》："岇，牛仲切，山名。"（437 頁）不過從音義內容來看，《四聲篇海》應是受到了宋本《玉篇》或宋本《玉篇》某個底本的影響。但這足以說明在修訂宋本《玉篇》時，社會上已有"岇"字的使用事實。

後代字書多未審"屻，牛仲切"的形音匹配關係，而直接引用《玉篇》的內容，故誤。如《字彙·山部》："屻，牛仲切，顒去聲。山也。"（125 頁）《康熙字典·山部》："屻，《玉篇》'牛仲切'，顒去聲。《正字通》'訛字'。"（263 頁）

《大字典》（788 頁）"屻"字依《玉篇》"牛仲切"注 yòng 不可取，應注 zhòng，並勾連"屻、岇"的字際關係，且將"岇"字（788 頁）注音也改作 zhòng。

三、字頭保留古音，致使構成疑難讀音

宋本《玉篇》中有部分字頭因保存了古音而使得其讀音與聲符字音不同，這需要從語音演變的角度去審視實際讀音與聲符字音之間的關係。例如：

【㫐】

《玉篇·冫部》："㫐，奴典切。惡酒也。"（93 頁左上）

"𣵀"字,《説文》《名義》《廣韻》《集韻》等皆未收,胡吉宣(1989:3867)曰:"《廣韻》《集韻》並止有浼涊,而無浼涊。典籍亦皆爲浼涊,蓋訛分字。以其形近而義又相涉,故偏旁變水爲冫。"其説可信,"涊"當由"涊"訛變而來。不過,胡吉宣並未解釋此字從"忍"得聲而讀"奴典切"(泥母銑韻)的原因,故有必要作進一步解釋。

"涊"字讀銑韻應該是連綿詞和古音共同影響的結果。從歷史語音角度來看,中古先韻的來源豐富,有古寒部、真部、元部三個來源。按王力(2014:102、154)係聯的結果顯示,兩漢時期,原屬上古文部的中古文韻轉移至真部,魏晉南北朝時期,部分真部與部分元部合流進仙部,而《廣韻》音系中的先韻即屬來源於魏晉南北朝的仙部。雖然,從"刃"得聲的字主流演變路徑是由上古文部演變至中古真韻,但從中古先韻的演變路徑來看,中古真韻和中古先韻在六朝以前有音值相同的階段,故從"刃"得聲的字具備讀銑韻的可能。不過,相對於語音演變路徑來看,連綿詞的使用可能是"涊"字讀入銑韻的直接原因。"浼涊"爲疊韻連綿詞,《楚辭·劉向〈九歎·惜賢〉》"切浼涊之流俗",陸機《文賦》"故浼涊而不鮮",《廣雅·釋訓》"浼涊,垢濁也"皆爲其證。"浼"字,各字書、韻書皆注銑韻,故"涊"隨之讀入銑韻。

因此,"涊、𣵀"字從"忍"得聲而讀銑韻是部分上古文部向中古先韻演變的有力證據。

《大字典》(327頁)"涊"字依《玉篇》"奴典切"注 niǎn 本無誤,但該字未勾連"涊、𣵀"二者的異體關係,宜補。

【嬉】

《玉篇·山部》:"嬉,於巳(已)切。山。"(103頁左上)

"嬉"字,《説文》《名義》《廣韻》《集韻》等皆未收,從其在宋本《玉篇》中所處的位置來看,應是宋本《玉篇》新增字。此字注音"於已切",音韻地位爲影母止韻。此音與聲符字"喜"的中古音韻地位差異較大,需作進一步分析。

從歷史文獻和語音演變規律來看,"於已切"可能是"于已切"之誤。《廣韻聲系》中有"欥"字讀"於几切",《王三》《廣韻》皆注此音。"欥"爲"喜"字的古文,大小徐本《説文》皆記"喜"字古文作"歖",曰:"古文喜從欠。"段玉裁將其古文改作"欥",並認爲"蓋古文作欥,轉寫誤耳。""欥、歖"二字皆見於現存出土文獻,且皆用作"矣"。如郭店楚簡《唐虞之道》:"聖道備歖。"上博藏五《弟子問》:"汝能慎始與終,斯善歖,爲君子乎?"(例見劉信芳,2011:73)① 此"歖"

---

① 引用時除"歖、欥"二字外,其餘皆采用劉信芳所考證的本字。

與"歖"皆作句末語氣詞,與"矣"相通。古音"喜"在曉紐之部,"矣"在匣紐之部,曉、匣音近,故"歖、欸、矣"可通。《王二》《王三》《廣韻》皆注"矣"爲"于紀切",音韻地位爲云母止韻。中古時期,之、脂二韻合流,故"欸"與"矣"的實際韻類相同。而"欸"注影母,"矣"注云母應是"于、於"二字多混用的結果。古籍"于、於"通用已是常見之事,無需多加論證,而字書中"于、於"混用也有迹可循。如《名義·矢部》:"矣,於紀反。止。"(166頁)宋本《玉篇》記作"諧几切"(80頁),按歷史文獻用例和語音演變規律,"矣"當在匣母,《名義》切上字作"於"即是"于、於"混同的表現。因此,有理由推測"嬉"字的"於已切"應爲"于已切"之誤。而從喜得聲的"嬉"讀云母止韻應是古音"喜、歖、欸、矣"相通的表現。

雖然"於已切"與"于已切"今讀皆作 yǐ,但二者中古聲類有別,且宋本《玉篇》成書時影、云二母並未合併,因此有必要予以糾正。

綜上所述,《大字典》(823頁)"嬉"直接采用《玉篇》"於已切"不妥,宜改作"于已切"。

四、字際關係不明,致使構成疑難讀音

宋本《玉篇》中有部分字頭的讀音與聲符字讀音爲相近關係,這些字頭往往與另一個常用字爲異體關係,正確地梳理這些字頭與常用字形間的異體關係對理解其疑難讀音有積極意義。例如:

【塙】

《玉篇·土部》:"塙,計堯切。伏土爲卵也。"(8頁左下)

"塙"字,《説文》《名義》《廣韻》《集韻》皆未收,應爲宋本《玉篇》新增字。從音義關係來看,"塙"字或爲"蟜"字的異體字。

字形方面,草書中,部件"虫"易與部件"土"混同,如"蛇"字,唐孫過庭《書譜》作"北",唐懷素《自敘帖》作"蛇";"蟠"字,唐孫過庭《景福殿賦》作"蛙"(字形見孫儁2012:576、578)。從"虫、土"在草書中的形近關係來看,"塙"具備與"蟜"形近的可能。注音方面,宋本《玉篇》中,"塙"字注"計堯切","蟜"字注"古幺切",皆爲見母蕭韻,故二者爲音同關係。釋義方面,"塙"字釋義爲"伏土爲卵也",即趴在地上生蛋的意思,其主語當爲某種卵生動物。"蟜"字,《玉篇》釋義爲"水蟲",釋義不明,《廣韻·蕭韻》釋義作"水蟲,似蛇,四足,能害人也"(40頁)亦未與"塙"字形成直接關聯。《正字通·虫部》:"蟜,居宵切。音驕。《通雅》曰:'蟜即蛟也。'《類書》云:'蛇與雉交生子,曰蟜,似蛇,四足。'陸禋《續水經》云:'正月蛇與雉交,生卵,遇雷即入土數丈成

蛇形，二三百年能升騰。不入土但爲雉。'"（1004 頁）據《通雅》所述，"螾"字的本字爲"蛟"，據《續水經》所述，"伏土爲卵"的動物即"螾"，"塡"字易"虫"爲"土"或因此物需入土孵卵而改。不過，無論是因義混淆還是因形混淆，都足以推斷出"塡"字即"螾"字異體的結論。

《大字典》（516 頁）"塡"字音義無誤，但字際關係不明，宜增補"塡、螾"二字的異體關係。

【紗】

《玉篇·巾部》："紗，音沙。細絲。"（127 頁左上）

"紗"字，《説文》《名義》皆未收，應爲宋本《玉篇》新增字。《廣韻》收錄此字，但音義與《玉篇》不同。《廣韻·宵韻》中"彌遥切"："紗，《玉篇》云'細網也。'"（42 頁）宋本《玉篇》與《廣韻》所引《玉篇》的釋義不同，二者孰是孰非恐難考證，胡吉宣（1989：5520）曰："《虫部》'蚍，蠶初生，亡消切。'蚍與紗同從少聲，故俱爲細小之義。今俗呼蚍爲蠶沙，言絲小也。故紗亦直言沙。"胡氏從同源角度認爲"紗"當由"蚍"而來可備一説，但其仍未解決《廣韻》與《玉篇》釋義不同、注音不同的問題。因此，宋本《玉篇》"紗"字的音義問題仍值得進一步研究。

從《廣韻》《玉篇》所載"紗"字的音義差異來看，二者可能是同形關係，"音沙"的本字應該就是"沙"。原因是"沙"作爲"紗"的古字，具有"細絲"義，而"紗"又可與"紗"構成異體關係。《周禮·天官·内司服》："内司服，掌王后之六服：褘衣、揄狄、闕狄、鞠衣、展衣、緣衣、素沙。"鄭玄注："素沙者，今之白縛也。"（691 頁）孫詒讓正義："沙、紗，古今字。……吕飛鵬云：'古無紗字，至漢時始有之。'"（697 頁）《玉篇·糸部》："紗，所加切。紗縠也。"（125 頁）《漢書·蒯伍江息夫傳》："充衣紗縠襌衣。"顔師古注："紗縠，紗絲而織之也。輕者爲紗，縐者爲縠。"（2176 頁）故"紗"有"細絲"義。因從"糸"與從"巾"皆可與絲織品有關，故俗書中時有"糸、巾"混用的現象，如"紙"又可寫作"帋"，"緯"又可寫作"幃"，而"紗"表"細絲"讀作"沙"應該就是"紗"替換義符的表現。

因此，宋本《玉篇》"紗"字的本字應爲"沙"或"紗"。《大字典》（842 頁）未勾連"紗"與"沙、紗"的異體關係，宜補。

引用書目

（漢）班固. 漢書. 北京：中華書局，1962.

（漢）許慎撰；（宋）徐鉉等校定. 説文解字. 北京：中華書局，2013.

（金）韓道昭. 校訂五音集韻. 北京：中華書局，1992.
（金）韓孝彥. 四聲篇海//《續修四庫全書》編委會. 續修四庫全書. 上海：上海古籍出版社，2002.
（遼）釋行均. 龍龕手鏡（高麗本）. 北京：中華書局，2006.
（明）梅膺祚、吳任臣. 字彙、字彙補. 上海：上海辭書出版社，1991.
（南唐）徐鍇. 説文解字繫傳. 北京：中華書局，1987.
（清）王念孫. 廣雅疏證. 北京：中華書局，1983.
（清）阮元. 十三經注疏. 上海：上海古籍出版社，1997.
（清）張玉書等. 康熙字典（增訂本）. 北京：社會科學文獻出版社，2015.
（清）孫詒讓. 周禮正義. 北京：中華書局，2015.
（清）段玉裁. 説文解字注. 上海：上海古籍出版社，1988.
（日）釋空海. 篆隸萬象名義. 北京：中華書局，1995.
（宋）歐陽修，宋祁. 新唐書. 北京：中華書局，1975.
（宋）曾鞏撰；陳杏珍，晁繼周點校. 曾鞏集. 北京：中華書局，1998.
（宋）陳彭年等. 宋本廣韻. 南京：江蘇教育出版社，2008.
（唐）房玄齡等. 晉書. 北京：中華書局，1974.
漢語大字典編輯委員會. 漢語大字典：九卷本. 成都：四川辭書出版社，2010.
孫雋. 中國書法大字典：草書. 南昌：江西美術出版社，2012.

參考文獻

蔡夢麒. 廣韻校釋. 北京：中華書局，2021.
蔡夢麒. 宋本玉篇的今音標注問題//中國文字研究第五輯. 南寧：廣西教育出版社，2004.
蔡夢麒. 從語音特點談宋本《玉篇》的今音標注//中國文字研究第六輯. 南寧：廣西教育出版社，2005.
韓小荊.《可洪音義》研究：以文字爲中心. 成都：巴蜀書社，2009.
胡吉宣. 玉篇校釋. 上海：上海古籍出版社，1989.
黃征. 敦煌俗字典. 上海：上海教育出版社，2005.
蔣冀騁. 近代漢語音韻研究（修訂本）. 北京：商務印書館，2021.
劉信芳. 楚簡帛通假彙釋. 北京：高等教育出版社，2011.
王力. 漢語語音史. 北京：中華書局，2014.
熊加全.《玉篇》疑難字考釋與研究. 北京：中華書局，2020.
楊素姿. 大廣益會玉篇音系研究. 高雄：臺灣中山大學博士論文，2002.

A Note on the Examination of the Difficult Phonetic Notation of the Song Dynasty Version of the *Yu Pian*

—Take the phonetic notation of the Song version of the *Yu Pian* in *the Grand Chinese Dictionary* as an example

Lv Xuan

Abstract：The study uses the method of form, sound and meaning prove each other to examine and analyze the 13 difficult phonetic component in the Song dynasty version of the *Yu Pian*, which have different pronunciations and phonetic symbol, by combining the character books, rhyme books and phonetic books of the Middle Ages. The results show that the three characters "Yu (尮), Huo (㠥), Guan (䚓)" were difficult pronunciations caused by the misuse of the characters in the annotations; the six characters "Weng (埉), Huai (晍), Ji (衦), Bing (㪿), Ping (湆), Zhong (岇)" are difficult pronunciations due to mispronunciation of the form of the character; "Nian (㥻), Yi (嘻)" are difficult pronunciations due to the preservation of ancient sounds; and the words "Jiao (塪), Sha (吵)" are difficult pronunciations due to unclear intercharacter relationships. The study of these difficult pronunciations will have a positive impact on the revision of *the Grand Chinese Dictionary* (漢語大字典).

Keywords: the Song Dynasty version of the *Yu Pian* (玉篇); dubious phonetic notation; *the Grand Chinese Dictionary* (漢語大字典); the match of phonetic notation and definition

(呂炫，廣西師範大學文學院/新聞與傳播學院)

《漢語大字典》引用簡帛醫書字形與例證指瑕[*]

周祖亮　方懿林

提　要：簡帛文獻字形較好呈現了秦漢時期古文字的真實形體，反映了字形的源流演變狀況；簡帛文獻釋文爲早期漢字相關義項提供了具體實例。《漢語大字典》既引用大量簡帛醫書的古字形作爲文字示例；又根據簡帛醫書釋文補充文字的讀音與義項，並引用多條簡帛醫書釋文作爲文字義項的例證。但是《大字典》對簡帛醫書的字形與例證的引用均存在一些瑕疵，其中引用文字形體的問題主要有所列字形出處標注錯誤、文字釋讀有誤，引用簡帛醫書釋文例證的問題表現在例證文字與標點錯誤、例證所屬篇章名有誤。今後《漢語大字典》在引用簡帛醫書字形與例證方面均有必要進行系統梳理與修訂。

關鍵詞：漢語大字典；簡帛醫藥文獻；字形；例證；錯誤

一、引言

我國目前已出土的簡帛文獻形成時間跨度長，包括了戰國至魏晉時期的各類典籍與文書，這些文獻貫穿於漢字形體演變的各個階段，呈現了早期漢字的義項形態。簡帛文獻均屬於手抄文獻，其用字現象十分複雜，真實反映了文字實際面貌、字形源流演變狀況以及具體義項，爲語言文字研究、字典辭書編纂提供了豐富的新字形、新義項和文字用例，具有較高的文字學、詞彙學、辭書學價值。在字典編纂實踐中，出土文獻是大型語文辭書所引文字形體和義項例證的重要來源。《漢語大字典》（以下或簡稱《大字典》）字頭下面所列舉的大量字形、文字義項及相關例證來源於簡帛文獻，主要包括睡虎地秦簡、馬王堆漢墓帛書、居延漢簡、武威漢簡、銀雀山漢簡、武威漢代醫簡（或簡稱"武威醫簡"）、定縣漢簡、江陵楚簡、信陽楚

---

[*] 基金項目：教育部人文社會科學研究規劃基金項目"面向辭書編纂的簡帛醫學詞語研究及數據庫建設"（20YJA740065）、中國出土醫學文獻與文物研究中心重點項目"成都老官山醫簡方藥文獻醫學詞語研究"（CTYX03）。

簡等①。

　　簡帛醫書的主體是戰國秦漢時期的手抄文獻，包含大量古字、假借字、異體字（包括俗體字）、訛誤字等特殊用字。其中許多文字的書寫形體、具體義項與文獻例證具有比較鮮明的時代特點與行業特徵，已被各類語文辭書、醫學辭書收録與引用。據何茂活等（2007）統計，《武威漢代醫簡》現存文字3097個，其中字種數588個，至少有166個字形被《漢語大字典》（第一版）收録；其中部分文字義項與例證也被《大字典》收引。2010年，經過修訂的《漢語大字典》（第二版）正式出版，但是新版《大字典》基本承襲了第一版所引用的各類文字形體與原有的簡帛文獻例證。張顯成等（2019）、劉婕（2020）等曾指出修訂後的《大字典》所列古文字字形、簡帛文獻例證釋讀方面存在的問題。我們通過對第二版《大字典》分卷本、縮印本的詳盡檢索，發現其在引用簡帛醫書字形與例證時，還有較多瑕疵，主要表現在字形出處標注錯誤或不明晰者85例、字形釋讀錯誤11例、例證文字標點錯誤11例、例證所屬篇章名錯誤或不規範3例。本文試將已發現的問題進行梳理與歸納，以便爲《大字典》的再次修訂提供參考。

二、《漢語大字典》所引簡帛醫書字形問題

　　根據對《漢語大字典》的檢索與統計，其在字頭下引用《武威漢代醫簡》和馬王堆《足臂十一脉灸經》《五十二病方》（包括目録與正文）、《導引圖題記》4種簡帛醫書的古文字形體共計342例②，分別是武威醫簡字形187例、《足臂十一脉灸經》字形48例、《五十二病方》字形103例、《導引圖題記》字形4例。在某些字條下，《大字典》同時引用多種簡帛醫書的字形，如"瀆"共列5個古字形，其中就有《足臂十一脉灸經》《五十二病方》、武威醫簡3種醫書的古字形。《大字典》引用簡帛醫書古文字字形時，絕大部分字形出處標注明晰、文字釋讀準確，同時也存在少量字形出處有誤或欠明晰、文字釋讀錯誤等問題。

（一）字形出處標注錯誤或不明確

　　《大字典》對來源於簡帛文獻的字形，均注明相應的文獻名稱及其所在簡牘號或行第號，這種標注方法既説明字形出處有據，又便於讀者查閲與檢索，非常值得肯定。但是《大字典》標注簡帛醫書字形的具體出處時，對部分字形所在行第號或簡牘號標注錯誤，或者未標注。經統計，《大字典》引用的武威醫簡字形，簡牘號

---

　　① 《大字典》還引用了羅振玉、王國維所著《流沙墜簡》所列簡牘字形和釋文，而《流沙墜簡》所録簡文實際上出自敦煌漢簡。

　　② 《大字典》在某些異體字的字條下會引用相同的字形，如果同一字形被多個字頭引用則分別計算。例如"雍"與"雝"是一對異體字，《大字典》在兩個字條下均引用了武威醫簡第87乙簡的字形"雝"，則按2例計算。

標注錯誤或未明確標注者計 9 例；引用《足臂十一脉灸經》字形，行第號標注錯誤者 1 例；引用《五十二病方》字形，除目錄字形外，其餘 75 例正文字形所在行第號全部標注錯誤。例如：

"桔"字頭下《大字典》引武威醫簡字形，出處標注爲簡號"一"，但簡 1 是無字空白簡，實見於簡 3，辭例作"桔梗"，簡號當改。同時《大字典》"梗"字頭下也引第 3 簡的"梗"之字形，簡號標注却是正確的。

"後"字頭下《大字典》引武威醫簡字形，出處標注爲簡號"八八一"，但是武威醫簡並無該簡號，實見於簡 88 反面（即 88 乙），辭例作"之之肪凡六物合後曰"，簡號當改。

"藥"字頭下《大字典》引武威醫簡字形，出處標注爲簡號"八〇甲"（表示第 80 簡正面），但該字實見於簡 80 反面（即 80 乙），辭例作"即藥宿，當更沸之"，簡號當改。

"炊"字頭下《大字典》引武威醫簡字形，出處標注爲簡號"八八〇乙"，但是武威醫簡並無該簡號，實見於簡 80 反面（即 80 乙），辭例作"洎水斗六升，炊令六沸，浚去宰（滓）"，簡號當改。

"泗"字頭下《大字典》引《足臂十一脉灸經》字形，出處標注爲行第號"四"，但第 4 行未見該字，實見於第 14 行，辭例作"煩心，泗（咽）□"，行第號當改。

"袤"字頭下《大字典》引《五十二病方》字形，出處標注爲行第號"五二"，但第 52 行未見該字，僅見於第 254 行，辭例作"穿地深尺半，袤尺"，行第號當改。

另外，《大字典》對所引武威醫簡數例字形出處標注還存在兩個問題。一是簡牘號標注不明確，如"將"字頭下所引武威醫簡字形僅標示"九二"，但是該簡釋文有正面（即 92 甲）、反面（即 92 乙）之分，而《大字典》未注明正反，根據醫簡圖版，可知其所引的是第 92 簡正面的文字形體，故應標注爲"九二甲"。二是僅標示文獻名稱而缺少簡牘號，如"宙"字頭下所引的字形未標注簡牘號，而武威醫簡有 2 例"宙"，分別見於第 11、50 簡；《大字典》"蠱"字頭下同樣引武威醫簡的"宙"字形體，却標明簡號"一一"。

《大字典》引用的《五十二病方》文字形體①，均來源於《馬王堆漢墓帛書〔肆〕》圖版，但是除《五十二病方》目錄中的字形外，正文中的字形出處全部標

---

① 《大字典》所引《五十二病方》正文字形，集中在第 236—255 行，包括"腸癩（癲）""脉者""牡痔""牝痔"4 篇。

錯行第號，即《大字典》標注的行第號比文字形體實際所在行數少了 2 行①。例如"席"，《大字典》引用《五十二病方》字形標注的行第號是"二四七"，但該書第 247 行並沒有"席"字，而是出自第 249 行的"乾薑（薑）二果（顆），十沸，抒置䀈（甕）中，貍（埋）席下"之句。

綜上，《大字典》所引簡帛醫書字形出處標注的問題，主要表現在兩方面：一是出處標注（指簡牘號或行第號）錯誤；二是出處標注不全，缺少具體的簡牘號或未注明簡牘的正反面。這些問題所涉及的字形出處及其正確標注見表1。

表 1 《漢語大字典》所引簡帛醫書字形出處錯誤及其正確標注

字頭	《大字典》所引簡帛醫書字形出處標注	正確出處標注	字頭	《大字典》所引簡帛醫書字形出處標注	正確出處標注
甚	武威醫簡八七	武威醫簡八七乙	後	武威醫簡八八一	武威醫簡八八乙
桔	武威醫簡一	武威醫簡三	漏	武威醫簡一	武威醫簡一一
炊	武威醫簡八八〇乙	武威醫簡八〇乙	志	武威醫簡八五	武威醫簡八五乙
將	武威醫簡九二	武威醫簡九二甲	宝	武威醫簡	武威醫簡一一
藥	武威醫簡八〇甲	武威醫簡八〇乙	洇	足臂灸經四	足臂灸經一四
中	五十二病方二四七	五十二病方二四九	乳	五十二病方二三七	五十二病方二三九
乾	五十二病方二四七	五十二病方二四九	亨	五十二病方二三九	五十二病方二四一
享	五十二病方二三九	五十二病方二四一	冶	五十二病方二三五	五十二病方二三七
荆	五十二病方二四九	五十二病方二五一	剖	五十二病方二四三	五十二病方二四五
剥	五十二病方二四四	五十二病方二四六	廄	五十二病方二四五	五十二病方二四七
尉	五十二病方二四五	五十二病方二四七	和	五十二病方二三五	五十二病方二三七
器	五十二病方二五一	五十二病方二五三	布	五十二病方二五一	五十二病方二五三
席	五十二病方二四七	五十二病方二四九	夏	五十二病方二五二	五十二病方二五四
巍	五十二病方二三六	五十二病方二三八	如	五十二病方二三六	五十二病方二三八
幾	五十二病方二四六	五十二病方二四八	杯	五十二病方二三五	五十二病方二三七
果	五十二病方二四七	五十二病方二四九	桂	五十二病方二四七	五十二病方二四九
梧	五十二病方二三四	五十二病方二三六	棗	五十二病方二四二	五十二病方二四四
獸	五十二病方二三五	五十二病方二三七	威	五十二病方二五三	五十二病方二五五
汁	五十二病方二三九	五十二病方二四一	淬	五十二病方二四五	五十二病方二四七
漿	五十二病方二四八	五十二病方二五〇	潰	五十二病方二四九	五十二病方二五一
潰	五十二病方二四六	五十二病方二四八	濡	五十二病方二三八	五十二病方二四〇
把	五十二病方二三七	五十二病方二三九	牡	五十二病方二四二	五十二病方二四四
毛	五十二病方二三五	五十二病方二三七	肥	五十二病方二三九	五十二病方二四一

---

① 《大字典》的"表"字條下引《五十二病方》字形將出處標注爲"五二"，應是"二五二"之誤，而該字在第 254 行。

续表1

字頭	《大字典》所引簡帛醫書字形出處標注	正確出處標注	字頭	《大字典》所引簡帛醫書字形出處標注	正確出處標注
腏	五十二病方二三八	五十二病方二四〇	膏	五十二病方二三八	五十二病方二四〇
臘	五十二病方二三八	五十二病方二四〇	炭	五十二病方二五三	五十二病方二五五
㕙	五十二病方二四六	五十二病方二四八	煮	五十二病方二四六	五十二病方二四八
熏	五十二病方二四七	五十二病方二四九	恒	五十二病方二三六	五十二病方二三八
祠	五十二病方二三八	五十二病方二四〇	盧	五十二病方二四九	五十二病方二五一
鼇	五十二病方二三七	五十二病方二三九	空	五十二病方二三七	五十二病方二三九
蟯	五十二病方二五二	五十二病方二五四	豐	五十二病方二四七	五十二病方二四九
春	五十二病方二四〇	五十二病方二四二	豕	五十二病方五二	五十二病方二五四
美	五十二病方二三四	五十二病方二三六	豜	五十二病方二三九	五十二病方二四一
芯	五十二病方二四九	五十二病方二五一	茹	五十二病方二四九	五十二病方二五一
莖	五十二病方二四八	五十二病方二五〇	莫	五十二病方二三六	五十二病方二三八
蒿	五十二病方二四六	五十二病方二四八	藥	五十二病方二三六	五十二病方二三八
薑	五十二病方二四七	五十二病方二四九	絮	五十二病方二四三	五十二病方二四五
酸	五十二病方三五〇	五十二病方三五二	醬	五十二病方二四〇	五十二病方二四二
野	五十二病方二三五	五十二病方二三七	道	五十二病方二五二	五十二病方二五四
貍	五十二病方二四七	五十二病方二四九	隋	五十二病方二四五	五十二病方二四七
鋌	五十二病方二五二	五十二病方二五四	類	五十二病方二四六	五十二病方二四八
鮒	五十二病方二四七	五十二病方二四九	鮮	五十二病方二三六	五十二病方二三八
鼠	五十二病方二三七	五十二病方二三九	鬱①	五十二病方二五一	五十二病方二五三
㨎	五十二病方二四三	五十二病方二四五			

　　《大字典》少量字條下對於所引簡帛文獻同一古文字字形的出處標注，存在第一版（8卷本）、第二版（9卷本）兩種分卷本與縮印本不完全一致的情況。其中有3例簡帛醫書古文字字形出處在《大字典》分卷本的標注正確，但縮印本的標注有誤。分别是：

　　"嗌"字頭下《大字典》引武威醫簡字形，第一、二版分卷本均將出處標注爲簡號"六三"，但是第二版縮印本的出處標注却改作"七三"，實際上該字僅見於第63簡，辭例作"嗌惠（痛），吞之"，第二版縮印本的簡號當改正。

　　"深"字頭下《大字典》引武威醫簡字形，第一、二版分卷本均將出處標注爲簡號"二一"，但是第二版縮印本的出處標注却是"二"，而簡2是無字空白簡，該字已見於第21簡，辭例作"榮深四分"，第二版縮印本的簡號當改正。

　　"頯"字頭下《大字典》引《足臂十一脉灸經》字形，第一、二版分卷本均將

---

① 鬱：表1最後所列"鬱、㨎"兩字屬於《大字典》對簡帛醫書古字形的釋讀錯誤，下文已有論述。

出處標注爲行第號"十一"①,但是第二版縮印本的出處標注却作"十",實際上該字僅見於第 11 行,辭例作"頯痛",第二版縮印本的行第號當改正。

(二) 文字釋讀錯誤

《大字典》中所引的簡帛醫書古文字能夠較好反映秦漢時期的字體形態,但是其中少量字頭下所引用的字形,存在文字釋讀錯誤的情況。這類錯誤的古文字字形見於武威醫簡 4 例、《足臂十一脉灸經》5 例、《五十二病方》2 例,共計 11 例。例如:

"汗"字頭下《大字典》同時引用《足臂十一脉灸經》第 12 行"汗出,胜瘦"之句的字形"汗"、武威醫簡第 84 乙簡"□□巳(已)汻□孫□内傷除中"句中的字形"汻"。然而武威醫簡的"汻"應隸作"汻",是疾病名稱。經查核,《武威漢代醫簡》《武威漢簡集釋》的圖版、釋文均作"汻",《大字典》却誤認作"汗"。張壽仁(2000:53)指出,此處"汻"表示癲狂貌或失意貌。

"涷"字頭下《大字典》引用武威醫簡第 87 乙簡"治湯火涷〈湅〉方"句中的字形"涷"。但是武威醫簡整理小組將該字形隸定作"湅",認爲是"凍"的形訛字,"湯火湅"指燙傷。因此《大字典》應將字形"涷"列在"湅"字頭下,而不是"涷"字之下。《大字典》直接認作"涷",不妥。田河(2020:611)指出,此處"湅"也可能是"凍"的異體,"湯火湅"分別指三種病症,即燙傷、燒傷、凍傷。

"蕙"字頭下《大字典》引用武威醫簡第 64 簡"鼻中生惡傷(瘍),塗之"句中的字形"蕙"。然而此處釋作"蕙"于文意不合。該書第 67 簡還有"身生惡氣,塗之"之句,兩處"惡"的字形基本相同。實際上該字形應隸定作"悪",是"惡"字的草書。經查核,《武威漢代醫簡》的圖版、釋文均作"悪",並注釋"悪"即"惡"。田河(2020:596)指出,此處"悪"與武威漢簡《雜占簡》"惡言"之"惡"同形。《大字典》却誤認作"蕙"。

"膊"字頭下《大字典》同時引用《足臂十一脉灸經》第 3 行"病足小指(趾)廢,膊(腨)痛"之句的字形"膊"、武威醫簡第 88 乙簡"凡七物,以盼膊高(膏)"句中的字形"膊"。但是上引《足臂十一脉灸經》的"膊"應隸定爲"腨",讀作"腨",指小腿肚。經查核,《馬王堆漢墓帛書〔肆〕》《長沙馬王堆漢墓簡帛集成》的釋文均作"腨",《大字典》誤釋作"膊"。因此《足臂十一脉灸經》第 3 行字形"膊",《大字典》應列在"腨"字頭之下。

"温"字頭下《大字典》引用《足臂十一脉灸經》第 10 行"足陽明(明)温(脉)"之句的字形"温"。"渜"字頭下《大字典》引用《足臂十一脉灸經》第 1 行"足泰(太)陽温(脉)"句中的字形"渜"。然而馬王堆帛書整理小組將這兩個字

---

① 按照標注規範,"十一"應當改作"一一"。

形均釋爲"溫",讀作"脉",劉釗(2020:1174)指出"溫"是"脈"(同"脉")的異體字,《大字典》却分別誤認作"温""滇"。在《足臂十一脉灸經》中,"溫"字出現在經脉名稱內,共見 24 例,而且整篇文獻没有"脉"字。由于"溫"未見於其他文獻,《大字典》未收錄該字。

"顴"字頭下《大字典》引用《足臂十一脉灸經》第 2 行"枝顏(顏)下,之耳"句中的字形"顴"。實際上該字應隸作"顏",是"顏"的異體字。經查核,《馬王堆漢墓帛書〔肆〕》《長沙馬王堆漢墓簡帛集成》兩種釋文均作"顏(顏)",《大字典》却誤釋作"顴"。通檢馬王堆所有醫書,實際上並未出現"顴"字。

"鬱"字頭下《大字典》引用《五十二病方》第 253 行(《集成》標作 266 行,《大字典》誤標作"二五一")"牝痔(痔)有空(孔)而欒(膿)血出者方"句中的字形"欒"。但是"欒"並不釋作"鬱"字,馬王堆帛書整理小組將該字形隸作"欒"。李家浩等(2016)指出,北京大學藏西漢醫簡"醫方甲"的第五十六方(亦即第 2707 號簡)有"牝痔有空(孔)而膿(膿)血出者方",據此可以說明被帛書整理者釋爲"欒"的字,其實是從"血"從《説文》籀文"農"省聲,是《説文》"膿"字正篆的異體。陳劍(2013)指出,《五十二病方》所謂"欒"字,帛書圖版該字上方左右所從是兩"木"旁。《長沙馬王堆漢墓簡帛集成》已改釋作"欒"。劉釗(2020:661)指出,"欒"疑爲"櫐"字異體,帛書中用作"膿"。因此,根據圖版字形與學界研究成果,《五十二病方》的"欒"絕不能隸定爲"鬱",《大字典》對該字形作了錯誤釋讀。

《大字典》所引簡帛醫書字形的釋讀錯誤問題,有的是因字形相近而誤引,有的却是對原字的隸定有誤。這類問題所涉及的字形與出處及其正確釋讀如表 2 所示。

表 2 《漢語大字典》所引簡帛醫書字形出處及其正確釋讀

字頭	《大字典》所引簡帛醫書字形及出處	正確釋讀	字頭	《大字典》所引簡帛醫書字形及出處	正確釋讀
勇	邑,武威醫簡八七乙	恿(通作"痛")	汗	泞,武威醫簡八四乙	汻
涷	涷,武威醫簡八七乙	涷("凍"的訛字)	蒽	蒽,武威醫簡六四	惡(草書)
膊	膊,足臂灸經三	膊(讀作"腨")	肷	胲,足臂灸經三	胲(讀作"卻")
温	温,足臂灸經一〇	温("脉"的異體)	滇	滇,足臂灸經一	温("脉"的異體)
顴	顴,足臂灸經一二	顏("顏"的異體)	鬱	欒,五十二病方二五三	欒(疑"櫐"的異體)
揖	揖,五十二病方二四五	拑("指"的訛字)			

探析《大字典》對於簡帛醫書古文字字形的出處標注與釋讀錯誤的原因,我們

認爲，主要是字典編纂或排印階段的疏失，而且編纂者没有充分關注和參考相關醫書的整理研究成果。

近年來，湖南省博物館聯合相關單位對馬王堆漢墓簡帛文獻作了重新整理，形成了新成果《長沙馬王堆漢墓簡帛集成》（以下或簡稱《集成》），其中對《足臂十一脉灸經》《五十二病方》等多種帛書釋文作了修訂與完善，部分釋文的行第號也有了新標注。例如"乳"在《五十二病方》中原來的行第号是"239"，《集成》标注的行第号是"252/239"①。又如《大字典》的"苬"字條下所引《五十二病方》第 249 行（實際在第 251 行）的字形"苬"，但《長沙馬王堆漢墓簡帛集成》已將該字改釋作"若（蔗）"。因此今後《大字典》修訂在引用馬王堆文獻的古文字字形與例證時，還應參考《集成》等最新整理成果。

三、《漢語大字典》所引簡帛醫書例證問題

據劉婕等（2020）¹統計，《漢語大字典》共引用 447 條簡帛文獻例證，但是這些例證在文字隸定、斷句標點、例證出處等方面還存在不少錯誤，包括 158 條簡帛文獻例證釋讀錯誤、47 條出處稱謂錯誤、50 條例證標點符號錯誤。經檢索，《大字典》引用了武威醫簡、馬王堆《五十二病方》、敦煌漢簡醫藥簡三種文獻的 17 條例證，僅有 3 條完全正確。其正確的例證如下：

"仁"，《大字典》在該字第 11 個義項"麻痹或失去感覺叫'不仁'"下引用武威醫簡第 86 簡的釋文例證，即："《武威漢代醫簡》：雖折能復起，不仁皆仁。"

"射"，《大字典》在該字第 17 個義項"通'謝（xiè）'"下引用武威醫簡第 82 甲簡的釋文例證，即："《武威漢代醫簡》：醫不能治皆射去。"

"鍑"，《大字典》在該字義項"釜屬，形制不一"下引用《五十二病方》第 457/447 行的例證，即："《馬王堆漢墓醫書·五十二病方·去人馬尤》：以鍑煮，安炊之，勿令疾沸。"

除上述 3 例外，其餘 14 條簡帛醫書例證均有瑕疵，其中 11 條存在文字與標點錯誤，另有 3 條例證所屬簡帛醫書的篇章名稱標示有誤或不規範。

（一）例證文字標點錯誤

《大字典》所引簡帛醫書例證，多數例證同時存在數處文字與標點錯誤，主要是例證不完整、文字脱落或誤録誤識、標點斷句有誤。下面將 11 例錯誤例證全部列舉出來並作簡要解析。

"吾"，《大字典》根據武威醫簡補充了義項"通'梧'"，其唯一例證也來自該

---

① 《長沙馬王堆漢墓簡帛集成》在標示行第號或簡牘號時，還保留了《馬王堆漢墓帛書〔肆〕》所標的行第號或簡牘號，"252/239"表示現在的行第號是"252"，而原來的行第號是"239"。

批醫簡，即"石鍾乳三分，巴豆一分，二者二分。凡三物皆冶，合丸以蜜，大如吾實"。然而《大字典》引用例證的文字、斷句標點均有失當之處。其中"蜜"在醫簡的原文應是"密"，通作"蜜"。該例證見於《武威漢代醫簡》第 29 簡，正確釋文與標點是："石鍾乳三分，巴豆一分，二者二分，凡三物，皆冶，合，丸以密（蜜），大如吾（梧）實。"

"宰"，《大字典》根據武威醫簡補充了義項"通'滓（zǐ）'，渣滓"，其唯一例證也來自該批醫簡，即"付子廿果，皆父豬肪三斤，煎之五沸，浚去宰，有病者取"。然而《大字典》引用的例證不完整、句中文字脱落，斷句標點也有問題。該例證見於《武威漢代醫簡》第 17—18 簡，正確釋文是："治百病膏藥方：蜀椒一升，付（附）子廿果（顆），皆父（吹）〔且（咀）〕；豬肪三斤，煎之，五沸，浚去宰（滓）。有病者取大如羊矢，温酒飲之，日三、四。"

"煎"，《大字典》在該字第 2 個義項"熬煮"下引用了武威醫簡例證，即"付子廿果，皆父豬肪三斤，煎之五沸，浚去宰，有疾者取"。本條例證與上述"宰"字所引例證屬於同一首醫方內容，除了例證不完整、文字脱落、斷句錯誤外，還將原文"有病者"誤作"有疾者"。

"瘍"，《大字典》根據武威醫簡補充該字的讀音"tàng"與義項"燙傷"，還引用其例證，即"以膏傅（敷）之，治瘍火凍"。《大字典》所引例證出自武威醫簡第 87 乙簡，但是它同時將兩個醫方的文字糅合在一起，而且每首醫方內容均不全面，不能表達完整的句意。"以膏傅（敷）之"是上一首醫方"治狗齧人創恿（痛）方"的結尾，"治瘍火凍"則是下一首醫方的開頭。其正確例證應爲"治瘍火凍〈凍〉方：煩（燔）松羅，冶，以傅之，良甚"。

"妑"，《大字典》根據武威醫簡補充了該字的讀音"fù"及其義項"同'婦'"，還引其例證。《大字典》所引例證爲"治千金膏藥方……此方禁又中妑人乳餘"。該例證見於武威醫簡第 65 簡，但是其文字隸定與標點斷句均有誤，句子也不完整。其正確例證應爲"治千金膏茱（藥）方……此方禁。又中妑人乳餘疾，吞之"。

"塗"，《大字典》在該字第 3 個義項"敷，擦"下引用了武威醫簡例證，即"復撓之二百薄以塗其雍者"。該例證見於武威醫簡第 59—60 簡，《大字典》的引用没有斷句。其正確例證應爲"復撓之二百，薄以塗其雍（臃）者"。

"密"，《大字典》在該字第 13 個義項"通'蜜'"下引用了武威醫簡例證，即"凡六物冶合，和丸以白密，大如嬰桃"。該例證見於武威醫簡第 4 簡，《大字典》的引用存在斷句錯誤。其正確例證爲"凡六物，冶，合和，丸以白密（蜜），大如嬰（櫻）桃"。

"虫"，《大字典》在該字第 2 個讀音"chóng"並義項"同'蟲'"下引用了武威醫簡例證，即"治久咳上氣喉中如百虫鳴狀"。該例證分別見於武威醫簡第 3 簡、

79 簡,但《大字典》的文字隸定不够嚴謹,句中"咳"的字形當爲"欬","喉"的字形爲"睺"。其正確例證爲"治久欬上氣喉(睺)中如百虫鳴狀"。

"種",《大字典》在該字第 3 個讀音"zhǒng"的第 2 個義項"同'腫'"下引用了馬王堆《五十二病方》的例證,即"《馬王堆漢墓帛書·五十二病方·種(腫)橐》:種橐者,黑實橐,不去"。該例證見於《五十二病方》第 193 行(《集成》標作"206/193")。雖然該條例證與《馬王堆漢墓帛書〔肆〕》釋文內容完全相同,但是原整理者的文字隸定存在錯誤,《大字典》引用該例證也屬於誤錄。根據帛書圖版,所謂"橐"當隸作"囊","黑"應隸作"氣",《長沙馬王堆漢墓簡帛集成》的釋文已作相應改正。因此其正確篇章名與例證應改爲:《馬王堆漢墓帛書·五十二病方·種(腫)囊》:"種(腫)囊者,氣實囊,不去。"

"踐",《大字典》在該字第 14 個義項"通'跣'"下引用了馬王堆《五十二病方》"身疕"篇例證,即"踐而涿(瘃)者,燔地穿而入足,如食頃而已"。該例證見於《五十二病方》第 434 行(《集成》標作"444/434"),《大字典》的引用存在文字隸定錯誤,句中"已"當隸作"巳",讀爲"已"。其正確例證應爲"踐而涿(瘃)者,燔地穿而入足,如食頃而巳(已)"。

"愈",該字不見於古代傳世辭書。《大字典》收錄該字,列出義項"同'瘉',病好"與例證。《大字典》所引例證出處及釋文爲:"《小學術數方技書·考釋一》:湏申,當泄下不下。復飲藥,盡,大下,立愈矣,良甚。"根據《大字典》附錄中的"主要引用書目表",該條例證來自《流沙墜簡》。而《流沙墜簡》所錄文字實際上出自敦煌漢簡醫藥簡,爲敦煌漢簡第 1997 簡的釋文。《大字典》引用該例證存在 2 處文字、1 處標點錯誤。其正確例證應爲"《敦煌漢簡》:須臾,當泄下,不下,復飲藥盡,大下,立愈矣,良甚"。在出土文獻中,"愈"字常見於敦煌漢簡醫藥簡、居延漢簡醫藥簡、武威醫簡等我國西北地方出土的醫藥簡牘,如武威醫簡的"愈"見 12 次。

(二) 例證所屬篇章名錯誤或不規範

《大字典》引用馬王堆帛書例證時,均出示書名與篇章名。如"夢(méng)"第 1 個義項"昏亂不明貌"引用了《馬王堆漢墓帛書·道原》的例證。但是《大字典》所列書名之下的篇章名稱也有失誤之處。列舉如下:

"尉",《大字典》在該字第 3 個讀音"yùn"及其義項"同'熨'"的第 2 個小項("熨燙")下引用了馬王堆《五十二病方》"牡痔"篇的例證,即"《馬王堆漢墓帛書·古醫方·五十六方·牡痔》:燔小隋(橢)石,淬醯中以尉"。此處書名號內有 2 處錯誤,"古醫方"既非書名亦非篇章名,應當刪除;"五十六方"應改正作"五十二病方"。

另外,《大字典》引用簡帛文獻例證時,基本不標注例證所在文獻中的簡牘號

《漢語大字典》引用簡帛醫書字形與例證指瑕 | 243

或行第號,但是引用武威醫簡例證時有兩處標示了簡牘號。列舉如下:

"莖",《大字典》在該字第 1 個讀音"jīng"第 7 個義項"中醫學指陰莖"下引用了武威醫簡例證,即"《武威漢代醫簡·八五乙》:六曰莖中恿(痛)如林(淋)狀。"

"莞",《大字典》在該字第 3 個讀音"wǎn"第 2 個義項"胃的內腔。也作'脘'"下引用了武威醫簡例證,即"《武威漢代醫簡·十九簡》:寒氣在胃莞。"

上述"莖""莞"兩字相關義項的例證分別出自武威醫簡第 85 乙簡、第 19 簡,但是《大字典》却在書名號中用間隔號標示簡牘號,誤將"八五乙""十九簡"當作篇名,顯然不妥。其規範標示法應將簡牘號移至書名號之外,或者統一不標明簡牘號。

綜上所列,《大字典》引用的簡帛醫書相關文字義項的例證與出處存在不少錯誤或不規範之處,應當改正,如表 3 所示①。

表 3 《漢語大字典》所引簡帛醫書例證或出處及其正確表示法

字頭	義項	《大字典》引用簡帛醫書出處與例證	正確出處與例證
吾	通"梧"	《武威漢代醫簡》:石鍾乳三分,巴豆一分,二者二分。凡三物皆冶,合丸以蜜,大如吾實。	《武威漢代醫簡》:石鍾乳三分,巴豆一分,二者二分,凡三物,皆冶,合,丸以密(蜜),大如吾(梧)實。
宰	通"滓(zǐ)",渣滓	《武威漢代醫簡》:付子廿果,皆父豬肪三斤,煎之五沸,浚去宰,有病者取。	《武威漢代醫簡》:蜀椒一升,付(附)子廿果(顆),皆父(吹)〔且(咀)〕;豬肪三斤,煎之,五沸,浚去宰(滓)。有病者取大如羊矢,溫酒飲之,日三、四。
煎	熬煮	《武威漢代醫簡》:付子廿果,皆父豬肪三斤,煎之五沸,浚去宰,有疾者取。	《武威漢代醫簡》:蜀椒一升,付(附)子廿果(顆),皆父(吹)〔且(咀)〕;豬肪三斤,煎之,五沸,浚去宰(滓)。有病者取大如羊矢,溫酒飲之,日三、四。
瘍	燙傷	《武威漢代醫簡》:以膏傅(敷)之,治瘍火凍。	《武威漢代醫簡》:治瘍火涷〈凍〉方:煩(燔)松羅,冶,以傅之,良甚。
姼	同"婦"	《武威漢代醫簡》:治千金膏藥方……此方禁又中姼人乳餘,吞之。	《武威漢代醫簡》:治千金膏茶(藥)方……此方禁。又中姼人乳餘疾。
塗	敷,擦	《武威漢代醫簡》:復撓之二百薄以塗其雍者。	《武威漢代醫簡》:復撓之二百,薄以塗其雍(臃)者。

---

① 爲了與《大字典》引用簡帛文獻例證的體例相統一,本表訂正後的簡帛醫書例證不出示簡牘號或行第號。

续表3

字頭	義項	《大字典》引用簡帛醫書出處與例證	正確出處與例證
密	通"蜜"	《武威漢代醫簡》：凡六物治合，和丸以白密，大如嬰桃。	《武威漢代醫簡》：凡六物，冶，合和，丸以白密（蜜），大如嬰（櫻）桃。
虫	同"蟲"	《武威漢代醫簡》：治久咳上氣喉中如百虫鳴狀。	《武威漢代醫簡》：治久欬上氣喉（喉）中如百虫鳴（鳴）狀。
穜	同"腫"	《馬王堆漢墓帛書·五十二病方·穜（腫）橐》：穜橐者，黑實橐，不去。	《馬王堆漢墓帛書·五十二病方·穜（腫）囊》：穜（腫）囊者，氣實囊，不去。
踐	通"跣"	《馬王堆漢墓帛書·五十二病方·身疕》：踐而逐（瘃）者，燔地穿而入足，如食頃而已。	《馬王堆漢墓帛書·五十二病方·身疕》：踐而逐（瘃）者，燔地穿而入足，如食頃而巳（已）。
愈	同"癒"，病好	《小學術數方技書·考釋一》：湏申，當泄下不下，復飲藥，盡，大下，立愈矣，良甚。	《敦煌漢簡》：須臾，當泄下，不下，復飲藥盡，大下，立愈矣，良甚。
尉	同"熨"	《馬王堆漢墓帛書·古醫方·五十六方·牡痔》：燔小隋（橢）石，淬醯中，以尉（熨）。	《馬王堆漢墓帛書·五十二病方·牡痔》：燔小隋（橢）石，淬醯中以尉。
莖	中醫學指陰莖	《武威漢代醫簡·八五乙》：六曰莖中恿（痛）如林（淋）狀。	《武威漢代醫簡》：六曰莖中恿（痛）如林（淋）狀。
莞	胃的内腔，也作"脘"	《武威漢代醫簡·十九簡》：寒氣在胃莞。	《武威漢代醫簡》：寒氣在胃莞。

綜觀《大字典》所引簡帛醫書的例證問題，往往一個例證存在文字隸定、標點斷句等多處錯誤，很容易給讀者造成不便或誤導。

四、小結與餘論

《漢語大字典》引用簡帛醫書字形與例證的錯誤，同時見於第一版與第二版，說明《大字典》第二版的修訂工作尚未注意到這些問題。如果全面梳理《大字典》引用的所有出土文獻材料，相類的問題肯定會更多。例如《大字典》的"世"字條下引馬王堆帛書《老子》甲本卷後古佚書《五行》中的古字形，其行第號標注爲"二九四"，實際上該字見於第 295 行。綜上，有必要對《大字典》所引出土文獻材料進行系統梳理，並對錯誤作出訂正。

簡帛醫書記載了較多表示疾病、身體、藥學義等行業特色鮮明的用字與義項，可以爲《大字典》的相關文字提供大量古文字字形與文獻例證。例如"胸""膂""腦"三個字條在《大字典》中均無古文字字形，而這三字在簡帛醫書皆有用例。又如"濆"在《大字典》中無古文字字形，其第 1 個讀音"fèi"，第一義項"同'沸'。泉水噴涌貌"。但在馬王堆《五十二病方》《養生方》、天回醫簡《治六十病方和齊湯法》、里耶秦簡醫藥簡等簡帛醫書中，"潰"共見14例，均同"沸"，表示水溫達到沸點，據此可以補充《大字典》的"潰"字義項與例證。再如"氿"在《大字典》中既無古文字字形，又無釋義，而該字已在多批簡帛醫書中出現，馬王堆《五十二病方》、天回醫簡《治六十病方和齊湯法》、荆州胡家草場漢簡《醫方》均有用例；孟蓬生（2022）指出，"氿"與"溫"的字義相近。

2000年以來，我國各地又陸續出土和發現了多批簡帛文獻，也包含數種醫書，如清華大學藏戰國簡《病方》、北京大學藏秦簡《病方》與西漢醫簡、成都天回西漢簡《天回醫簡》、張家山三三六號西漢墓醫簡《徹穀食氣》、荆州胡家草場西漢醫簡、南昌海昏西漢醫簡等。在這些新發現的簡牘醫書内，也包含較多新見古文字字形與義項例證。例如天回醫簡《治六十病方和齊湯法》第154簡有"節（即）溲多，負凝水石；渴，負圭（桂）；煩，負薑（薑）；飢，負長石"之句，其中"負"通作"倍"，表示"加倍"義，而該義項未見於其他文獻，可以增補《大字典》"負"的義項。可以預見，簡帛醫書新材料的相繼發掘與整理公布，將爲《漢語大字典》等辭書提供更加豐富的語言文字資源。

參考文獻

陳劍. 馬王堆帛書《五十二病方》《養生方》校讀札記//出土文獻與古文字研究. 第五輯. 上海：上海古籍出版社，2013.

甘肅省博物館，武威縣文化館. 武威漢代醫簡. 北京：文物出版社，1975.

何茂活，程建功.《武威漢代醫簡》用字的構形模式分析. 廣州大學學報（社會科學版），2007（5）.

李家浩，楊澤生. 北京大學藏漢代醫簡簡介. 文物，2011（6）.

劉婕，張顯成.《漢語大字典》簡帛例證訂誤//漢語史研究集刊. 第二十八輯. 成都：四川大學出版社，2020.

劉釗. 馬王堆漢墓簡帛文字全編. 北京：中華書局，2020.

馬王堆漢墓帛書整理小組. 馬王堆漢墓帛書〔肆〕. 北京：文物出版社，1985.

孟蓬生. 老官山醫簡《六十病方》字義拾瀋//勵耘語言學刊. 第36輯. 北京：中華書局，2022.

裘錫圭. 長沙馬王堆漢墓簡帛集成〔伍〕〔陸〕. 北京：中華書局，2014.

田河. 武威漢簡集釋. 蘭州：甘肅文化出版社，2020.

張壽仁. 醫簡論集. 臺北：蘭台出版社，2000.

張顯成. 修訂《漢語大字典》所列古文字字形的必要性和建議. 辭書研究，2019（4）.

張顯成，劉婕.《漢語大字典》簡帛例證釋讀之誤及相關問題. 吉首大學學報（社會科學版），2019（2）.

The Problems of the Characters and Examples of Bamboo and Silk Medical Manuscripts Cited in *the Grand Chinese Dictionasry*

Zhou Zuliang, Fang Yilin

Abstract: The characters pattern of bamboo and silk manuscripts have presented the real shape of the ancient characters in the Qin and Han dynasties, reflecting the evolution of the origin of the character shape; The interpretation of bamboo and silk manuscripts provided concrete examples for the relevant meanings of early Chinese characters. *The Grand Chinese Dictionasry* cites a large number of characters pattern of bamboo and silk medical manuscripts as examples of characters, and many interpretations of bamboo and silk medical manuscripts as examples of literal meanings. However, there are many mistakes in the font style and interpretation of bamboo and silk medical manuscripts in *the Grand Chinese Dictionasry*, among which the problems of citing the body of the character mainly include the wrong marking of the font style and the wrong interpretation of the characters. The problems of citing the example of the bamboo and silk medical manuscripts are the wrong characters and punctuation of the example, and the wrong title of the chapter to which the example belongs. In the future, it is necessary to revise *the Grand Chinese Dictionasry* in terms of citing the characters and examples of bamboo and silk medical manuscripts.

Keywords: the Grand Chinese Dictionasry; bamboo and silk medical manuscripts; character pattern; example sentence; mistake

（周祖亮，廣西中醫藥大學基礎醫學院；方懿林，廣西中醫藥大學圖書館）